8° Y 1 F
743

# LES
# ORIGINES
# DE L'OPÉRA

PARIS. — IMPRIMERIE L. POUPART-DAVYL, RUE DU BAC, 30.

# LES ORIGINES

DE

# L'OPÉRA

ET

## LE BALLET DE LA REINE

(1581)

Étude sur les Danses, la Musique, les Orchestres
et la Mise en scène au XVIᵉ siècle

AVEC UN APERÇU DES PROGRÈS DU DRAME LYRIQUE DEPUIS LE XIIIᵉ SIÈCLE
JUSQU'A LULLY

PAR

LUDOVIC CELLER

PARIS
*Librairie Académique*
DIDIER ET Cⁱᵉ LIBRAIRES-ÉDITEURS
35, QUAI DES AUGUSTINS, 35

—

1868

Tous droits réservés.

# AVERTISSEMENT

Le genre de production dramatique et lyrique que nous appelons *opéra* est arrivé de nos jours à un degré d'importance assez considérable pour qu'il ne soit pas inutile de s'occuper de ses commencements.

Le mot *opéra* n'a pas toujours été en usage. Au siècle dernier on disait : « une tragédie lyrique » ; certains opéras de Glück portent encore ce titre, qui était de rigueur pour ceux de Lully. A côté de la tragédie lyrique existait le ballet, et ce mot n'avait pas alors la signification restreinte que nous lui avons donnée.

Entre le ballet et la tragédie lyrique, il n'y avait parfois que la différence du sujet, qui, dans le ballet, était moins grave que dans la tragédie lyrique : les mêmes moyens étaient mis en œuvre dans tous deux; mais la fantaisie régnait en maîtresse dans le ballet, tandis que la tragédie lyrique était souvent enchaînée par les règles précises de l'ancien théâtre.

En changeant les mots, en modifiant leur signification, nous avons conservé un peu de ces nuances, et nos opéras sont, le plus souvent, sévères d'intrigue, tandis que nos ballets visent à la gaieté.

L'opéra réside dans l'union, aussi intime que possible, de la poésie, de la musique, de la danse, des décors et des machines. Il sera d'autant plus complet qu'il aura poussé au plus haut point l'emploi de ces cinq éléments.

Or, où trouve-t-on, pour la première fois, ces cinq éléments réunis *intentionnellement* pour se prêter un mutuel concours, si ce n'est dans le *Ballet des derniers Valois* et notamment dans le *Ballet de la Reine?* La tragédie de cette époque était étroitement imitée de l'antique ; il fallut une création nouvelle où la fantaisie pénétrât, et le *Ballet de la Reine* vint à point pour satisfaire les esprits.

Ce fut, selon moi, le premier essai qui ait été fait en France, et sans doute dans l'Europe civilisée du xvi<sup>e</sup> siècle, de ce que nous appelons *opéra*, et cet essai remonte au 15 octobre 1581.

Baltazarini, surnommé de Beaujoyeulx, compositeur et auteur du *Ballet de la Reine*, eût mérité, au moins en France, une mention plus étendue que l'article sec et court qu'on lui consacre dans quelques dictionnaires biographiques, — encore n'en parle-t-on pas toujours. Avant lui, il y avait eu sans doute d'autres essais ébauchés de la réunion de la musique et de la danse avec la poésie; mais lui seul, le premier, semble s'être rendu compte de ce qu'il faisait et de la nouveauté artistique qu'il dessinait pour les noces du duc de Joyeuse.

En agissant ainsi, Baltazarini était guidé par les tendances de son pays; mais l'influence italienne sur la formation de l'opéra français, bien qu'évidemment considérable, n'a pas été aussi absolue qu'on le croit d'ordinaire. L'opéra est pour nous le produit d'une lente élaboration; nous en trouvons les éléments dans les mystères, les intermèdes, les carrousels, les danses, la musique et les mascarades. Il se développa au milieu de la société voluptueuse et élégante des derniers Valois, aussi bien que dans les cours raffinées et artistiques des aristocraties italiennes. Les progrès s'accomplirent lentement ; d'ailleurs, il y avait une impossibilité philosophique et physiologique à ce que l'opéra existât réellement avant l'éclosion de la tonalité moderne, qui a donné à la musique l'accent dramatique et la passion.

Ce fut à l'époque du règne de Henri III que quelques gentilshommes ont créé l'opéra en encourageant le *ballet mesuré* ou ballet opéra ; on peut dire que ce premier pas se fit sous l'influence française ; plus tard, il est vrai, dès les premières années du xviie siècle, les créations de l'esprit italien s'imposèrent à leur tour à l'esprit français. Il fallut l'arrivée de Lully pour que la France reprît la direction du mouvement lyrique.

L'apparition du *Ballet de la Reine* (ou la *Circé*) de Beaujoyeulx est un fait artistique dans lequel, évidemment, ne se résume pas tout l'opéra ; mais ce fut, par rapport à ce genre, un phénomène aussi intéressant à son moment que le furent à d'autres époques *Orphée, Xercès, Armide, Iphigénie en Aulide, Don Juan,*

*Robert le Diable*, *le Prophète* et *Tannhaüser*; j'ai cru qu'il ne serait pas inopportun d'étudier l'œuvre de Beaujoyeulx, alors que les recherches sur l'ancien théâtre français, sur la composition musicale, sont l'objet de travaux importants, et qu'il y aurait aussi quelque intérêt à m'étendre à cette occasion sur les origines de notre opéra.

Après m'être occupé de la persistance, dans tous les temps, du goût des divertissements avec danse et musique, j'ai recherché quelles étaient, en Italie et en France, les représentations avec musique, danse, décorations, dans lesquelles l'opéra-ballet avait pu trouver des matériaux pour grandir peu à peu; j'ai examiné quelle avait été la part de l'influence italienne et celle de l'influence française depuis le XIIIe siècle jusqu'à la Renaissance.

Les danses avaient, à l'époque des Valois, une grande importance et formaient alors la majeure partie des divertissements en musique. J'ai examiné la nature et l'importance de ces diverses danses. — Le milieu social, mondain et artistique, où s'était produit le *Ballet de la Reine*, était curieux à étudier ; il fallait rechercher dans les mœurs, les goûts de cette époque, quels étaient les ressorts qui avaient poussé la cour de Henri III à la représentation de tant de divertissements splendides ; j'ai donc puisé dans certains mémoires du temps les détails qui se rattachaient à mon sujet; je n'ai pris dans ces récits que ce qui pouvait, en caractérisant l'état moral du moment, jeter quelques lumières sur les goûts de théâtre et de représentation musicale et dramatique. — La mise en scène du ballet, sa musique demandaient un certain développement; il fallait analyser son poëme, détailler suffisamment ses danses, ses décors et ses machines. — La musique était une page importante de ce livre; l'art musical accomplissait alors une révolution irrésistible. Il y a dans la musique de *Circé* (œuvre de deux artistes) des tendances curieuses à étudier. — J'ai consacré aussi un chapitre spécial à l'orchestre du *Ballet de la Reine* et aux instruments en usage à la fin du XVI<sup>e</sup> siècle. Il m'a paru intéressant de rechercher quelle était alors la composition des orchestres et d'étudier les ressources qu'ils présentaient comme sonorité et variété de timbres. — La représentation du *Ballet de la Reine* fut entourée d'un certain nombre de fêtes destinées à donner un éclat exceptionnel aux noces du duc de Joyeuse; je n'avais pas à m'en préoccuper, mais j'ai dû indiquer, dans ces fêtes, ce qui avait trait à leur extérieur théâtral, aux faits qui pouvaient présenter quelque intérêt pour l'histoire dramatique.

L'effet produit par la *Circé* montre la part énorme que l'esprit français peut réclamer dans l'invention et l'organisation de l'opéra, de ce genre lyrique si important, dont l'influence a été incalculable sur le développement de l'art musical.

Ce progrès artistique rencontra un obstacle regrettable dans l'état de la France, déchirée par la guerre civile, et l'opéra dut chercher en Italie un sol plus propice à son développement. Ce fut l'époque brillante de la vieille École italienne; Mazarin, en appelant à Paris les compositeurs qui faisaient alors la gloire de sa patrie, aida puissamment au progrès, et bientôt les œuvres de Monteverde et de Cavalli préparèrent la route que Lully vint illustrer.

Je devais m'arrêter là; Lully appartient à l'école moderne. Il a fondé l'Académie royale de musique, et je n'avais à m'occuper ici que des origines de notre opéra.

# ORIGINES DE L'OPÉRA

## CHAPITRE PREMIER

### NOTIONS PRÉLIMINAIRES

Des divertissements avec danse et musique. — Les ballets. — Les ménestrels. — Les musiciens. — Faveur dont jouit la musique auprès des grands.

Le ballet est peut-être le plus ancien des divertissements que l'homme ait inventés; j'entends par ce mot *ballet*, une récréation de danse et de chant, une sorte de scène mimée avec accompagnement de musique. A ces éléments primordiaux sont venus peu à peu se joindre, dans des proportions diverses, — selon le goût et le degré de civilisation de chaque peuple, — les costumes, les décors et les machines.

A l'état le plus simple, le ballet se rencontre chez les sauvages, et il est peu de scènes de la vie religieuse ou guerrière de ces peuples enfants, ou décrépits, qui ne soient des ballets.

Les Égyptiens, dit-on, personnifiaient par leurs danses sacrées le cours des astres. Comment et au moyen de quels pas et de quels mouvements? Les anciens ont oublié de nous le dire.

Les chœurs des tragédies grecques auraient été aussi des ballets; la strophe et l'antistrophe indiqueraient la division des mouvements, les circuits que décrivaient les chanteurs en se développant sur la scène : la strophe de droite à gauche, l'antistrophe de gauche à droite, l'épode autour de l'autel.

Les premières comédies, le classique chariot de Thespis, étaient des ballets libres dont au reste on retrouve encore des traces dans les grandes cérémonies champêtres de toutes les nations, mais surtout dans les vendanges et les moissons des peuples méridionaux.

Les cortéges antiques, les Théories, étaient aussi des ballets; les Jeux Pythiens surtout prêtaient aux développements dramatiques, et l'histoire d'Apollon et du serpent était un scénario dont le père Ménétrier, d'après Jul. Pollux, donne la division.

Dans un ordre d'idées différent, les noces qu'Alexandre fit célébrer pour lui ou ses généraux préférés constituaient des divertissements du même genre; il y avait des salles longues de plusieurs stades, soutenues par des colonnes d'or et d'argent; des lits d'argent et d'or par centaines; des flûtes, des trompettes, des danseurs, des danseuses et des représentations dramatiques.

Cléopâtre inventa, ou du moins perfectionna, les tableaux chorégraphiques au milieu desquels elle posait dans le costume de notre mère Ève.

Est-il besoin de rappeler les succès de Bathylle, à Rome, dans le ballet comique? Bathylle, danseur adoré, après lequel couraient à cette époque les Romains et les Romaines, et qui leur inspirait des passions plus vives que celles que ressentent pour d'élégantes danseuses les abonnés de notre Opéra.

Le goût des danses et des jeux ne fut pas moins vif, après la chute de l'empire romain, à la cour de Byzance ; plus tard, les bayadères de l'Orient y apportèrent un élément nouveau de musique et de ballet.

Dans l'Occident, le christianisme, en se développant, ne fit que modifier cette passion irrésistible pour les fêtes et les danses. Les châteaux eurent leurs intermèdes avec machines et cortéges, les villes eurent leurs mystères, les campagnes leurs processions souvent dramatiques. Ce fut aussi au moyen âge que commencèrent les grandes fêtes patronales, les défilés de corporations qui sont encore en usage dans quelques pays, et où figuraient, pour l'ébahissement de la foule, les monstres, les géants, entourés de danseurs et de musiciens.

De même que les croisades avaient eu la plus notable influence sur les arts et les industries de luxe, ainsi que sur l'état politique de la France, de même les expéditions d'Italie des XV$^e$ et XVI$^e$ siècles modifièrent profondément le goût et l'esprit français. Elles développèrent notamment la passion de ces fêtes brillantes où toutes les branches de l'art réunissaient leurs moyens pour frapper les yeux et ravir l'imagination. C'était le temps où un cardinal faisait bâtir la Farnésine, l'inaugurait par un festin encombré d'illustres courtisanes, et faisait jeter dans le Tibre la vaisselle d'or et d'argent dont s'étaient servi les convives (on ajoute, il est vrai, que des filets tendus adroitement lui permirent le lendemain de rentrer en possession de ses trésors); de pareilles fêtes, auxquelles concouraient les plus illustres architectes, peintres, sculpteurs et orfévres, où s'agitait une foule élégante, amie du luxe et de la pompe, dans lesquelles se jouait à plaisir une morale facile dont les contes et les mémoires du temps peuvent donner une idée, devaient frapper étrangement la nature vive et impressionnable des Français, toujours enthousiastes de ce qui vient du dehors. Le goût naturel qu'ils avaient déjà pour la galanterie, les carrousels, les joutes, se combina avec l'influence de ces fêtes italiennes; les divertissements, où toutes ces sortes de récréations pouvaient trouver place, devinrent de plus en plus à la mode. Le ballet, par son allure libre et toute de fantaisie, se prêtait à tous les développements, à tous les caprices; il devint dès lors le mobile par excellence des plaisirs de cette époque brillante, artistique, galante et profondément corrompue.

On inventa, représenta tant de ballets qu'il fallut en faire une classification. On distingua :

Les ballets sérieux, — les ballets comiques et mixtes, — les ballets historiques, fabuleux, poétiques. Il y eut le ballet fantastique, le ballet nymphal, pastoral, bacchanal. Quelques-unes de ces désignations ont survécu en se féminisant, et nous avons encore la Pastorale et la Bacchanale, à peu près aussi usées, aussi banales l'une que l'autre.

Au fond de toutes ces compositions, il y avait l'*idée*

*dramatique ;* puis avec la danse venaient la musique, les décors et les machines. C'était l'opéra qui prenait naissance sous le nom de ballet, et celui-ci resta longtemps le dernier mot de l'élégance et du plaisir. A mesure que l'opéra se développa, le ballet subit des modifications insensibles. Sous Louis XIII, il est encore un tout complet composant une représentation à lui seul ; sous Louis XIV, le ballet n'est plus que l'accessoire d'une fête, la conséquence d'une comédie ; parfois, métamorphose importante, il offre encore une action distincte, mais dans des proportions plus restreintes, avec un éclat beaucoup moins grand que sous Henri III. Tels étaient, par exemple, les ballets du *Triomphe de Bacchus*, du *Triomphe de l'Amour ;* à ce moment encore, il conserve sa tendance à l'allégorie, son goût pour les allusions aux passions, aux galanteries du jour. Bientôt le ballet n'est plus qu'un assemblage singulier de plusieurs scènes, de plusieurs actes, reliés ensemble par une idée commune, familière au XVIIIe siècle, par exemple, l'univers ou l'amour (résultat des idées philosophiques ou galantes qui se disputent cette époque). Encore quelques années et le ballet devient l'accessoire d'un opéra, le divertissement secondaire d'une soirée, soit qu'il remplisse un acte de l'œuvre principale, soit qu'il compose à lui seul une pièce généralement pauvre d'invention où la pantomime remplace le chant et le dialogue. C'est là le ballet proprement dit de notre temps, ou pantomime en musique, avec décors, machines, groupes d'ensemble et poses plastiques ; et ce ballet est de création toute moderne, car il ne commença d'exister que lorsque l'opéra, régnant en maître, l'eut relégué au second plan.

Certes l'invention de l'opéra et son développement sont choses fort secondaires dans l'histoire de l'humanité à ne le considérer simplement que comme distraction *à la mode*, et comme objet de luxe et de sensualité; mais il en est autrement si on le considère comme moyen de satisfaire à certaines nécessités de notre nature.

L'espèce humaine peut se priver de décorations luxueuses, d'orchestres brillants, de danseuses belles et accomplies, mais elle ne peut se passer ni de spectacles, ni de danses, ni de musique. Ce sont là des besoins de nature presque aussi impérieux que la soif et la faim; il faut à l'homme la distraction des yeux, des oreilles, le mouvement cadencé du corps, même sous une forme vulgaire. La civilisation orne, développe, raffine les moyens de satisfaire ces besoins primordiaux.

Les variétés du ballet ont été curieuses, et la distance parcourue est grande entre la danse des premiers sauvages et notre opéra moderne; son histoire, à n'en prendre que les grands traits, prête à des comparaisons intéressantes, par des oppositions comme celles-ci :

L'antiquité, avec les jeux Pythiens; le moyen âge, avec le mystère des Rameaux; la Renaissance, avec les ballets italiens; le XVI$^e$ siècle, avec le *Ballet de la Reine;* le XVII$^e$ siècle, avec *Tancrède ou la Forêt enchantée;* le XVIII$^e$ siècle, avec *les Indes galantes;* notre temps, avec *Giselle* et *l'Africaine.*

Mais le XVI$^e$ siècle fut l'époque la plus florissante du ballet, celle où il eut la forme la plus complète et la plus originale, où il montra une vitalité extraordinaire, une puissance d'invention tout à fait particulière.

Pourtant les habitudes et le goût ont bien changé, et nul doute que mes contemporains ne s'ennuyassent beaucoup aux ballets des siècles passés; mais nous devons à ces œuvres disparues un examen aussi impartial que le permettent nos idées actuelles; de même nos opéras seront jugés par de nouveaux venus dont les idées différeront complétement des nôtres. Qui sait s'ils résisteront aussi bien que le *Ballet de la Reine*, par exemple, à l'étude qu'on en fera au bout de trois siècles? Il est vrai que ce Ballet est une exception; c'est une œuvre typique : elle résume bien, vue dans son milieu, avec les faits qui s'y rapportent, une époque tout entière.

Le goût très-vif des danses et festins avait, de bonne heure, entraîné celui de la musique. C'était tout naturel; il y avait impossibilité de ne pas introduire dans ces fêtes l'élément sonore et rhythmique; aussi, on voit, dans toute l'Europe, les grands favoriser les musiciens et leur accorder des priviléges.

Il était d'usage d'avoir à sa solde des ménestrels pour distraire ses hôtes ou plaire à qui l'on désirait. Cet usage entra si profondément dans les mœurs qu'il survécut à toutes les époques, se métamorphosant suivant les lieux et les circonstances. C'est ainsi qu'au temps de Molière, on offrait des concerts pour le « régal » ou le « cadeau; » les violons servaient à cet usage et allaient au domicile des belles donner le bal ou la sérénade; les poëtes gageaient encore des musiciens pour accompagner leurs pièces. Plus tard, en Allemagne, les musiciens gagés par les grands seigneurs formèrent les premiers orchestres symphoniques, et Haydn fit ses premières armes dans celui des princes Esterhazy.

Dès le XIIe siècle, il y avait en France une grande quantité de musiciens errants ou trouvères; accueillis partout, ils obéissaient aux goûts de leur clientèle et avaient des chansons pour les grands comme pour les petits. Leurs mœurs se ressentaient-elles de leur vie un peu vagabonde? On le croirait, puisque Philippe Auguste les chassa du royaume comme portant, par leur musique, préjudice à la moralité publique; mais je ne sache pas que la musique seule puisse être morale ou immorale, et il n'est que trop certain qu'à leurs airs de musique les ménestrels joignaient soit des gestes, soit des paroles, et que ces gestes et ces paroles affectaient la morale ou la politique.

Quelques années après, les ménestrels étaient-ils moins corrompus, moins séditieux? ou saint Louis était-il plus indulgent? ou le bon peuple s'ennuyait-il trop sans ménestrels? toujours est-il que saint Louis permit aux musiciens, jongleurs, ménétriers, vielleurs, bateleurs, de rentrer au bercail, et Paris leur fut ouvert gratuitement.

Au commencement du XIVe siècle, les jongleurs, hommes et femmes, auxquels jusqu'alors les ménétriers semblent avoir été mêlés, demandèrent un privilége pour s'ériger en corporation. Ils étaient au nombre de trente-sept; le privilége leur fut accordé, et ils se placèrent à Paris sous le patronage de saint Julien des Ménétriers. La corporation se divisa bientôt en deux bandes, bate-

leurs et ménétriers, et ceux-ci en deux espèces dites :
« ménétriers joueurs d'instruments et ménétriers diseurs. »
Ces derniers furent expressément surveillés ; la politique
leur était sévèrement interdite ; il leur était défendu de
parler du roi, des seigneurs, du pape, de l'Église, etc.,
— à part cela liberté pleine et entière.

Vers la fin du XIV$^e$ siècle, la corporation augmenta
le nombre de ses musiciens et sépara complétement les
bateleurs des ménétriers ; — ceux-ci eurent alors une vie
distincte ; — ils eurent des joueurs de violes et de rebecs,
et Charles VII, en 1407, confirma leurs priviléges. La
séparation de l'ancienne société des bateleurs et ménestrels existait de fait bien avant qu'elle fût prononcée ;
mais, à partir de ce moment, les ménétriers ou « joueurs
d'instruments tant hauts que bas » eurent une royauté ;
ils figuraient aux cortéges officiels, et, le jour des Rois,
ils venaient offrir aux rois de France, leurs cousins, des
*cadeaux* et leur débiter un discours, — politesse que le
roi véritable reconnaissait par une offrande traditionnelle.

Cette corporation des ménétriers donna, comme tant
d'autres, un exemple de la ténacité de l'esprit de corps,
et montra combien cet enrôlement des professions en
sociétés constituées et privilégiées était contraire aux
vrais progrès de l'art.

Forts de leurs priviléges, les ménétriers ne voulurent
que personne, sauf autorisation accordée de leur part
moyennant argent, pût jouer en France d'aucun instrument ni l'enseigner à autrui ; et l'on vit les musiciens
ambulants s'attaquer aux organistes des cathédrales, aux
chapelles des rois de France. Pour les faire taire, il fal-

lut payer ou les engager dans les rangs de ceux qu'ils persécutaient; englobés dans les violons de Louis XIII, qui donna le titre de roi des ménétriers à L. Constantin, un de ses violons; battus sous Louis XIV, époque à laquelle un roi Guillaume, sentant son titre de roi des ménétriers un peu vermoulu, espéra le ragaillardir en le métamorphosant en celui de roi des violons, — ils voulurent résister et dominer quand même. La lutte fut longue. Guillaume II (car la dynastie Guillaume avait succédé à une dynastie Dumanoir, qui avait elle-même succédé à Constantin) voulut soumettre, en 1695, les organistes à sa loi comme tous les ménétriers de la province. Il obtint momentanément gain de cause; il fit confirmer le privilége, pour la corporation des ménétriers, d'enseigner à danser et à jouer des instruments; moyennant finance, il accordait à qui voulait le droit d'enseigner à leur place. En 1707, les organistes firent rapporter les lettres patentes de 1695; les ménétriers conservèrent seulement le titre de « maîtres à danser, joueurs d'instruments tant hauts que bas et hautbois, » mais le tout entendu au point de vue de la danse. Le calme dura quarante ans. Alors, un roi des ménétriers, Guignon Ier, ayant rédigé une requête pour rentrer dans le plus vieux de ses priviléges, un *tolle* général des organistes et musiciens libres répondit à cette réclamation; Guignon battu (son nom porta malheur à lui et à ses sujets) se rejeta sur la province, et il l'exploita si bien qu'il finit par rencontrer l'opposition qui l'avait battu à Paris. Ce ne fut cependant qu'en 1773, tant la tradition était vivace, qu'intervint un arrêt prononcant définitivement la dissolution de la corporation des ménétriers. Heureusement, je pense, l'infortuné Guignon était mort et n'eut pas le désespoir de survivre à sa couronne disparue.

Mais revenons où j'en étais avant cette digression.

En même temps que les ménestrels, les chapelles musicales, les maîtrises s'étaient établies dans les cours et les monastères, pour répondre à un besoin religieux; ensuite les princes, dans une intention plus mondaine, créèrent les chambres de leurs musiciens. Tous ces progrès artistiques se firent lentement, sous l'influence irrésistible des goûts persistants que partageaient non-seulement les grands, mais aussi la nation tout entière; l'exemple d'en haut a toujours le plus grand pouvoir, et il suffisait que la cour, en France par exemple, aimât les concerts, pour qu'immédiatement on entendit râcler, souffler et frapper de tous les instruments.

Non-seulement les tendances étaient de protéger les musiciens, mais les grands ne dédaignaient pas de composer et de jouer eux-mêmes de quelque instrument. Les artistes y trouvaient avantage, car les princes les protégeaient par esprit de bonne confraternité artistique.

Ce goût d'exécutant n'était pas nouveau au XVI$^e$ siècle. Le roi Clovis chantait, faux sans doute, mais il chantait. — Dagobert jouait de l'orgue et aimait la musique à ce point qu'en entendant la religieuse Nanthilde derrière le rideau d'un cloître, il en devint éperdument amoureux, l'arracha au ciel, répudia la reine et l'épousa. Nanthilde ouvrit ainsi la série des cantatrices auxquelles leurs gosiers ont fait accomplir de beaux mariages. — Charlemagne chantait la messe, et il était indulgent pour les chanteurs; il comprenait les difficultés éventuelles de la profession. Un jour, il vit dans sa chapelle un pauvre clerc qui ouvrait la bouche bien grande, mais l'oreille impériale distingua vite qu'aucun son n'en sortait; le pauvre diable avait l'air de chanter, sinon son chef l'eût renvoyé. Charlemagne l'interrogea, lui donna une bourse, mais ne le conserva pas parmi ses choristes; il eut peur que l'extinction de voix ne fût continue. — Louis XI, ne chantait pas; son caractère soupçonneux s'opposait à cette expansion vocale, mais, en revanche, il aimait à voir danser les autres; au besoin, il les eût fait danser de force. — Le roi René jouait de la viole. — Isabeau de Bavière était excellente harpiste; elle n'employa cependant pas son temps, comme fit David pour Saül, à calmer les accès de démence de son royal époux.

Parfois même les souverains jouaient des instruments qui nous sembleraient à présent indignes d'une bouche aristocratique.

La flûte droite a été, pour ainsi dire, la clarinette du temps; il y en avait d'énormes, appelées basses de flûtes ou laridons; on ne se figure pas bien un souverain jouant majestueusement de cet instrument voué par nous aux aveugles. Mais en 1450, Gilles, frère de François I<sup>er</sup>, duc de Bretagne, fut assassiné dans sa prison par des gentilshommes envoyés par son frère contre lequel il avait conspiré. Gilles était en train de jouer un *concerto* pour laridon; n'ayant pas d'armes, il se défendit avec sa flûte, et, en jouant sur les mots, on pourrait dire qu'il était d'une jolie force sur cet instrument, car, s'il fut tué, il tua plusieurs de ses ennemis.

A mesure qu'on avance, on s'aperçoit d'une modification très-remarquable dans les goûts musicaux de certains peuples. L'habitude, chez les grands, d'avoir de la musique, des festins, des fêtes, était devenue générale; comme le dit un auteur du temps, « les rois, princes, commandoient danses et mascarades, pour festoyer, recevoir et faire accueil joyeux aux seigneurs étrangers. » Et à partir du XV<sup>e</sup> siècle, sous l'impulsion de ce mouvement artistique que l'on a appelé la Renaissance, comme s'il était parti de rien qui vaille, la passion des cortéges, carrousels, danses, machines, reçut un nouvel élan; la musique suivit le développement de tout ce à quoi elle se trouvait intimement liée, et se vit cultivée avec enthousiasme dans tous les pays. L'entraînement fut si général, qu'il modifia les mœurs de quelques pays du Nord (1).

(1) Au XV<sup>e</sup> siècle, on raconte qu'il existait encore en Suède une coutume bizarre; il était sinon permis, du moins toléré, qu'on tuât un musicien, être malfaisant et dangereux à cause de son art; l'assassin devait seulement une indemnité à l'héritier du mort, s'il en existait un, et cette indemnité se composait d'une paire de souliers, d'une paire de gants et d'un veau de trois ans. Mais encore l'héritier du défunt ne recevait-il pas simplement la triste compensation qui lui était promise. A un jour dit, l'assassin, l'héritier et quelques personnes désignées se rendaient au haut d'une colline à pente raide; on traînait le veau au plus élevé du terrain, après lui avoir préalablement graissé soigneusement la queue; l'héritier prenait en main cette queue, l'assassin frappait la bête qui cherchait à s'échapper en descendant, et si l'héritier du mort parvenait à arrêter le veau sur la déclivité du sol, il le gardait pour lui, sinon il n'avait droit à rien.

C'était faire peu de cas de la vie d'un musicien; la musique cependant adoucit les mœurs, dit-on, et le fait parut donner raison à ce proverbe, puisque, sous l'influence du mouvement musical du

Comme conséquence naturelle de cette diffusion musicale, le nombre des illustres amateurs, ou plutôt des amateurs de haute volée, devint encore plus considérable.

Louis XII, qui ferma le XV° siècle et commença le XVI°, tint à se conformer à la mode : il voulut chanter. Il n'avait pas de voix ; une seule note sortait de son gosier, note douteuse et rauque ; Jos. Desprez utilisa cette seule note, qui avait peut-être des charmes pour ceux qui aimaient le roi, et il écrivit un *canon* où Louis XII n'avait à faire entendre que le son mis par la nature à la portée de ses moyens. François I<sup>er</sup> jouait du luth. Henry VIII jouait de la flûte et de la virginelle, sorte de clavecin ou d'épinette. Sa fille Elisabeth jouait aussi de la virginelle ; Burney raconte qu'elle faisait des prodiges ; il entend par là des octaves d'une seule main. Bird, Farnabie et Bull écrivirent spécialement pour elle ; on a longtemps conservé son clavecin en ébène incrustée d'argent. Elle était assise à ce clavecin et perlait des gammes, lorsqu'en 1564 lord Melvil vint lui apporter une lettre de Marie Stuart. Pour se concilier la sympathie de l'illustre claveciniste il entra comme poussé malgré lui, feignant d'ignorer qui jouait alors, et resta comme pétrifié d'ad-

---

XVI° siècle, on renonça si bien à laisser massacrer les musiciens en Suède, que, dès 1523, Gustave Wasa les protégeait et donnait des concerts. Au fond, les musiciens étaient-ils plus estimés ? Je ne sais ; et ce qui me ferait croire que non, c'est qu'encore à présent, même en France, la musique, aimée de tous, passe pour une étude si parfaitement secondaire, que tous ceux qui s'en occupent sont regardés comme des êtres tout à fait inutiles, et que la critique musicale n'occupe parmi les autres critiques qu'une place extrêmement restreinte et médiocrement appréciée.

miration. Il ne paraît pas toutefois que cette rouerie flatteuse ait beaucoup influé sur les dispositions d'Elisabeth vis-à-vis de Marie Stuart. Cette dernière jouait du luth. Henry VIII en jouait aussi. Charles IX était d'un talent passable sur le violon ; il s'occupait beaucoup des instruments de chasse. Avant lui, les chasseurs cornaient dans un petit cornet pentagonal ou hexagonal, à brisures angulaires ; il arrondit ces angles, et devint ainsi l'inventeur de la trompe de chasse, dont les dimensions sont, hélas ! devenues géantes. Le cornet arrondi donnait plusieurs notes, tandis que le huchet, cor cintré seulement, ne donnait qu'un son.

Ce goût pour la musique porta Charles IX à encourager Baïf dans l'essai que ce poëte tenta, en 1570, pour établir en France la première académie de musique ; c'était, comme on le verra plus loin, un pas important fait en faveur de l'opéra, bien qu'il ne s'agît encore alors que de concerts.

# CHAPITRE II

### SOURCES ITALIENNES ET FRANÇAISES (1264-1575)

Les origines de l'opéra cherchées dans les représentations dramatiques avec musique antérieurement à la Renaissance et à la réforme de Palestrina en Italie. — Influence italienne. — Rôle particulier de la France.

Après nous être rendu compte de la faveur dont jouissait la musique, cherchons à indiquer avec précision les sources d'où est sorti peu à peu le ballet dramatique ou l'opéra. Comme nous l'avons déjà dit, ce dernier ne consiste pas seulement dans la musique, il se compose d'éléments divers que l'on trouve rarement réunis avant la fin du XVIe siècle, et il faut les aller chercher dans les fêtes habituelles que l'on rencontrait, surtout du XIIIe au XVIe siècle, en France et en Italie. Les représentations purement dramatiques, les concerts, les cortéges avec décors, les intermèdes, et les carrousels à mascarades et à machines, sont les ancêtres de l'opéra; c'est en Italie qu'il faut d'abord les examiner.

L'influence de l'Italie est indiscutable à l'époque de

la Renaissance, bien qu'il soit évident que la France vit se produire chez elle, indépendamment de toute pression étrangère, un mouvement artistique considérable.

La première représentation dramatique avec musique aurait été, dit-on, l'*Oratorio de la Passion*, joué à Rome, en 1264, par la confrérie dite del Gonfalone. Doit-on voir dans cet essai un ancêtre de l'opéra? Je ne le crois pas; car rien n'indique d'une manière certaine qu'il y eût de la musique, et que la décoration valût celles des grands mystères représentés en France.

Vers 1440 (les renseignements sont si peu nombreux qu'il faut parcourir près de deux siècles avant de trouver un deuxième fait), on cite une *Conversion de saint Paul*, de Baverini ou Beverini, maître contrapuntiste à Rome. De cet ouvrage, il ne reste rien.

De 1475 à 1480, la date est incertaine, on cite un *Orphée*, de Poliziano; mais là encore, il y a indécision, et, je pense, erreur complète. Poliziano ou Politien, né à Monte-Pulciano en 1454, mort en 1494, de son nom de famille Ambrogini, vécut à la cour de Laurent de Médicis. C'était un antiquaire célèbre, savant helléniste, auteur de *Miscellanées*, mais il n'était pas compositeur. Il fit des recherches sur la lyre d'Orphée, de gros traités sur cet instrument, mais rien n'indique qu'il écrivit un opéra.

L'*Orphée* qui lui est attribué, et dont il ne reste rien, se composait de cinq grandes parties portant chacune une dénomination différente; elles devaient chacune varier de caractère et de style. La première partie était pastorale, la deuxième nymphale, la troisième héroïque, la quatrième fantastique, la cinquième bacchanale. A la fin, les Ménades massacraient Orphée pour se venger de la fidélité qu'il gardait à Eurydice.

Tous les personnages déclamaient ou chantaient en italien; Orphée seul employait la langue latine; c'était là une subtilité de professeur.

Bien que l'existence d'*Orphée,* en tant qu'opéra, me paraisse problématique, il n'y aurait cependant rien d'impossible à ce que ce fût une tragédie accompagnée de musique, car les instruments étaient, en Italie, plus cultivés qu'en France. Avant cette époque, les Médicis avaient donné des concerts à Florence. Jean de Médicis était mort en 1429, et Cosme, qui lui succéda et régna jusqu'en 1464, donna au palais Pitti des concerts où il y avait jusqu'à quatre cents musiciens. Sous ses successeurs, et antérieurement à la mort d'Alexandre de Médicis, en 1537, les violonistes Pietro Caldara et Ant. Mazzini furent souvent l'objet de véritables ovations, et vers ce même temps, 1536, à Venise, on joua une pièce intitulée : *Il Sacrificio,* dans laquelle les violons tenaient les principaux rôles.

Les représentations avec décors étaient depuis longtemps en usage, et les machines paraissent être arrivées à un certain degré de perfection. A la fin du XVe siècle, vers 1480, on cite comme décorateurs fameux Balthasar Reuzzi à Volterre, Parigi à Florence, Bibiena à Rome. Les Italiens avaient et ont toujours conservé une habileté exceptionnelle dans le décor à effet, un peu exubérant et chargé. Dans la seconde moitié de ce même XVe siècle, vers 1450, le compositeur Beverini fit représenter, peu après la *Conversion de saint Paul,* un *Darius,* pièce moitié opéra, moitié tragédie, ce qu'on pourrait appeler un essai de ballet. Beverini, à la fois auteur et impressario, avait divisé sa pièce en trois actes; il y avait quatorze changements de décors, et on y voyait figurer des éléphants, des montagnes, des palais, et tout un corps d'armée avec ses machines de guerre. Les principales décorations représentaient : Le camp de Darius. — Une vallée dans de hautes montagnes. — Une place dans Babylone. — La tente de Darius. — La cour du palais. — Les machines de guerre. — Le mausolée de Ninus. — Une prison. — Les jardins royaux.

Ces détails me paraissent bien compliqués pour la fin du XV<sup>e</sup> siècle ; on ne trouve aucune trace de ces œuvres de Beverini ; on ne possède aucun renseignement sur lui : ne pourrait-on pas supposer que tout ce luxe indiqué s'appliquerait plutôt à des représentations données environ un siècle plus tard, et dont la splendeur, dans un zèle archéologique, aurait été attribuée à une époque trop reculée?

Cependant il devait y avoir déjà certaines ressources théâtrales, car les décorations se perfectionnèrent et se multiplièrent assez vite pour que, dès la fin du XVI<sup>e</sup> siècle, il fût d'usage de les ranger en catégories spéciales, se subdivisant et se multipliant les unes par les autres pour augmenter leur nombre, et varier une partie de leurs aspects. Il y avait :

Les Célestes, ayant trait aux dieux, aux sphères, au soleil, etc.;

Les Sacrées, ou temples, autels, avec prêtres, vestales, etc.;

Les Militaires, villes, remparts, siéges, massacres, etc.;

Les Rustiques, comprenant tous les paysages;

Les Maritimes, mers, vaisseaux, tempêtes, monstres, etc.;

Les Royales, comprenant palais, appartements, jardins, etc.;

Les Civiles, ou rues, boutiques, magasins, etc.;

Les Historiques, rappelant les lieux célèbres de l'antiquité;

Les Poétiques, palais d'Eole, de la Fortune, de la Renommée, de la Mort, etc.;

Les Magiques, solitudes enchantées, enfer, Styx, spectres, etc.;

Les Académiques, ou bibliothèques, instruments des sciences, etc.;

Puis les Caprices, qui suppléaient aux autres pour les cas non prévus.

On pouvait avec ces matériaux suffire à toutes les fantaisies du public ou des auteurs.

Une représentation, un peu plus certaine que celle de *Darius*, fut donnée par Jean Sulpicius, romain, au château Saint-Ange, devant le pape Innocent VIII, en 1486. C'était un drame accompagné de musique, dont le nom même n'a pas été conservé, bien que cet essai eût, dit-on, été suivi de quelques autres représentations dans le même château.

Pour trouver un fait authentique se rapportant à la mise en scène avec musique, il faut arriver à l'année

1490 et à la fête donnée par le gentilhomme lombard Bergonzo Botta, à Tortone, lors du mariage de Galéas Sforza avec Isabelle d'Aragon; on trouvera les détails de cette fête galante à la fin du *Ballet de la Reine*, dont la distribution des cadeaux semble être une imitation. Ce divertissement de B. Botta, tenant à la fois du festin, du concert, du drame, est le premier essai certain de ballet réglé fait en Italie.

Les mascarades étaient aussi très à la mode et donnaient lieu aux idées les plus extraordinaires, aux inventions les plus étranges. Telle était par exemple, pour ne citer que celle-là, la Mascarade de la Mort, faite à Florence, en 1510, par le peintre Pierre de Cosimo; il disposa tout secrètement, et la ville assista un beau soir à l'exhibition suivante. On vit sortir « dans les rues de Florence un grand char peint de noir semé de croix blanches, de larmes et d'os de mort, tiré par six buffles harnachés extraordinairement; et sur le bout du timon était un ange élevé, d'une figure en bosse et d'une carnation singulière, qui semblait se soutenir par six ailes peintes d'un plumage qui représentait tous les attributs de la Mort et les peines des damnés, ayant une longue trompette à la main, sonnant d'un ton aigu et lugubre, pour réveiller et ressusciter les morts; et sur le haut du char il y avait une figure tenant une faulx à la main, qui représentait la Mort, ayant sous les pieds plusieurs sépulcres, d'où sortaient à demi des corps tout décharnés; une infinité de gens vêtus de noir et de blanc, masqués comme des têtes de mort, marchaient devant et derrière ce char, avec des flambeaux à la main, qui éclairaient le char dans des distances si bien ménagées, que toutes choses paraissaient naturelles ; on entendait, dans la marche, des trompettes sourdes, dont le son lugubre et enroué servait de signal pour faire arrêter le cortége ; l'on voyait alors ces sépulcres s'ouvrir, d'où il sortait, comme par une résurrection, des corps semblables à des squelettes, qui chantaient, d'un ton triste et languissant, des airs convenables au sujet, comme *Dolor pianto è penitenza* et d'autres, composés avec tout l'art que la musique italienne est capable d'inventer pour exprimer les plus vives douleurs d'une âme repentante. »

Sur les places publiques, le cortége s'arrêtait et entonnait le *Miserere* : ce devait être d'une gaieté folle !

« Le char était suivi de plusieurs personnes déguisées en forme de morts et montées sur des chevaux les plus maigres que l'on pût voir, et couverts de housses noires avec des croix blanches et des têtes de mort aux quatre coins. » Les estafiers, tenant les chevaux, étaient aussi déguisés en squelettes et portaient des oriflammes avec attributs mortuaires. Cette mascarade, sorte de mystère sinistre, amusa peut-être ses auteurs, mais elle frappa de terreur une partie de la population, parmi laquelle les conversions pieuses se présentèrent en foule.

Comme dans toutes les fêtes, on voit qu'il y avait là emploi de décorations, machines, et musique. Une puissance nouvelle allait, à cette époque, apparaître en ligne. La musique, qui jusqu'alors n'avait eu que la copie manuscrite pour répandre ses productions, allait trouver dans l'imprimerie une alliée et un moyen de diffusion. L'impression en caractères mobiles fut trouvée en 1503 par le vénitien O. Petrucci ; ce procédé fut assez rapidement reconnu bon, car en 1513, le pape Léon X donna à son inventeur un privilége de vingt années (1).

En 1539, lors du mariage de Cosme I<sup>er</sup> avec Éléonore de Tolède, dans un intermède célébré en l'honneur des deux époux, Apollon chanta en s'accompagnant d'une lyre. Jusque-là rien de nouveau. Mais ce qui accusa un progrès musical, ce fut un chœur des Muses répondant au dieu et écrit à neuf parties, — et le rôle de l'Aurore, dont un clavecin formait l'accompagnement. Seulement il paraît certain que le clavecin ne donnait aucune harmonie et qu'il doublait simplement le chant de l'Aurore.

En 1550 on cite une scène d'*Aréthuse*, par un auteur anonyme, et en 1570, un *Pastor fido* de Guarini. Sur ces deux pièces, aucun détail.

Ce qui ferait supposer avec grande probabilité qu'il n'y avait dans ces représentations rien de bien caractéristique, et que la musique n'y tenait pas la première place, ce fut le succès qu'obtint vers la même époque saint Philippe de Néri ; les représentations qu'il organisa furent considérées comme chose toute nouvelle ; or l'idée de Philippe de Néri était de faire exécuter ce que nous appelons des oratorios, soit des opéras sacrés. L'impres-

(1) L'invention de Petrucci fut pour la musique ce que l'imprimerie avait été pour le livre, et en même temps que les œuvres de ce temps se virent répandues en grand nombre, les systèmes furent mieux connus et mieux discutés. Ce n'est pas une exagération que d'attribuer à la typographie musicale une grande influence sur l'harmonie et sur le style concertant ; un fait est d'ailleurs certain, c'est que ce fut à cette époque que le contre-point abandonna peu à peu les exagérations des anciens compositeurs et leurs recherches bizarres, pour se modeler sur des préceptes plus modérés et plus sensés.

sion qu'il fit sur ses contemporains autorise à penser que les représentations qui avaient eu lieu avant lui différaient essentiellement de celles qu'il organisa.

Fondateur, en 1515, de la Congrégation de l'Oratoire, à Rome, Philippe de Néri commença en 1564, au couvent de la Trinité, ses représentations, qui, du nom des frères Oratoriens, prirent le nom d'oratorios, qu'elles ont conservé jusqu'à nos jours. Il y avait chez lui une idée véritable, c'était celle-ci : choisir des textes sacrés, fragments de l'Ancien ou du Nouveau Testament, psaumes, etc., — faire composer sur ces textes, en suivant les meilleures leçons, des poésies généralement dialoguées, — puis faire débiter ces poésies tantôt simplement déclamées, tantôt soutenues par une musique religieuse. Ce fut pour lui qu'Animuccia, un des maîtres de la chapelle pontificale, écrivit, de 1565 à 1570, deux livres de compositions appelées *Laudi*.

Les sujets préférés par Philippe de Néri étaient la Samaritaine, l'Enfant prodigue, Job, Tobie, l'Ange et la Vierge. Il y avait, surtout dans l'Enfant prodigue et Tobie, matière à des opéras complets ; mais Philippe de Néri restait dans le cadre encore timide de l'oratorio ; en se développant, celui-ci n'est pas devenu très-dramatique, dans le sens que nous attachons à ce mot, et les pièces organisées par Philippe de Néri n'étaient que des mystères assez courts, où la religion, à l'exclusion de tout sentiment mondain, régnait en souveraine.

La foule accourut à ces sortes de concerts pieux, elle y sentait une idée neuve : celle de réunir par un lien commun une série de scènes détachées.

L'exemple du saint oratorien paraît avoir produit quelques imitations dans l'ordre mondain ; entre autres, vers 1580, on cite une scène dont l'auteur est resté inconnu, qui se passait entre Caron et un amant lui redemandant sa maîtresse. C'était encore une des nombreuses reproductions de l'Orphée antique ; mais on ne doit pas attribuer à cet essai anonyme une grande valeur.

Saint Philippe de Néri, au contraire, eut certainement sur l'art musical et théâtral de son époque une influence considérable. D'ailleurs les temps étaient venus ; le mouvement musical ne pouvait plus tarder ; Palestrina allait se mettre à la tête ; déjà avant lui, en 1548, Zarlino, maître de chapelle à Saint-Marc de Venise, avait établi sa réputation comme théoricien, et ses démonstrations harmoniques, malgré leur allure trop exclusivement mathématique, sont restées célèbres ; ce fut lui qui trouva le tempérament pour l'accord des instruments à clavier, système sans lequel tout développement du clavecin était impossible. Les efforts des artistes de ce XVIe siècle allaient aboutir à un résultat merveilleux pour l'art, que je me réserve d'exposer à la fin de ce volume, afin de ne pas intervertir l'ordre chronologique ; mais, d'ailleurs, il y a un fait matériel et certain à l'aide duquel on peut apprécier le progrès accompli ensuite. En 1575, en Italie, il n'y avait presque pas de musique instrumentale ; les voix seules suffisaient à tout ; leur accompagnement par des instruments était chose exceptionnelle, qui n'existait guère que dans les grandes chapelles comme Saint-Marc de Venise. Ce qui manquait à toute cette musique vocale ou instrumentale, c'était la passion, et pour rencontrer cet élément de toute œuvre musicale réellement dramatique, il faut encore attendre, en Italie, quinze ou vingt ans.

Examinons à présent le mouvement qui s'était opéré en France, et voyons, si, à certains égards, il n'était pas plus pratique que celui accompli au delà des Alpes.

Dans notre ère, deux sortes de divertissements peuvent être considérés comme les précurseurs de l'opéra et du ballet ; ce sont les Mystères et les Intermèdes, auxquels se joignirent plus tard les cortéges et les mascarades.

Les mystères furent d'abord représentés par les pèlerins qui avaient fait le voyage soit de Rome, soit de Jérusalem ; la piété leur faisait changer en représentations mondaines les faits de la religion ; ils se transportaient d'un lieu à un autre, racontaient ce qu'ils avaient vu, en entrecoupant ces sortes de conférences par des psaumes et des cantiques ; leurs costumes, leurs gestes, certains décors élémentaires, faisaient de leurs récits un véritable spectacle. Au commencement du XV° siècle, des bourgeois pieux fondèrent un théâtre à l'hôpital de la Trinité, avec quelques rébecs pour jouer des ritournelles.

La piété, qui avait aidé à fonder ces représentations, fit reconnaître, aux pèlerins comme aux bourgeois, qu'ils avaient fait fausse route, et que le sentiment religieux n'était pas seul satisfait à ces spectacles ; le goût du théâtre y trouvait son compte; des essais de drames profanes eurent lieu peu à peu, et comme le dit Boileau :

On vit renaître Hector, Andromaque, Ilion;
Seulement, les acteurs laissant le masque antique,
Le violon tint lieu de chœur et de musique.

A côté de ces acteurs pieux et zélés, s'étaient dès l'origine installées des troupes de bateleurs qui organisèrent rapidement des représentations; c'étaient de grandes compagnies théâtrales, sortes de troupes ambulantes qui allaient de ville en ville, transportant avec elles un matériel parfois considérable. On jouait en plein air; la place publique fournissait la salle de spectacle, et les pièces duraient souvent plusieurs jours; la mise en scène y était poussée fort loin, jusqu'au réalisme le plus repoussant, par la reproduction des tortures et des supplices. Les mystères étaient représentés lors des grandes fêtes, religieuses surtout; ils étaient entrecoupés de morceaux de musique, d'apparitions de personnages surnaturels, qui faisaient diversion avec le dialogue de la pièce. Aux acteurs se joignaient parfois des habitants pieux, et tous apportaient leur argent et leurs personnes pour rendre la représentation plus brillante.

Les *processions de la Fête-Dieu*, en Provence, à la cour du roi René, étaient célèbres par leur splendeur.

La *fête des Rameaux*, dont M. F. Clément a donné une étude dans son traité de la musique religieuse, était un véritable drame en action, entrecoupé de cortéges, de psaumes, et de pantomimes.

Le *mystère de la Passion*, en douze journées, fut un

des plus célèbres du moyen âge ; les situations les plus variées y étaient représentées, depuis le gracieux tableau de la Madeleine à sa toilette, aidée, comme Armide, par ses filles de chambre, jusqu'à l'horrible supplice de Judas voyant ses entrailles s'épandre au dehors de son corps entr'ouvert ; la vie entière de Jésus-Christ y était renfermée, depuis sa naissance et la crèche, jusqu'à sa mort et le Golgotha.

Ces grandes représentations contenaient en germe, ou plutôt en trop grande abondance, les éléments nécessaires à l'opéra. — Qu'y manquait-il ? Sujet dramatique, musique vocale et instrumentale, danses, décors, machines montées longtemps à l'avance, tours de force même, tout y était. Il fallait, pour mettre en scène et représenter une pareille pièce, en admettant toutes les défaillances imaginables, un esprit de suite remarquable, une organisation assez parfaite pour faire mouvoir une armée d'acteurs, de figurants et d'ouvriers, pour édifier seulement le théâtre, parfois à plusieurs étages, où avait lieu la représentation.

Si les mystères étaient les spectacles des foules, l'aristocratie féodale avait les siens dans l'intérieur des châteaux ; les festins donnaient lieu à des surprises, à des intermèdes. C'étaient des scènes courtes, sortes de tournois chevaleresques et galants où figuraient, dans la salle même du festin, d'énormes pièces mécaniques montées ingénieusement, des groupes de personnages, des trophées, des monstres surtout, renfermant du feu ou des surprises gastronomiques. Partout dans la salle on apercevait des dressoirs, des tapisseries ; les costumes étaient brillants, le service parfois se faisait à cheval.

N'était-ce pas là un véritable spectacle dramatique et lyrique? Il y avait même double public : celui qui prenait part au festin d'abord, puis, dans les tribunes, des assistants en formaient un second pour lequel le premier devenait acteur, et figurait au milieu d'une mise en scène souvent splendide, soutenue par les fanfares d'un grand nombre de musiciens. Une pareille scène compose souvent le tableau principal d'un grand opéra de nos jours.

Pendant que le sentiment religieux et le besoin de distractions faisaient dans les places publiques et les châteaux éclore les mystères et les intermèdes, il y avait eu quelques timides essais de théâtre avec l'aide de la musique et de la poésie.

En 1285, à Naples, à la cour du duc d'Anjou, et, par conséquent, dans une cour toute française et sous l'influence française, avait eu lieu la représentation du *Jeu de Robin et Marion*, dont la musique était d'Adam de la Hale. C'est une pièce enfantine, méritant à peine le nom d'opéra-comique, tant il y a peu de morceaux de chant (encore ces morceaux méritent-ils ce nom?). Marion, aimée de Robin, le préfère à un riche chevalier; c'est *le Devin du village* cinq siècles avant Rousseau; et les deux pièces, comme les deux musiques, ne sont guère plus remarquables l'une que l'autre. *Robin et Marion* est tout ce qu'on possède d'Adam de la Hale, dont la réputation fut immense; la pièce est à onze personnages; elle semble assez mal charpentée. Est-ce déjà une pièce? Est-ce déjà de la musique dramatique?

En 1323, les Jeux floraux venaient encourager la

poésie, et, en 1324, Arnaud Vidal y remportait la première violette : triomphe modeste comme son emblème, et qui ne semble pas avoir fait progresser la poésie lyrique.

Avec le temps, les mystères et les intermèdes s'usèrent un peu ; la foule qui se pressait aux premiers diminua ; la noblesse eut des manoirs moins retranchés, moins vastes, et les grandes fêtes féodales disparurent dans les rapports plus fréquents que la civilisation avait établis.

Ce fut alors le temps des cortéges, des mascarades, des tournois (jusqu'à la mort de Henri II) ; puis les ballets arrivèrent à leur tour, avec la passion des danses et du théâtre. La musique accompagnait ces fêtes ; on en entendait peu, sauf à l'église, car les rois, pendant les repas, avaient des lecteurs, et François Ier fut le premier qui eut des musiciens pendant les festins.

Ce fut l'époque où se développèrent les chapelles et, avec elles, les ressources harmoniques : fait d'une haute importance pour la musique dramatique, surtout au moment où, par suite de l'habileté des compositeurs, apparurent les *madrigaux* et, avec eux, diverses innovations et nouveautés musicales qui ont précédé ce que nous appelons *airs*.

Le madrigal était une composition fort à la mode au XVIe siècle, dans laquelle un musicien pouvait déployer, et surtout avait toujours pour but de déployer son talent par la mise en œuvre de *rouerîes* du métier, d'habiletés harmoniques vocales qui faisaient autant valoir l'auteur que les exécutants. Les parties de certains madrigaux contiennent des passages si difficiles pour les voix qu'on a supposé que ces pièces avaient été écrites pour des instruments, contrairement à la tradition acceptée. En général, dans le madrigal, l'inspiration, ce que nous appelons la mélodie, était la partie accessoire; la science prenait la première place; on mettait bien des paroles au-dessous de la musique, mais l'expression était absente tout comme le sujet dramatique ; c'étaient des combinaisons plus ou moins remarquables ; l'art était épuisé sous une forme, il devait être renouvelé. Le madrigal régna en maître jusqu'après le milieu du XVIe siècle. Goudimel, élève de Palestrina, avait commencé à réagir contre la tendance scientifique poussée à l'abus, lorsqu'il fut massacré à la Saint-Barthélemy ; il avait embrassé la religion réformée.

Mais cette renaissance musicale, cette vitalité dans l'art que Goudimel et Palestrina faisaient pénétrer dans la musique religieuse, avaient déjà donné quelques preuves d'existence en France dans la musique profane. Un esprit indépendant, Janequin, qui ne fut pas même maître de chapelle de François Ier, avait semé en France bien des formes nouvelles dès l'année 1538, et ces formes nouvelles devaient former des éléments pour les ballets et les opéras.

Janequin, sur la personnalité duquel on n'a encore que des renseignements insuffisants, peut être regardé comme le créateur de quelques formes théâtrales qui subsistent encore. Ses morceaux à quatre voix sont les ancêtres des vaudevilles, des chansons de nos pères, et certaines pièces originales de son œuvre ont inauguré la musique descriptive, dont le spectacle français a usé et parfois abusé.

Janequin vécut sous François Ier et sous Henri II; ce fut en 1533 qu'il publia ses vingt-quatre morceaux à quatre parties; mais ce qui fit sa réputation, ce fut le recueil composé en 1538 et publié par lui en 1544, à Lyon, où il est probable qu'il était maître de chapelle : ce recueil est intitulé *Inventions musicales*. Le Caquet des femmes, la Guerre, la Bataille de Marignan, la Jalousie, le Chant des oiseaux, l'Alouette, la Prise de Boulogne en sont les principales pièces. On peut les lire pour la plupart dans la collection dite du prince de la Moskowa, et on ne peut méconnaître que ce furent là des essais très-remarquables de musique dramatique, descriptive et imitative, s'il en fut; quelques effets sont des plus curieux.

Outre ces ouvrages, Janequin écrivit aussi la musique des Proverbes de Salomon, en 1558, et en 1559 celle des Psaumes de David; il est à remarquer que cette date, 1559, est antérieure à l'époque, 1564, à laquelle saint Philippe de Néri fit exécuter les œuvres d'Animuccia et inaugura ses oratorios dans la ville de Rome.

Janequin eut un tel succès avec ses *Inventions musicales*, que l'Italie les imitait encore vers 1590. Croce, né à Chioggia vers 1560, mort en 1609, élève de Zarlino, et maître de chapelle à Saint-Marc de Venise en 1603, après avoir composé beaucoup de musique religieuse, écrivit, comme Janequin, des mascarades, la Chanson des Bambini, celle du Perroquet, du Rossignol et du Coucou, inventions dans lesquelles Cl. Janequin l'avait précédé, comme il avait précédé saint Philippe de Néri dans son idée de développer en musique des parties de l'Écriture sainte. On voit que ces imitations de cris, de voix, d'oiseaux, de bruits divers, sont des enfantillages musicaux qui datent de bien loin, et nos arrière-grands-pères souriaient en les écoutant, comme les vieux amateurs d'aujourd'hui dodelinent de la tête au coucou de la Symphonie pastorale.

Si plus tard, vers le règne de Henri III, la danse et les ballets furent préférés aux concerts, sous Henri II les cortéges et tournois étaient en honneur; c'était comme un retour aux mystères. L'Italie, avec ses fêtes extérieures et brillantes, avait amené cette mode passagère qui dura jusqu'au *Ballet de la Reine*.

Les expéditions d'Italie avaient été la cause de cette recrudescence dans le goût que les Français avaient eu de tous temps pour les cortéges. On rapporte toujours quelque chose d'une guerre faite à l'extérieur; les horions d'abord; puis une partie des habitudes, des usages des peuples chez lesquels on a été se faire voir; généralement les choses de bien-être et de plaisir sont celles qui se ressentent le plus vite de l'influence des nations avec lesquelles on a fait la guerre; le renouvellement, le raffinement des mœurs ont toujours été dans le caractère des Français; il était donc tout naturel qu'en recevant une impression si en rapport avec leur génie, ils rapportassent des expéditions italiennes le goût qu'ont les populations méridionales pour le faste et la décoration extérieure, la vie douce et les mœurs faciles.

Tout était donc à l'italienne. Cette mode avait été encore exagérée par Catherine de Médicis, ses favoris et ceux qui voulaient plaire à cette reine toute-puissante; la France devint la terre classique des intrigues amoureuses et des fêtes galantes.

Le cortége simple, le défilé sans décors, sans mécaniques, étaient fort à la mode, et tenaient lieu de spectacles; ils étaient si fréquents qu'on pouvait dire que lorsque les Valois n'étaient pas occupés aux bals et aux ballets, ils se promenaient avec un cortége derrière eux, à moins qu'ils n'employassent leur temps à donner des carrousels ou des tournois.

Henri II aimait beaucoup les carrousels, et il en donna un célèbre en 1558, rue Saint-Antoine, la nuit, aux lueurs de quarante-huit gros flambeaux de cire blanche. C'était un carrousel à la turque. Les princes, les grands seigneurs et le roi étaient sortis du palais des Tournelles, et représentaient les Turcs; contre eux se battaient les Maures, vêtus à la mauresque; tous dansèrent un ballet à cheval après le combat, qui eut lieu à coup de grosses boules creuses en terre cuite. Le roi Henri II, le dauphin et les princes du sang, déguisés en Turcs, portaient des habits de soie blanche, carquois, flèches et boucliers.

L'on voit que le goût des Maures n'a pas été une invention du XVIIe siècle.

Quant aux cortéges proprement dits, qui accompagnaient toujours les moindres actes de cette cour fastueuse, je me contenterai d'en citer deux exemples antérieurs à Henri III.

En 1534, une image de la Vierge, placée rue du Roi-de-Sicile, ayant été insultée et profanée, le roi François Ier se rendit en pompe pour lui rendre hommage; la rue était étroite, mais néanmoins le roi en grand costume, la reine Éléonor sur une haquenée blanche avec housse de drap d'or filé, les filles du roi, princes, princesses, dames et seigneurs, tous à cheval, défilèrent devant la sainte image.

Plus tard, lors de l'entrée de Catherine de Médicis à Paris, après son mariage, les filles d'honneur de la reine étaient à cheval sur des haquenées blanches, parées de housses de drap d'or frisé et de toile d'argent; les dames de la cour suivaient en chars couverts, revêtues de costumes brodés d'or et de pierreries.

Il y eut aussi, sous Henri II, d'autres fêtes célèbres qui participaient à la fois de ces divertissements extérieurs et du mouvement qui poussait l'art dans la voie de l'association de la musique, de la danse et de la poésie. On en eut une preuve dans la grande fête dansante qui fut donnée à Lyon lorsque Henri II revint du Piémont, et dans laquelle Marguerite de Valois dansa si bien le branle de la Torche. Un autre exemple fut aussi la grande fête indienne, offerte au roi et à la reine, en 1550, par la ville de Rouen.

Une puissante influence, celle de la renaissance des lettres, avait concouru au même mouvement. Un fait important s'était accompli; par l'étude de l'antiquité classique, on avait pris goût à la tragédie grecque, et on en avait essayé des restaurations; les chœurs antiques attirèrent l'attention; on eut l'idée, dans les grandes cérémonies, d'ajouter des chœurs aux tragédies que l'on faisait représenter. D'Aubigné, dit-on, avait composé une *Circé* avec chœurs, laquelle, nous le verrons plus loin, aurait servi à Baltazarini pour le *Ballet de la Reine*; cette tragédie ne fut pas représentée; mais, en 1559, Mellin de Saint-Gelais écrivit et fit jouer une *Sophonisbe* en vers entrecoupée de chœurs. Jodelle n'avait pas été sans influence sur cette tentative, qui ne fut pas heureuse, mais à laquelle on dut, pendant quelques années, des chœurs qui remplissaient les entr'actes des tragédies; seulement ces chœurs étaient étrangers à l'action et ne s'y reliaient par aucune idée commune. C'est là un point important, et le *Ballet de la Reine* présente pour la première fois des chœurs mêlés au dialogue et servant, par leurs paroles, comme tout le reste de la poésie, à développer le sujet du drame.

Peu d'années après l'essai de Saint-Gelais, Baïf, né, en 1532, d'un père qui occupait à Venise un poste diplomatique, élevé dans cette ville, alors à la tête du mouvement musical, eut l'idée d'apporter en France quelques-unes des habitudes artistiques au milieu desquelles il avait vécu.

Sous le règne de François II, il commença à recevoir chez son père, rue des Fossés-Saint-Victor, quelques musiciens pour y donner des concerts. En 1570, il obtint du roi Charles IX, dont il était devenu le maître de chapelle, l'autorisation de fonder chez lui une société musicale que la mode de l'antique fit nommer Académie. Ce fut l'Académie de Sainte-Cécile, commencement de l'Académie royale de musique; ce dernier nom a été conservé à notre Opéra comme souvenir du passé et quoique l'attribution en soit inexacte. Mais Baïf eut le tort de ne compter que sur la musique; elle était insuffisante à elle seule; il eût fallu l'entourer de ballets et de décors. Il y avait un concert régulier chaque semaine. Le roi s'y rendait assez exactement et y chantait parfois. L'entreprise échoua, et Baïf fut heureux de pouvoir dire que les guerres de religion avaient empêché l'Académie de Sainte-Cécile de réussir; elle fut dissoute quelques années plus tard.

Mais, quoi qu'il en soit de la protection accordée à la musique par Charles IX et ses frères, dans cette dernière branche des Valois ce fut encore François Ier qui, sans se rendre compte de ce qu'il faisait au point de vue artistique, eut, pour l'avenir, sur le développement des concerts, et par suite sur celui de l'opéra, l'influence la plus considérable. Outre sa chapelle ordinaire, il organisa dans ses appartements une musique de chambre. Ce fut à l'intention, dit-on, de madame de Châteaubriant qu'il aimait alors; il vit dans les séances de ses musiciens un moyen de réunir les dames de la cour, de les charmer et de commencer à les prendre par les oreilles. C'était toujours cela, en attendant le cœur. Le moyen était bon; les dames accoururent comme alouettes au miroir, et la galanterie se développa à loisir. Le roi donnait l'exemple de cette vie facile et peu morale; les femmes, sentant leur influence, s'érigèrent en maîtresses de toutes choses; les maris qui réclamaient étaient si bien rabroués que ce quatrain courut le pays :

> Ne souffre à ta femme pour rien
> Mettre son pied dessus le tien,
> Le lendemain la fausse bête
> Le voudra mettre sur ta tête.

Mais, en ne pensant rendre service qu'à ses amours et à ceux de ses amis, François I<sup>er</sup> servit puissamment l'art musical ; le premier des rois de France, il sépara la musique religieuse de la musique profane, et donna à celle-ci les moyens de se développer plus librement en établissant la musique de chambre. Est-ce bien lui qui la créa le premier ? N'y avait-il avant lui aucun élément de ce genre ? Je n'affirmerai rien, car peu de choses se forment tout d'un coup sans avoir quelques racines en arrière. En tout cas, l'organisation bien régulière de la musique de chambre des rois remonte à François I<sup>er</sup> (1).

Les musiciens de la chambre du roi conservaient sous Henri III les éléments établis sous François I<sup>er</sup>. Si l'on désire un renseignement supplémentaire et qui, par analogie, peut donner la composition approximative d'un orchestre royal à cette époque, voici quels étaient les musiciens de la chapelle d'Elisabeth III, reine d'Angleterre, en 1558 :

Voix : 9 chanteurs, 6 enfants de chœur.

Instruments : 16 trompettes, 4 harpistes ; 8 luths,

---

(1) La bande de la chambre fut composée de chanteurs, puis de symphonistes : harpes, luths, violes, orgues, épinettes, violons, hautbois, cornets, sacquebutes, flûtes, musettes, trompettes, cromornes et trompettes-marines. Plus tard on adjoignit à cette première bande des fifres et des tambours, sous le nom de bande d'écurie. Plus tard encore vint la grande bande de vingt-cinq violons ; ce fut elle qui s'opposa quelque temps aux débuts de Lully et amena la création de la bande rivale des petits violons du roi.

1 musette, 2 violons, 8 basses de viole, 2 flûtes, 9 trombones, et 3 virginelles.

Il y avait bien du cuivre ! et quoique l'on n'ait pas la distribution de la chambre de François I$^{er}$, il est présumable que l'orchestre de cette dernière était mieux divisé sous le rapport de la proportion comme sous celui de la répartition des timbres, et que les ressources en étaient plus fondues et mieux combinées. Nous verrons que les effets probables, tirés à cette époque d'orchestres répartis comme celui du *Ballet de la Reine,* devaient avoir beaucoup d'analogie avec ceux auxquels nous a accoutumés la musique moderne, et que, tout en étant moins parfaits, ces orchestres étaient peut-être plus riches que les nôtres comme familles d'instruments et comme variété de timbres.

Nous voici arrivés à l'époque de la représentation du *Ballet de la Reine,* sans relever d'autre fait saillant relatif à notre sujet que l'établissement en France des comédiens italiens « I Gelosi, » qui donnaient des représentations et étaient appelés dans toutes les fêtes. Musique, chant, danses, festins, pièces de théâtre étaient nécessaires dans les circonstances solennelles, et ce fut même avec ces éléments que Henri III célébra l'institution de l'ordre du Saint-Esprit en 1579. Les concerts et les danses durèrent deux jours.

D'après ce qui précède, on voit qu'on ne peut avoir la pensée de trouver un spécimen véritable de l'opéra avant la fin du XVI$^e$ siècle ; tout ce qu'on peut citer jusqu'alors n'est certainement pas le type que nous recherchons. Il y avait abondance d'essais, comme en Italie, mais ce n'était pas encore l'*opéra*. Un morceau chanté ne suffit pas pour faire une œuvre lyrique, et la tragédie avec chœurs elle-même ne peut nous servir de modèle.

Pour la formation du type ballet-opéra, les festins, les cortéges, les concerts, les danses, la musique religieuse, la poésie ont tour à tour apporté chacun leur pierre à l'édifice commun. Mais avec tous ces éléments, il fallait autre chose : il fallait la passion personnifiée dans la tonalité moderne. Palestrina, à son insu, fut l'agent de la grande modification musicale, ou plutôt Palestrina fut le signe de cette modification accomplie doucement au sein de la société; l'opéra n'était pas possible auparavant. Il n'existait pas. La Renaissance prépara son apparition. Les guerres de religion purent à peine, au milieu des bouleversements, retarder sa venue de quelques courtes années. Les madrigaux les plus compliqués, les œuvres les plus froides de la musique liturgique, les scènes avec cantiques n'étaient rien sans l'élément vital de cette tonalité moderne; il fallut l'école nouvelle couvée à l'ombre de l'église et qui bien vite se sépara de sa mère : c'est un fait que quelques esprits peuvent regretter, mais non se refuser à reconnaître.

C'est donc à tort que l'on a voulu trouver réellement en Italie, avant 1580, un modèle de notre opéra : il n'y était pas. Il n'y avait, comme en France, que des ébauches faites à côté; le prestige artistique de l'Italie a beaucoup égaré les esprits. Certes son influence a été grande, et si je trouve dans la *Circé* de Beaujoyeux (*Ballet de la Reine*), l'exemple du premier opéra français, je dois reconnaître que la *Circé* dut son existence en grande partie à l'esprit italien ; mais la *Circé* fut jouée à une époque où rien de semblable n'avait été représenté au delà des Alpes. L'opéra surgit à la cour de France, comme armé de toutes pièces, en un jour.

Mais en même temps un mouvement puissant se produisit en Italie ; on y était fatigué des scènes musicales sans mélodie, sans passion, de cet orchestre nul qui doublait simplement les parties des chanteurs ; des esprits éclairés et indépendants cherchaient des formes nouvelles : ils les trouvèrent, mais seulement vers 1590, et après de longs travaux.

Ce fut en 1580 environ que se forma une association qui eut sur l'avenir de la musique dramatique l'influence la plus féconde ; elle produisit, par des efforts communs et bien combinés, les premières scènes lyriques qui aboutirent à l'*Orphée* de Monteverde, et pendant un demi-siècle enchantèrent l'Europe. Les détails relatifs à cette association et à ses œuvres trouveront place plus tard, après le **Ballet de la Reine**, qui est le premier en date. Mais pendant que ce ballet semble n'avoir été qu'un accident dans l'histoire de l'art, le système italien progresse lentement, sûrement, et crée des types que la France dut accepter plus tard comme modèles.

# CHAPITRE III

## LES DANSES SOUS LES VALOIS

Les danseurs et les assistants. — Variétés des danses. — Leur intervention dans les représentations théâtrales.

Pour bien comprendre la réputation qu'eurent à cette époque tous les ballets, pour bien voir comment peu à peu, par accessions successives, ils arrivèrent à devenir des opéras incomplets, il faut tenir compte d'un élément important : des soins que l'on apportait alors aux exercices du corps ; ils étaient très-honorés dans ces temps où l'adresse et la force corporelles étaient choses précieuses, desquelles dépendait très-souvent la vie elle-même.

En première ligne figurait la danse, et sous ce nom on comprenait non-seulement la danse telle que nous l'entendons, mais encore l'escrime, l'équitation et la tenue du corps. Aussi les maîtres dits de ballet avaient-ils une importance extraordinaire ; il semble que, dans les premières scènes du *Bourgeois gentilhomme*, il y ait comme un écho de cette grandeur déchue dans les discussions du maître à danser et du maître d'armes. En 1554, Pompeo Diabono, illustre professeur de danse de la Savoie, fut appelé à Paris, et nommé par Henri II gouverneur de son second fils Charles IX ; le roi donnait ainsi l'exemple et obéissait en même temps à un usage reçu.

Les danses étaient, au reste, nobles et lentes jusqu'à la venue de Catherine de Médicis en France ; les danses sérieuses durèrent fort longtemps côte à côte avec les autres, et l'on attribue, en Italie, à Pulcinella et à Scaramuccia, au siècle suivant, l'intrusion définitive de la danse bouffe ; les purs danseurs regardaient l'avénement de ces gais bouffons comme un signe de décadence et comme l'envahissement des belles manières par la « canaille. » Quant au sérieux de la danse grave, il y avait longtemps que les danseurs de cour l'avaient oublié et l'avaient singulièrement dédaigné eux-mêmes.

C'est surtout dans les danses de ce temps, dans le besoin de se montrer luxueux, vigoureux, élégant, qu'il faut rechercher la cause de ces représentations galantes auxquelles le règne de Henri III semble voué.

Dans un ouvrage curieux, bien de l'époque qui m'occupe, puisqu'il fut imprimé en 1588, *l'Orchésographie*, de G. Tabourot (1), on voit que la danse, outre ses

---

(1) L'*Orchésographie*, de Jean Tabourot (Langres, 1588 et 1596, in-4° carré). L'auteur, né à Dijon en 1519 et mort à Langres en 1595, était chanoine de Langres ; cette fonction ne lui faisait point condamner la danse ; d'ailleurs peut-être avait-il un canonicat sans être dans les ordres. C'est un livre curieux par les détails qu'il donne sur *toutes* les danses du temps, sur leur importance mondaine, sur leurs airs et sur les instruments employés. La théorie sur le rhythme,

agréments corporels, avait une immense importance pour arriver à une position, à un mariage, ou simplement pour se faire bien venir des dames, auxquelles il fallait plaire.

Dans un dialogue entre l'auteur, sous le pseudonyme de Th. Arbeau, et un nommé Capriol, nom prédestiné pour apprendre la danse, voici ce qu'on trouve :

Capriol désire danser pour « complaire aux damoiselles. »

Th. Arbeau lui répond :

« Vous le prenez fort bien, car naturellement le mâle et la femelle se recherchent, et il n'y a chose qui plus incite l'homme à être courtois, honnête et faire acte généreux que l'amour : et si vous voulez vous marier, vous devez croire qu'une maîtresse se gagne par la disposition et grâce qui se voit en une danse. . . . . . . .
. . . . . Il a bien plus, car les danses sont pratiquées pour connaître si les amoureux sont sains et dispos de leurs membres, à la fin desquelles il leur est permis de baiser leurs maîtresses, afin que respectivement ils puissent sentir et odorer l'un l'autre, s'ils ont l'haleine suave et s'ils sentent une senteur malodorante, que l'on nomme l'épaule de mouton. »

développée à propos du tambour, est fort intéressante, bien que l'auteur n'ait pas l'air de se douter de l'importance de la méthode rhythmique qu'il indique et des conséquences qu'elle peut avoir. Des figurines spirituellement dessinées décorent le volume, qui contient, en outre, un grand nombre de planches de musique. Le style de Tabourot, sans être un modèle, a les qualités du temps, l'esprit, la bonne naïveté fine, la gaieté, et souvent le mot vif pour rire

Je ne sais si une danseuse eût été satisfaite d'apprendre par le refus de son prétendant, qu'elle devait sentir l'épaule de mouton ; mais le bal ainsi métamorphosé en une sorte de conseil de révision matrimonial ne manque pas d'originalité. Chacun, au reste, paraît savoir l'importance qu'il y avait à bien danser, à bien se tenir, à bien monter à cheval. Plaire était l'idée fixe de chacun, et voici qui le prouve ; c'est un fragment de dialogue (cette forme était très-aimée) entre le sieur de La Neuville, conseiller sous Henri III, et Bussy.

« Le premier but de la jeunesse, dit ce dernier, c'est d'avoir des commodités pour être bien vêtu, bien monté et bien suivi, et d'avoir quelque mérite, outre cela, qui vous fasse acquérir de la réputation, soit par la subtilité de l'esprit, et pour les entretiens agréables et les reparties pleines de pointe, mais spécialement pour la grandeur du courage et l'adresse aux armes, qui fait que l'on se démêle bravement d'une querelle, se rendant redoutable aux plus mauvais ;... et puisque vous parlez des dames, je vous dirai qu'elles ne sont pas seulement capables de vous montrer en quoi consistent les félicités du monde, mais qu'elles nous les font acquérir, s'il se rencontre que nous puissions plaire à celles qui ont le plus de crédit ; car alors, outre que l'on est bien reçu d'elles, nous avons l'honneur d'être loués de leur bouche, et d'être mis en la bonne grâce du roy, afin d'accroître nos richesses et d'obtenir les plus grandes dignités, pour enfin devenir compagnons des princes. »

Ce dialogue, dont la présence de Bussy, assassiné en 1579, fixe bien l'époque, est curieux en ce que, sans exagération, il expose naïvement les idées du temps ; il y avait là une certaine chevalerie mettant tous ses soins à plaire aux dames, mais une chevalerie qui, ce me semble, entendait assez bien les affaires ; elle ne fût pas allée recevoir des horions sans l'espoir d'en retirer quelque bénéfice.

Les courtisans galants y trouvaient-ils leur compte ? Les demoiselles d'honneur pensaient-elles bien au mariage tout en flairant si leur danseur sentait oui ou non l'épaule de mouton ? Les mœurs étaient-elles chastes ? Je laisse répondre Brantôme ; qu'on lise ce qu'il disait des filles de la reine-mère qu'il voyait mariées quelques années plus tard. Il donne une longue liste de dames et demoiselles où figurent les noms de quelques-unes des danseuses du *Ballet de la Reine;* il ajoute que plusieurs ont été « douces, aimables, favorables et courtoises. » Il en racontera les aventures, « mais tout se couvrira sous le rideau du silence de leurs noms. »

On peut en conclure qu'il y a bien des choses à dire sur la vertu des dames de la cour de ce temps, et Brantôme ajoute encore : « Ces récits plairont à celles qui s'y reconnaîtront, car... puisque le plaisir amoureux ne peut pas toujours durer... pour le moins la souvenance du passé contente encore. »

Ne dirait-on pas d'un chat qui se pourlèche au souvenir des jattes de crème qu'il a pu goûter ?

Toute cette époque galante de son existence, à laquelle Brantôme se reporte avec délices, s'était écoulée au milieu des ballets et des représentations où la danse, les voix, les machines et la musique se réunissaient pour charmer les yeux et les oreilles. On dansait partout et à propos de tout. Les guerres de religion, les troubles civils en étaient-ils la cause? On raconte qu'après la Terreur on dansait jusqu'aux étages les plus élevés des maisons de Paris; un phénomène analogue se produisait peut-être au XVIe siècle après chaque tuerie entre concitoyens.

En sortant du champ de bataille, la cour dansait et dépensait follement son argent. Les bals se donnaient le plus ordinairement au Louvre dans la salle des Cariatides; cette salle était admirablement appropriée à sa destination, et sa tribune logeait les musiciens pendant que le roi dominait à l'autre bout, du haut des marches qui existaient alors. Ces fêtes étaient brillantes; il est regrettable que les tableaux de l'École française n'aient pas conservé plus exactement leur physionomie (1).

(1) Le musée du Louvre a deux toiles de médiocre grandeur qui se rapportent aux fêtes de cette époque.

Le n° 656 — représente un bal chez la reine Catherine ou chez la reine Louise de Lorraine; il me semble que la scène se passe sous Henri III, car un seul personnage à gauche, qui serait le roi, porte le cordon du Saint-Esprit, institué en 1578. L'orchestre se compose de deux musettes et de deux flûtes droites. On danse en branle.

Le n° 657 — représente une salle du Louvre qui pourrait être celle des Cariatides, si les proportions n'en paraissaient pas trop petites; la salle est plafonnée avec poutrelles apparentes, et je ne crois pas que la salle de Henri II ait jamais eu un plafond de cette espèce; le pavage est en marbre. Le cordon du Saint-Esprit ne figure pas dans le tableau, mais Catherine de Médicis me paraissant y être, le bal serait du règne de Charles IX ou du commencement de celui de Henri III; peut-être est-ce le bal de noces de Henri IV et de Marguerite? Dans ce cas, il faudrait beaucoup en rabattre des descriptions contemporaines, et il y aurait exagération dans le luxe des personnages comme dans le récit de quelques-uns de leurs exploits. Deux personnages, peut-être Henri IV et sa jeune épouse,

Et il est singulier que lorsque tant de vieux peintres italiens ont laissé des souvenirs des fêtes de leurs pays, où l'architecture bien développée encadre des personnages nombreux et richement vêtus, l'École française n'ait sur les cérémonies de cette époque des Valois que quelques rares toiles de petites dimensions.

Les danses, nombreuses, étaient toutes faciles ou difficiles, selon le plus ou moins de conscience que mettait le danseur à en exécuter les pas. Les mesures de ces danses étaient simples comme rhythmes, notes et pas, — mais le désir de briller faisait, comme au jeu de la corde, que chacun cherchait à en faire plus que d'autres; les danseurs adroits remplaçaient les pas simples par des sauts répétés, parfois triples, et s'ils retombaient en cadence leur réputation était faite, « mais il est advenu maintes fois qu'en faisant les doubles sauts, ils se sont laissé tomber. »

Les danses se divisaient surtout en basses danses et en danses proprement dites. Au temps de Henri III, les basses danses étaient en défaveur et avaient été à peu près abandonnées depuis quarante ou cinquante ans, au

---

dansent une courante au milieu de la salle; les musiciens (4 luths), habillés de soie brune, tous en pareil costume, sont sur la droite du tableau, un peu en arrière.

Dans ces deux toiles, le mouvement et la vie manquent. Il faudrait plus de variété. Tout en faisant la part de l'exagération dans les descriptions de fêtes qui nous sont parvenues, il y a certains détails de luxe qui sont oubliés, quand ce ne serait que l'éclairage, les ornements, les parures; puis les visages des femmes devaient certainement être plus agréables à regarder que ceux des figurantes de ces tableaux; sinon les jeunes gens ne se seraient pas donné de peine pour leur plaire.

grand regret de quelques anciens amateurs. Elles étaient elles-mêmes de deux sortes, régulières et irrégulières, selon le chant sur lequel elles se dansaient. La division véritable et régulière était celle-ci :

16 mesures avec reprise ;

Une partie de 16 mesures, sans reprise, nommée médiation ;

16 mesures avec reprise pour finir, en tout 80 mesures ; si ce nombre de mesures était dépassé, la danse devenait irrégulière. La mesure et le rhythme en étaient ternaires; la flûte et le tambourin formaient l'orchestre. On demandait aux musiciens la basse danse, et l'air que l'on désirait. Comme coupe, elle se divisait en :

1<sup>re</sup> partie, dite basse danse ;
2<sup>e</sup> — — retour ;
3<sup>e</sup> — — le tordion.

C'étaient là les danses du commun sans doute, un peu passées de mode, et que le bon ton avait remplacées par les branles, les pavanes, les courantes, et par la gaillarde, la gavotte et la volte.

Le branle, la pavane et surtout la volte, étaient les danses les plus aimées et les mieux dansées par les habiles. Nous verrons ci-après en quoi elles consistaient, mais toutes, à en croire Tabourot (sauf peut-être la pavane), étaient plus ou moins inconvenantes : « Aujourd'hui, dit-il, les danseuses n'ont point ces honnêtes considérations en ces voltes et autres semblables danses lascives et égarées que l'on a amenées en exercice, en dansant lesquelles on fait bondir les demoiselles de telle mode, que le plus souvent elles montrent à nu les genoux, si elles ne mettent la main à leurs habits pour y obvier. » Cette phrase est curieuse comme renseignement chorégraphique, et elle montre de plus que toujours on a vanté le bon vieux temps aux dépens du présent; il me semble cependant que Tabourot était assez mal venu à en parler ainsi, puisque c'était ce passé qui avait le premier, environ trente ans auparavant, mis si fort à la mode ces danses « lascives et égarées. » Catherine de Médicis les avait apportées à la cour; elle aimait la danse sautante et gaie, plus sans doute pour les autres que pour elle; les jambes bien faites y trouvèrent leur compte et se plurent à se faire voir; les jupes devinrent si courtes que les prédicateurs s'élevaient en chaire contre cet usage et conseillaient aux danseuses de placer, comme le dit Tabourot, une main sur la jupe afin d'empêcher les assistants de voir ce qui devait rester caché. Il fallait donc reporter au temps de la jeunesse de Tabourot l'usage de ces danses condamnées par lui, et si la cour de Henri II fut plus vertueuse que celle de Henri III, il y avait, d'après les contemporains, encore bien des choses à reprendre.

Voici quelques détails sur les principales danses en vogue à l'époque du *Ballet de la Reine*. Exécutées par les dames de la cour au milieu des fêtes, dans une intrigue supposée, comme nous le verrons plus loin, ces danses sont les ancêtres des grands pas d'ensemble du théâtre moderne.

## LA COURANTE

C'était plutôt une sorte de petit drame musical qui précédait la danse, qu'une danse elle-même, car le prélude était l'instant où les acteurs développaient leurs moyens de séduction et leurs talents chorégraphiques. Il y avait là une introduction à la courante elle-même, comme il y a un mimodrame noté en tête de l'Invitation à la valse, de Weber.

Trois danseurs prenaient la main de trois jeunes filles, et les menaient en cadence à un bout de la salle; puis un des danseurs sautant, se trémoussant, minaudant, allait chercher une des danseuses qui refusait de le suivre; les trois cavaliers faisaient le même manége; refusés tous trois, ils revenaient ensemble, se mettaient à genoux devant les danseuses, qui alors s'élançaient dans leurs bras, et la courante, proprement dite, commençait; elle se terminait assez vite, afin de permettre le renouvellement fréquent de la pantomime où les belles manières, et la galanterie trouvaient à se mettre à l'aise.

La *Collection Philidor*, contenant les anciens ballets de la cour de France, renferme, dans son premier volume, plusieurs courantes dansées devant les rois Henri II, Charles IX et Henri III. La mesure en est généralement à 3/2, mais le rhythme en fait le plus souvent un 6/8, sorte de mesure très-rare à cette époque et que l'Italie, avec ses romances populaires, aurait dû cependant mettre plus en usage si l'écriture blanche et à longues valeurs de la musique religieuse ne s'y fût opposée.

### LA BOURRÉE

La bourrée était aimée de la reine Catherine de Médicis; les deux danseurs se plaçaient vis-à-vis l'un de l'autre, et dessinaient des pas élégants qu'il ne faut pas comparer évidemment avec ceux des danseurs de bourrée du centre et du midi de la France. Parfois, comme pour beaucoup de danses, des chanteurs accompagnaient les instruments ou même les remplaçaient complétement; on dansait alors avec un orchestre vocal sur des chansons populaires et bien rythmées. Il n'y a pas longues années, on a tenté de mettre à la mode des contredanses chantées, mais le rhythme fantaisiste et trop varié des danses modernes s'oppose à la réussite d'un projet de cette sorte. Les danses populaires peuvent encore fort bien se chanter, et j'ai vu dans l'Auvergne la bourrée dansée par des paysans, pendant qu'un d'eux, doué de poumons robustes, chantait seul, sans être soutenu par des instruments et pendant des heures entières, les airs du pays connus des danseurs, — airs courts, bien coupés, bien rhythmés, pris et repris sans repos ni trêve.

On peut lire dans la *Collection Philidor* une bourrée, modèle du genre : — c'est la bourrée d'Auvergne; elle est charmante et bien du temps, car Philidor a rangé ses morceaux par ordre chronologique, et cette bourrée est écrite après la pavane dansée à la cour de France lors de l'arrivée des ambassadeurs polonais.

## L'ALLEMANDE

L'allemande me paraît différer peu de la courante, d'une part, et de la pavane, de l'autre ; ne pouvant entrer ici dans les détails tout à fait techniques, dans les descriptions spéciales des pas que Tabourot indique en vrai professeur de danse, je n'insiste que sur les danses toutes spéciales ayant une physionomie bien tranchée, soit dans leur ensemble, soit dans quelques détails ; l'allemande ne me semble avoir pris un caractère personnel que beaucoup plus tard, et elle se métamorphosa complétement.

Les airs sur lesquels se dansait l'allemande sont souvent jolis. La *Collection Philidor* en offre plusieurs ; deux notamment, un de 1580 et un autre de 1582 ; cette dernière, bien de l'époque qui nous occupe, est d'une forme mieux réussie ; elle a une ressemblance singulière comme rhythme, comme tonalité, avec la *Romanesca*, à la condition bien entendu de débarrasser cette dernière de l'accompagnement brisé dont on l'a soi-disant ornée et qui n'est nullement dans le style du temps où elle a été composée.

## LA GAILLARDE

La gaillarde se dansait à deux personnages placés d'abord chacun à un bout de la salle (toutes ces danses à deux danseurs paraissent avoir été inventées pour que l'on pût examiner les acteurs sous toutes leurs faces) ; puis tous deux s'avançaient l'un vers l'autre, « courant, se rejoignant, gigottant rapidement. » Les pas de la gaillarde étaient très-variés et très-compliqués ; elle était fort difficile quand on voulait la danser avec exactitude, mais en escamotant les pas malaisés, elle rentrait dans les danses à la portée des jambes ordinaires.

Elle se fondit avec la volte ; cette dernière se dansait sur la musique de la gaillarde et en était le développement, je l'analyserai ci-après.

### LA GAVOTTE

Elle n'était pas alors la digne, prétentieuse et chaste gavotte du dix-huitième siècle, aux poses lentes, mesurées, et aux grandes révérences. C'était une espèce de branle. Les danseurs se tenaient en ligne ou en rond ; après quelques pas faits ensemble, un danseur et une danseuse se séparaient des autres, dansaient seuls, s'embrassaient, puis la danseuse allait baiser tous les danseurs, et le danseur toutes les danseuses. Chaque couple, à son tour, quittait la danse et agissait comme le premier. Dès l'instant qu'il y avait baisers donnés et rendus, cette danse avait chance de trouver des amateurs, et chacun pouvait parfois dire, comme la bergère des chansons populaires : « La pénitence est douce, nous recommencerons. »

J'arrive à présent aux trois dernières danses les plus

curieuses, et sur lesquelles je dois donner quelques détails plus développés.

### LE BRANLE OU BRANSLE

Le branle était de plusieurs espèces (nous avons vu que la gavotte, à la rigueur, eût pu être rangée au nombre des branles); la mesure du branle était à 2/4, et le rhythme en était binaire; c'est peut-être la danse qui a laissé dans les airs populaires, dans les jeux de l'enfance, les traces les plus sensibles. C'était une danse fort gaie, dansée par plusieurs personnes se tenant par la main et tournant tantôt à droite, tantôt à gauche; dans ce mouvement, il y avait des pas sur place très-diversifiés, mais tous se distinguaient par ce qu'on appelait le *rû de vache*, sorte de secousse donnée par la jambe que l'on jetait légèrement soit de droite, soit de gauche, avant de recommencer le mouvement circulaire; le nom de rû de vache, assez malsonnant, était parfaitement trouvé, le geste indiqué ayant beaucoup d'analogie avec le mouvement que les veaux en gaieté impriment à leurs jambes de derrière quand ils les jettent de côté; mais ce mouvement, assez comique dans la race laitière à quatre pattes, avait été fort raffiné par l'homme au XVIe siècle, et le rû de vache avait ses héros; on était cité pour le rû de vache aussi bien que pour sa belle tenue à cheval ou sous les armes.

A la plupart des branles on ajoutait des gestes, une action, ou quelques accessoires. Il y avait par exemple :

Le *Branle des Lavandières*, dans lequel on frappait à certains moments dans ses mains pour imiter les battoirs des lavandières.

Le *Branle des Hermites*, où les couples voisins se saluaient à droite et à gauche, comme font les religieux, en croisant les mains sur la poitrine.

Le *Branle de la Torche et du Chandelier*. Il était fort à la mode; un danseur, tenant un flambeau d'une main, choisissait une danseuse, dansait avec elle un pas de son choix, puis il lui remettait la torche entre les mains. La danseuse à son tour choisissait un danseur; ce dernier gardait le flambeau, et la scène recommençait de même avec d'autres acteurs.

Le *Branle des Sabots*. Au lieu de frapper des mains on frappait des pieds.

Le *Branle de l'Officine* était un composé de branle et de volte; à la cadence finale, le danseur saisissait sa danseuse par la taille et la soulevait en l'air (1).

---

(1) On trouve dans Tabourot, à propos d'un branle où chaque groupe devait imiter les mouvements du groupe qui tenait la tête, une phrase qui ferait remonter bien loin l'origine du mot *guignol*, nom de la marionnette moqueuse qui tend chez nous à remplacer le classique Polichinelle. Le Guignol a pris naissance à Lyon, et on donne comme étymologie à son nom un vieux mot du pays voulant dire : ennuyeux, assommant; et d'après ce système le mot « guignol » n'aurait pas été connu avant le XVIII° siècle, époque où les mots « guignonnant, guignolant, » auraient été mis en usage par ce personnage, qui les répétait sans cesse dans les petits théâtres populaires. Mais dans Tabourot on trouve une phrase qui ferait remonter bien plus haut l'usage du mot « guignol » et qui lui donne un sens cadrant mieux au personnage du Guignol moderne, toujours disposé à se moquer des autres, et imitant notamment, derrière le dos de son commissaire, des gendarmes et du diable, tous les mouvements auxquels ceux-ci se livrent. Voici cette phrase que je livre

On remarquera que les branles étaient parfois un composé de plusieurs danses, et qu'ils empruntaient ici et là les intermèdes qui pouvaient les rendre plus amusants pour les danseurs. Mais il y avait néanmoins un branle proprement dit, le branle double, et sa description suffira pour expliquer ce qu'étaient tous les autres.

Le branle, son nom l'indique, consistait en un petit mouvement du corps à droite et à gauche fait sur place; le branle double était dansé de côté, à droite d'abord, puis à gauche; on faisait un pas pour gagner du terrain et l'on recommençait. Dans une fête, les joueurs d'instruments commençaient toujours par un branle double ou commun; tous le dansaient, les vieux comme les jeunes, mais le branle simple était surtout destiné aux personnes sages, âgées; venait ensuite le branle gai pour les jeunes mariés, puis enfin le branle de Bourgogne ou de Champagne, selon l'air que jouaient les musiciens, et où les jeunes gens se livraient à toutes leurs fantaisies. Cette danse, qui réunissait ainsi tous les âges, était des plus animées; les danseurs se plaçaient soient à la file pour faire le guignolet, soit en cercle et se tenant par la main. Le double, à droite, devait être plus serré que celui de gauche, de sorte que l'on gagnait à chaque fois de ce dernier côté et que l'on tournait peu à peu. On faisait à la septième mesure un pied en l'air droit, un pied en l'air gauche pour le double et pour

à l'appréciation des amateurs de marionnettes : « Les autres groupes s'efforcent de contrefaire après lui ses gestes, comme s'ils eussent joué au *guignolet.* »

avancer : c'était là le rû de vache; les habiles compliquaient les pas à volonté, les insouciants ou les personnes âgées les marquaient à peine; chacun agissait selon son goût et ses dispositions. Ce que nous appelons le Carillon de Dunkerque doit venir de ce temps et n'est autre chose qu'un branle; un branle célèbre, dit en faux bourdon, remontant à l'an 1540, existe dans la *Collection Philidor*; l'harmonie nécessairement en est peu variée, mais il montre le goût de ce temps pour les cloches et explique (car il n'est pas le seul de ce genre) comment le nom de *carillon* a survécu avec quelques-unes de ces danses qui se sont conservées jusqu'à nous.

### LA PAVANE

La pavane était d'un rhythme binaire; elle servait surtout, dans l'origine, « aux rois, princes, seigneurs graves pour se montrer en quelque jour au festin solennel... et étaient lesdites pavanes jouées par hautbois et sacquebutes qui l'appellent le Grand Bal, et la font durer jusques à ce que ceux qui dansent aient circuit deux ou trois tours la salle... On se sert aussi desdites pavanes quand on veut faire entrer en une mascarade chariots triomphants de Dieux et Déesses, Empereurs et Rois pleins de majesté. » Cette phrase du même Tabourot est précieuse pour expliquer certains passages du *Ballet de la Reine*, où la situation exigerait, ce me semble, de la musique, et où le compositeur n'a rien écrit; sans doute une pavane choisie remplissait le vide laissé avec intention. La pavane était donc à la cour la marche des cortéges et des processions galantes se rendant au bal. Les sages seigneurs et les dames, et les matrones de bon et pudique jugement, à l'encontre des danses « déhontées » introduites en sa place, regrettaient amèrement la pavane sage et noble d'allure. Mais celle-ci se modifia comme les autres danses, et l'on y introduisit des figures du branle et de la gavotte; on s'y prenait des baisers tout comme ailleurs, et la pavane, si elle ne fut pas abandonnée, changea complétement de physionomie. Plus tard, sous l'influence de la pavane d'Espagne, elle devint tout à fait prétentieuse, et fut des plus en honneur sous le roi Louis XIV.

Au XVIe siècle, la pavane se dansait non-seulement à la cour, mais partout, et toujours avec accompagnement de tambourin. Cet accompagnement, toujours le même (une longue sur le temps fort, deux brèves sur le temps levé) contrastait, par sa persistance rhythmique, avec le chant de la pavane, qui pouvait varier sans que le tambourin changeât ses secousses régulières. Un pareil rhythme, ainsi répété, devait en somme agir d'une façon étrange sur l'organisation nerveuse des danseurs, et leur faire exécuter pendant plusieurs heures consécutives les sauts et les pirouettes les plus fatigantes; — on sait, en effet, que c'est dans l'accentuation persistante d'un même rhythme que les bateleurs orientaux ou africains puisent principalement l'énergie qui leur est nécessaire pour exécuter ces tours étranges qui étonnent si fort les voyageurs.

Tabourot note dans l'*Orchésographie* une pavane très-connue et très-aimée de son temps ; le motif en est charmant, l'accompagnement de tambourin est écrit au-dessus. Cette pavane non-seulement se jouait, mais aussi se chantait ; la galanterie était, comme de raison, le sujet des paroles que je transcris, ne pouvant en donner la sique ; et, à l'avant-dernier couplet, il paraît probable que la danseuse accordait à son danseur le baiser demandé ; la musique devait alors faire un point d'orgue, comme les ménétriers en exécutent un à même intention dans les fêtes de certaines campagnes qui ont conservé les vieux usages.

Voici les paroles de cette pavane chantée :

> Belle, qui tiens ma vie
> Captive dans tes yeux,
> Qui m'as l'âme ravie
> D'un souris gracieux,
> Viens tôt me secourir,
> Ou me faudra mourir.

> Tes beautés et ta grâce
> Et tes divins propos,
> Ont échauffé la glace
> Qui me gelait les os,
> Et ont rempli mon cœur
> D'une amoureuse ardeur.

. . . . . . . .

> Approche donc, ma belle,
> Approche-toi, mon bien,
> Ne me sois pas rebelle.
> Puisque mon cœur est tien,
> Pour mon mal apaiser
> Donne-moi un baiser.

> Plutôt on verra l'onde
> Contre mont reculer,
> Et plutôt l'œil du monde
> Cessera de brûler,
> Que l'amour qui m'époint
> Décroisse d'un seul point.

J'ai donné, sauf deux ou trois couplets insignifiants, cette chanson tout entière ; certains vers en sont charmants et semblent faits de main de maître; il y a, il est vrai, à côté, d'autres vers qui seraient dignes d'être roulés autour d'une flûte à l'oignon, *vulgò* mirliton; mais si cette pavane se chantait ainsi dans les fêtes de village, il est à regretter qu'il n'en existe plus de pareilles. Les campagnes reçoivent actuellement, pour défrayer leur répertoire, des œuvres qui sont infiniment moins morales que celles-ci et qui n'en sont pas moins éloignés pour la valeur musicale et littéraire.

### LA VOLTE

La volte était, comme je l'ai dit, un développement de la gaillarde ; le nom de cette dernière indique qu'elle possédait un caractère cavalier, se moquant, il semble, du qu'en dira-t-on, et dont la volte augmenta encore la nature. C'était la danse la plus aimée des jeunes courtisans, et les dames qui avaient les jambes bien faites ne devaient pas en faire fi, car en la dansant, elles les montraient librement. Les bons danseurs, les bons volteurs (pourquoi ce nom ne serait-il pas de mise comme celui de valseurs?) prouvaient, en même temps qu'ils avaient du talent, qu'ils étaient de force à enlever une femme à bras tendu. Dans ce siècle de force corporelle, pareil talent pouvait avoir son importance.

Les détails de la volte sont compliqués; j'en extrais les indications les plus importantes.

La mesure était ternaire, et le rhythme par temps était binaire. La désignation technique du pas de la volte, inintelligible aux profanes (dont je suis) était celle-ci : deux pas, un saut majeur, pieds joints, pause.

Voici, dans un langage plus accessible, en quoi consistait la série des mouvements :

Le danseur fait face aux assistants.

1er mouvement. — Saut sur le pied gauche, en tournant, de manière à présenter l'épaule gauche.

2e mouvement. — Saut sur le pied droit, tournant le dos.

3e mouvement. — Saut majeur à pieds joints et montrant l'épaule droite.

En recommençant cette manœuvre, à partir de la dernière position, le danseur arrive à présenter le dos.

En répétant une troisième fois les mouvements, il se retrouve à la première position, présentant l'épaule gauche, soit un temps en avance sur la position du départ ; s'il exécute une quatrième fois la série des pas, il se trouvera en avance d'un temps sur la fin de la première série, alors qu'il présentait l'épaule droite; il se retrouvera donc faisant face aux assistants et à pieds joints.

Dans ces quatre séries de mouvements, le danseur aura tourné complétement deux fois sur lui-même; c'est déjà une besogne difficile sur un mouvement musical rapide. Mais la danseuse avait encore plus à faire; elle n'occupait pas le centre de la danse comme le cavalier, et le chemin qu'elle avait à parcourir était de beaucoup le plus long.

Voici quel était le départ. Le couple danseur faisait cinq pas à droite, cinq pas à gauche pour saluer, la demoiselle occupant alors le côté droit du cavalier; puis ce dernier mettait la danseuse à sa gauche, mais en passant galamment à sa droite à elle. La danseuse n'avait qu'à se laisser faire.

Le danseur lui jetait alors le bras gauche autour de la taille, la serrait ferme, un peu haut, de manière à faire porter son poids sur sa cuisse; il plaçait sa main droite au bas du torse de la demoiselle, en dessous du busc du corset, enlevait son fardeau, poussant en avant avec la cuisse sur laquelle était comme assise la danseuse, et faisait les mouvements de la volte. La dame, pendant ce temps, pour aider au cavalier, lui jetait le bras droit autour du cou pendant que de la main gauche elle empêchait (si bon lui semblait et selon sa coquetterie) ses jupes de s'enlever en l'air, car, « cueillant le vent, elle montre sa chemise et sa cuisse nue. »

On faisait ainsi plusieurs tours de volte, les répétant à plaisir, et le bon Tabourot ajoute : « ..... Je vous laisse à considérer si c'est chose bien séante à une jeune fille de faire de grands pas et ouvertures de jambes, et si en cette volte l'honneur et la santé y sont pas hasardés et intéressés. »

Au bout de quelques tours de volte, les danseurs

étaient nécessairement fort étourdis; ils y remédiaient en dansant la volte tantôt à droite, tantôt à gauche; c'était pour le cavalier une difficulté de plus, et pour la danseuse le moyen de montrer également les deux jambes, si toutes les deux étaient aussi parfaites l'une que l'autre.

Les danseurs devaient être doués de force et de vivacité; la série des mouvements devait s'accomplir en quatre mesures.

1<sup>re</sup> mesure. Tourner devant la danseuse;

2<sup>e</sup> — La saisir, la serrer, passer la main sous le busc;

3<sup>e</sup> et 4<sup>e</sup> mesures. Tourner selon l'indication, en accomplissant un tour et demi sur soi-même et en poussant, comme dit crûment Tabourot, la demoiselle « sous la f.... »

Cette danse était curieuse pour les assistants et présentait des points de vue souvent imprévus. Un tableau du musée de Rennes représente un gentilhomme et une demoiselle en grand costume dansant une volte; lorsqu'on ne connaît pas les détails de cette danse, on est prodigieusement surpris de la manière peu séante dont le cavalier place sa main droite pour enlever sa danseuse.

La reine Marguerite, épouse de Henri IV, dansait admirablement la volte; Ronsard en parle à propos du bal de ses noces, et, la personnifiant dans la Charité, il dit d'elle :

> ............................................
> Comme une femme elle ne marchait pas,
> Mais en roulant divinement le pas,

4.

> D'un pied glissant coulait à la cadence.
> ...........................................
> Le Roy dançant la volte provençalle
> Faisoit sauter la Charité, sa sœur :
> Elle, suivant d'une grande douceur,
> A bonds légers voloit parmy la salle.
> ...........................................

La suite, qui trouvera sa place plus loin, apprend que la reine Marguerite montrait ses jambes, qu'elle avait fort belles.

Comme on le voit, toute la peine était pour le danseur ; il trouvait sans doute un dédommagement à la fatigue en serrant familièrement sa danseuse dans ses bras ; mais le métier était néanmoins assez pénible pour la danseuse comme pour le cavalier : il fallait que tous deux déployassent une somme de force considérable, et ils suaient assez pour, d'après l'anecdote qui suit, être obligés de changer de linge au milieu de la soirée.

Au bal donné le 14 août 1572, pour le double mariage du roi de Navarre avec Marguerite de Valois et du prince de Condé avec Marie de Clèves, cette dernière dansa tant et si bien la volte que Catherine de Médicis l'emmena dans un cabinet de toilette pour la faire changer de chemise. Quelques instants après, Henr III, alors duc d'Anjou, entra dans le même cabinet pour réparer sa coiffure ; il suait aussi prodigieusement. Trouvant un linge sur une chaise, il le prit, sans trop le regarder, et s'essuya le visage : — c'était la chemise de Marie de Clèves. On était au temps des envoûtements et autres influences magiques. De l'attouchement de la chemise de Marie de Clèves naquit spontanément dans le cœur du duc d'Anjou une passion inconsciente, un vrai coup de foudre, — passion telle, qu'on prétend que la couronne de Pologne ne lui déplut tant au départ que parce qu'il quittait Marie de Clèves. Cette passion aurait résisté à l'exil; et, lors de son avénement, il croyait l'épouser en la faisant divorcer avec le prince de Condé, sous prétexte de différence de religion, ce dernier appartenant aux calvinistes. Mais, subitement, Marie de Clèves mourut, empoisonnée, disent quelques-uns. Henri III la regretta profondément; il eut beau se couvrir de têtes de mort, il ne tarda pas à épouser Louise de Vaudémont; et comme si ce n'était pas assez d'une affection imposée par les nécessités politiques, il continua à aimer aussi mademoiselle de Châteauneuf. Cependant on raconte qu'il n'oublia jamais Marie de Clèves, soit que la nature charmante de la princesse l'eût touché sérieusement, soit qu'il eût été complètement ensorcelé par l'attouchement du linge qu'elle avait porté.

Revenons aux danses détaillées ci-dessus; toutes, ou presque toutes, ont laissé de longues traces dans les jeux, les danses ou la musique des générations des siècles suivants. Il est malaisé de retrouver dans les airs populaires, remaniés sans cesse, influencés par les modifications successives et nécessaires des tonalités, les airs primitifs parfaitement originaux qui les ont engendrés; mais il est à peu près certain que la plupart des rondes enfantines, la plupart de ces chants mal composés que l'on entend encore parfois et qui conservent une allure singulière au milieu des productions plus modernes, viennent de ces anciennes danses chantées, écrites vers le XVIᵉ siècle, plutôt à la fin que dans les premières années, là où le mouvement musical qui se produisit brisa définitivement les vieux liens des tonalités liturgiques. L'air de *Malborough s'en va-t-en guerre*, plus récent comme paroles, viendrait d'un 1/3 du XVᵉ siècle métamorphosé en 6/8 au XVIIIᵉ siècle. L'air *Vive Henri IV* viendrait du branle coupé (encore une autre sorte de Branle), dit le branle de Cassandre, de beaucoup antérieur au règne du royal Diable à quatre.

La ronde du *Chevalier du guet* : « Qu'est-ce qui passe ici si tard ? » celle de : « Nous n'irons plus au bois » ont peut-être fait danser les belles dames galantes de la cour de Henri III. Il est à remarquer que, pour tous ces airs, le temps a influé surtout sur le rhythme. Soit que les airs à présent connus soient nouveaux, soit qu'ils viennent de plus anciens modifiés, les mesures, sans toujours être plus vives, ont toutes une allure plus serrée, plus nette que les anciennes productions qu'on peut comparer sur pièces originales. Le signe musical a, au reste, suivi une marche analogue ; les notes primitivement blanches et longues se sont serrées, noircies et pressées comme l'allure de la phrase.

J'ai dit que la ritournelle des valses allemandes était peut-être un reste du drame, introduction de la courante. — La bourrée, qui vit encore dans plusieurs provinces, si elle a été abandonnée par la haute société, présente, avec la musique que j'ai citée, un exemple frappant de la persistance de certains airs et de leurs modifications successives. L'air de la bourrée d'Auvergne semble conservé dans *la Tentation de saint Antoine*, parodie fort à la mode du temps de nos pères ; le couplet :

> Courez vite, prenez le patron,
> Et faites-le moi danser en rond...
> Courez vite, prenez le patron,
> Tirez-le moi par son cordon;

a été écrit, ce me semble, sur un air qui ne doit être autre que la bourrée d'Auvergne altérée légèrement par le temps écoulé, et modifié, comme tant d'autres, par l'influence d'une tonalité plus précise, par une carrure et un développement plus modernes. — La pavane chantée, où la danseuse embrassait son danseur, a laissé des traces dans bien des pays, et les ménétriers de village ont un air spécial, du XVI$^e$ siècle peut-être, pour la danse de cette figure où un trille du violon reste persistant et aigu jusqu'à ce que toutes les danseuses se soient exécutées. C'est parfois la grande plaisanterie de la soirée, lorsqu'au milieu du quadrille qu'une châtelaine, épouse d'un dignitaire, a consenti à danser avec un rustre du village, l'orchestre fait d'une manière imprévue retentir son trille significatif. G. Sand, dans un de ses premiers romans, a retracé une scène semblable à laquelle elle avait sans doute assisté. — Les branles se retrouvent à chaque pas dans les jeux des enfants et dans les divertissements de la fin des bals ; les figures du cotillon sont des sortes de branles ; le *Carillon de Dunkerque* en est un, et ses paroles, qu'on ne chante jamais, ses paroles classiques et irrévérencieuses, doivent venir du temps où nos bons aïeux employaient carrément et sans fausse pruderie le mot sous lequel Molière a immortalisé Sganarelle. — La *Boulangère a des écus* est un branle tournant, mélange du branle des *Lavandières* et de celui des *Sabots*. — Le branle des *Hermites* se retrouve encore dans la ronde du *Pont d'Avignon*, où les petits danseurs imitent les gestes de toutes sortes de gens, font le Guignolet et disent entre autres choses, en saluant, les bras croisés sur la poitrine : « Les capucins font comme ça. »

On trouverait bien d'autres exemples dans la *Clef du Caveau* de la persistance singulière de ces traditions musicales et dansantes. La volte seule me semble avoir disparu : elle ne pourrait en rien cadrer avec nos mœurs; il est d'usage que le cavalier saisisse encore la taille de sa danseuse et la presse le long de son corps, mais cette danseuse qui se laisse ainsi presser, pousser, tirer, secouer, serait certes étrangement indignée si son danseur avait l'idée de la saisir comme le volteur saisissait sa volteuse. D'ailleurs, beaucoup de danseurs seraient-ils capables d'exécuter avec toutes les danseuses un pareil tour de force? L'enlèvement de la danseuse à gras tendu n'est plus en vogue, je pense, que dans les bals d'Auvergnats, pour terminer dignement une bourrée, souvenir du pays natal.

Les danses du XVIe siècle, avec leurs manœuvres d'ensemble et le développement de force, de grâces et de belles manières qu'elles exigeaient de la part de ceux qui les exécutaient, paraissent avoir été inventées encore plus pour le plaisir des assistants que pour celui des danseurs ; ces derniers étaient de véritables acteurs se donnant parfois beaucoup de mal pour distraire leur public, et, pour l'agrément de ce dernier, ils cherchaient à faire montre de leurs personnes en les présentant sous le jour le plus avantageux possible.

« D'ordinaire, dit Brantôme en parlant du plaisir que lui et ses contemporains de cour prenaient à voir danser, nous jetions nos yeux sur les pieds et les jambes des dames qui les représentaient (les ballets), et prenions par dessus tout très-grand plaisir à leur voir porter leurs jambes si gentiment, et demener, et frétiller leurs pieds... Leurs robes étaient bien plus courtes que d'ordinaire, mais non pourtant si bien à la nymphe... ni si hautes comme il le fallait et qu'on eût désiré... »

La reine Marguerite montrait fort bien ses jambes, et Ronsard, aux vers que j'ai cités ci-dessus, dans lesquels il dit que la Charité

A bonds légers voloit parmy la salle,

ajoute ceux-ci :

De marbre exquis taillé par artifice,
Sa jambe estoit, ses pieds estoient petis,
Tels qu'on les feint à la belle Thétis,
Sûr fondement d'un si bel édifice.

Ce dernier vers n'était que la répétition, en langage poétique, d'un dicton de la cour aimable et galante qui voyait dans une jambe bien faite un vif moyen de séduction, et qui disait : « Deux belles colonnes soutiennent d'ordinaire un beau bâtiment. »

On montrait si bien les jambes, et on comptait si bien sur elles pour entraîner les cœurs, qu'une grande dame fit la fortune d'une de ses femmes qui lui tirait bien ses bas et lui posait coquettement sa jarretière. Les dames galantes avaient le soin de parer leurs jambes et de les envelopper « au dessus » de petits caleçons de toile d'or et d'argent, de les orner de cordons de pourpre travaillés, si bien qu'on en concluait que de tels soins n'étaient pas pour les cacher sous la jupe, ni le cotillon, ni la robe, et qu'on « n'agit pas de la sorte que l'on n'en veuille faire part à d'autres de la vue et du reste. »

Cette manie de bien tirer ses bas, de bien poser ses jarretières, a donné lieu à une histoire des plus gaies de cette époque. Les grandes dames avaient des femmes pour les habiller, mais au-dessous d'elles étaient d'autres dames moins fortunées, pour lesquelles le luxe d'une femme de chambre eût été déplacé et qui n'avaient qu'un laquais. Une d'entre elles, se faisant tirer un jour ses bas par son valet, lui demanda si, en considérant ainsi de près la jolie jambe qu'il venait d'habiller coquettement, il ne ressentait pas quelques idées galantes vis-à-vis de sa maîtresse. Soit balourdise, soit respect, le rustre lui répond : « Oh! non, madame. — Non! insolent, riposta cette dernière. » Et lui administrant un soufflet, elle le mit à la porte.

Mais il n'y avait pas ce laisser-aller partout ; on cherchait à garder les apparences. Sous les dehors d'une conversation tranquille, les intrigues marchaient leur train et le diable y trouvait son compte. « Dans les chambres des rois et des reines, dit·encore Brantôme, les dames entretenaient leurs amants, les pipaient, car elles leur disaient des paroles si lascives et si friandes qu'elles et eux se corrompaient...; nous, les arregardant, pensions qu'elles tinssent autre propos. » Brantôme devait cependant être assez au courant de ce qui se passait pour ne pas s'en rapporter bénévolement aux apparences.

Il n'est pas étonnant que les danses, les ballets, fussent si bien à la mode quand, au plaisir qu'y trouvait toute la jeunesse galante, venait se joindre l'exemple des souverains dansant souvent en public. On a de tout temps aimé à se modeler sur les rois, et le dernier croquant s'imagine participer à la majesté souveraine quand il imite de loin les manières de la cour; si nos mœurs se sont fort adoucies, il faut en reporter en grande partie le mérite sur quelques rois ou grands personnages qui ont montré le chemin. Le monde est plein d'imitateurs qui sont incapables d'avoir par eux-mêmes l'idée du bien, s'ils ne le voient pratiqué par des personnages plus haut placés qu'eux.

Non-seulement les rois dansaient au XVIe siècle, mais des personnages plus graves encore faisaient de même. Ainsi, en 1562, les pairs de l'Eglise, assemblés à Trente, offrirent, à Philippe II, un bal qui eut lieu à Mantoue après la clôture du concile. Le cardinal de Mantoue ouvrit le bal, Philippe II et les autres cardinaux y dansèrent. Les danses de cette mémorable soirée ont été notées dans un livre de César Negri, publié en 1600. On n'y trouve certes pas la volte, mais on y voit figurer la pavane classique et quelques branles choisis parmi les plus calmes. La danse sérieuse y fut honorée et fut placée là comme un manifeste contre le développement des danses libres qui envahissaient toutes les réunions. Au moyen âge, il y avait eu deux danses différentes : la danse grave, lente, un peu triste, celle des gens honnêtes et que regrettait tant Tabourot ; — puis la danse indécente, libre d'allures, abandonnée aux danseuses de profession, aux baladins et aux bayadères. Le concile de Trente était dans son rôle en prêchant d'exemple et en recommandant la première de ces deux danses ; les dames du monde d'alors étaient dans leur rôle également en préférant les danses échevelées et tournoyantes aux pas lents et dignes de leurs aïeux : elles obéissaient à cet entraînement singulier de tous les temps, qui fait que la haute société s'enthousiasme parfois de spectacles, de chansons, de danses, de bons mots, qu'elle devrait laisser dans les bas-fonds intellectuels et moraux où ils ont pris naissance.

La pavane majestueuse et convenable avait grand succès ; Brantôme raconte dans ses Mémoires la façon merveilleuse dont Henri III et sa sœur Marguerite la dansaient : « Le roy la menoit ordinairement danser le grand bal ; si l'un avoit belle majesté, l'autre ne l'avoit pas moindre ; je l'ai vu assez souvent la mener danser la pavane d'Espagne, danse où la belle grâce et majesté font une belle représentation, même les yeux de toute la salle ne se pouvoient soûler, ni assez se ravir par une si agréable vue ; car les passages y étoient si bien dansés, les pas si sagement conduits et les arrêts faits de si belle sorte, qu'on ne sauroit que plus admirer, ou la belle façon de danser, ou la majesté de s'arrêter, représenter maintenant une gaîté et maintenant un beau et grave dédain ; car il n'y a nul qui les ait vus en cette danse qui ne die ne l'avoir vue danser jamais si bien, et de si belle grâce et majesté, qu'à ce roi frère et qu'à cette reine sœur, et quant à moi je suis de telle opinion, et si l'ai vue danser aux reines d'Espagne et d'Écosse, et très-bien. »

La génération suivante avait imité sa devancière. Elle ne se bornait pas à la pavane ; elle dansait le pazzamento d'Italie et le branle de la Torche, dont la morale chorégraphique n'était pas aussi irréprochable que celle de la pavane. Lors du retour d'Henri III de la Pologne, à son arrivée de Venise (où il avait fait, soit dit en passant, la prouesse de monter à âne au haut du Campanile), il y eut grand bal à Lyon. La reine Marguerite (1), femme de Henri IV, dansa si bien ce branle avec un flambeau à la main, qu'elle fit l'admiration des seigneurs français et étrangers. Tous les assistants déclarèrent, à propos de ce branle de la Torche, que la reine Marguerite n'avait pas besoin du flambeau qu'elle tenait à la main, car le

---

(1) Il y a eu, comme on sait, trois Marguerite dans le même siècle : 1° Marguerite de Valois, sœur de François I<sup>er</sup> ; après un premier mariage, elle épousa Henri d'Albret : c'est la Marguerite des contes ; 2° Marguerite de France, fille de François I<sup>er</sup>, sœur de Henri II ; elle épousa Em. Philibert, duc de Savoie ; 3° Marguerite de Valois, fille de Henri II, sœur des trois derniers Valois, épouse de Henri de Navarre ; c'est celle des Mémoires.

feu qui sortait de ses beaux yeux ne mourait pas comme l'autre pouvait faire ; il pouvait embraser tous ceux de la salle sans se pouvoir jamais éteindre, et était pour éclairer parmi le soleil même.

Non-seulement les rois, les princes et princesses dansaient dans les bals des pas de caractère, mais ils figuraient dans des ballets, des scènes, des intermèdes. En voici un exemple.

Quatre jours avant la Saint-Barthélemy, à l'occasion du mariage du roi de Navarre avec Marguerite de Valois, la reine Catherine de Médicis donna aux Tuileries un ballet curieux comme expression des idées du moment.

Le sujet était la Défense du Paradis ; les rôles avaient été partagés d'une manière très-significative : le roi et ses frères défendaient le paradis ; le roi de Navarre et ses amis échouaient et étaient précipités en enfer. A droite de la salle était le paradis, dont l'entrée était tenue par trois chevaliers armés : Charles IX, le duc d'Anjou et le duc d'Alençon. — A gauche était l'enfer avec diables, tortures, singeries et grande « roue à sonnettes ; » entre le paradis et l'enfer coulait un fleuve, sur lequel se promenait Caron dans sa barque. Derrière le paradis étaient les Champs-Elysées, sous forme d'un superbe jardin aux arbres façonnés et brillants de dorures ; dans le ciel se dessinaient le zodiaque, sept grandes planètes et les étoiles ; les animaux et personnages du zodiaque, les astres, étaient découpés à jour sur fond bleu et recevaient une lumière dorée des lampes placées par derrière ; de plus, le zodiaque était fixé sur une grande roue tournante (sans sonnettes), dont le mouvement entraînait le jardin des Champs-Elysées, qui présentait successivement, dans sa révolution, douze nymphes richement vêtues ou dévêtues. Les tableaux vivants, on le voit, ne sont pas invention nouvelle.

Les chevaliers commandés par le roi de Navarre attaquaient le paradis, afin de le conquérir et de s'emparer des nymphes; le combat, réglé d'avance, laissait la victoire au roi Charles IX et aux siens, et les attaquants étaient rejetés dans l'enfer, qui se refermait complétement sur eux; avant ce dernier moment, le public avait eu le temps de voir les démons s'emparer des vaincus.

Alors descendaient du ciel Mercure et Cupidon à cheval sur un coq géant (Etienne Le Roi, chanteur célèbre à cette époque, faisait Mercure); après une harangue modulée adressée aux trois chevaliers du paradis, Mercure remontait au ciel, leur laissant, avec l'Amour, la permission d'aller s'emparer des douze nymphes.

Ce mélange de Paradis, de Mercure, de Champs-Elysées, d'Enfer, cette récompense de douze nymphes empruntée à la religion de Mahomet, formaient une association d'idées très à la mode à la cour de Charles IX. Après avoir été chercher les nymphes, le roi et ses frères dansèrent pendant une heure un grand ballet devant la cour; puis ensuite les chevaliers vaincus, sortis des enfers, vinrent jouter avec les chevaliers du paradis; ils furent battus, bien entendu, puisque le roi était dans le camp opposé. La fête se termina par une traînée de poudre qui enflamma une fontaine pyramidale placée au milieu de la salle; c'était le volcan final, et jamais un mot historique de notre siècle n'eût été si bien de mise que dans cette soirée ; tous les acteurs auraient pu dire : « Nous dansons sur un volcan. » Ce Ballet du Paradis, sans être aussi parfait que le Ballet de la Reine, se rapprochait déjà, par ses éléments, ses intermèdes et quelques récits, du genre opéra.

C'était une habitude chez la reine-mère de s'occuper de ces sortes de fêtes ; elle dessinait les plans, et quand la politique le demandait, elle endoctrinait ses demoiselles de manière à en faire des actrices charmantes et zélées. Lors de l'arrivée des Polonais, qui vinrent offrir au duc d'Anjou la couronne de leur pays, elle les avait reçus à un superbe festin donné aux Tuileries dans une salle construite à cet effet (je laisse parler Brantôme), « et toute entourée d'une infinité de flambeaux ; elle leur représenta le plus beau ballet qui fut jamais au monde, je puis parler ainsi, qui fut composé de seize dames et demoiselles des plus belles et des mieux apprises des siennes, qui comparurent dans un grand roc tout argenté, où elles étoient assises dans des niches en forme de nuées de tous côtés ; les seize dames représentoient les seize provinces de France avec la musique la plus mélodieuse qu'on sût voir, et après avoir fait dans le roc le tour de la salle pour parade, comme dans un camp, et après s'être bien fait voir, elles vinrent toutes à descendre du roc et s'étant mises en forme d'un petit bataillon bizarrement inventé, les violons, montant jusqu'à une trentaine, sonnant quasi un air de danse fort plaisant, elles vinrent marcher sous l'air de ces violons, et par une belle cadence, sans en sortir jamais, s'approchèrent et s'arrêtèrent un peu devant Leurs Majestés, et puis après dansèrent leur ballet si bizarrement inventé, et par tant de tours, contours et détours, d'entrelacements et mélanges, affrontements et arrêts, qu'aucune dame ne faillit jamais de tourner à son tour ni à son rang, si bien que tout le monde s'ébahit que par une telle confusion et un tel désordre jamais ne défaillirent leurs ordres, tant ces dames avoient le jugément solide et la retenue bonne, et s'étoient si bien apprises, et dura ce ballet bizarre pour le moins une heure, lequel étant achevé, toutes ces dames représentant les dites seize provinces que j'ai dit vinrent à présenter au roy, à la reyne, au roy de Pologne, à Monsieur son frère, au roy et à la reyne de Navarre et autres grands, et de France, et de Pologne, chacun à chacune une plaque toute d'or, grande comme la paulme de la main, bien émaillée et gentiment enouvrée, où étaient gravés les fruits et singularités de chaque province en quoi elle était fertile, comme : La Provence, des citrons et oranges. — La Champagne, des blés (on ne pensait pas encore au vin de Champagne). — En la Bourgogne, des vins. — En la Guyenne, des gens de guerre... — Et ainsi consécutivement de toutes autres provinces..... et notez que toutes ces inventions ne venoient d'autre boutique ni d'autre esprit que la reyne (Catherine). »

On verra que ce ballet était, avec des proportions très-réduites, le Ballet de la Reine, et qu'il en contenait en germe les luxueux développements.

Parfois aussi, on inventait quelque surprise pour réjouir les invités : on voyait défiler des animaux jouant de la musique, des orgues dont des chats, tirés par la queue ou piqués par des pointes, formaient les notes. C'était à la cour un goût de tradition ; Louis X de France aimait beaucoup les orgues faites avec des pourceaux que des épines faisaient hurler en mesure ; les bêtes fournissaient des voix hautes et basses, selon leur âge. Mais un des intermèdes qui fut le plus goûté à la cour des Valois fut celui de la viole colossale ; Granier, musicien de la reine Marguerite, répéta plusieurs fois cette exhibition. La viole, montée sur des roulettes, avançait seule, mue par un mécanisme ; un page, accroché dessus, manœuvrait l'archet, tout en chantant la partie de taille, et dans la viole énorme étaient renfermés trois chanteurs, exécutant, sans être vus, les parties des dessus.

Rien n'était mieux fait pour plaire à tous que ces représentations qui, ressemblant à des opéras avec divertissements, empruntaient successivement au drame, à la comédie, à la musique, à la danse, aux festins, aux carrousels, aux cortéges, aux intermèdes, aux feux d'artifice même, de nouveaux éléments de succès. L'intervention des héros légendaires, des dieux, prêtait étrangement à la flatterie lorsque les souverains étaient acteurs et résumaient en eux une double personnalité, l'une réelle, l'autre fictive, se prêtant réciproquement de l'éclat. Les allusions étaient faciles et pleuvaient drues comme grêle, chatouillant la vanité, les plaisirs ou les amours de ceux à qui elles étaient adressées ; quelques-unes semblent hardies et d'une indiscrétion singulière, qui ne peut s'expliquer que par la publicité de certains scandales dans des amours hautement affichées. Mais dans ces scènes allégoriques le flatteur comme le flatté y trouvait son compte.

Puis c'était pour l'organisateur de ces fêtes un moyen de montrer son esprit, sa fortune, de développer son imagination, de faire montre de dépenses et de toilettes brillantes. L'invention d'un ballet n'était pas au reste chose facile; outre le sujet à choisir, il fallait encore être habile à en fixer les détails, à en dessiner les figures et les mouvements, à en inventer les décors et les machines, à en composer la musique; — il fallait être à la fois auteur, compositeur, dessinateur, metteur en scène, costumier; — ce n'était pas une tâche aisée, et la réussite d'un ballet bien conçu était un des meilleurs moyens pour se faire bien venir du souverain.

Il n'est pas, au reste, étonnant qu'à une époque où la tragédie se modelait sur l'antiquité, et où le théâtre se trouvait enserré dans des règles étroites et sévères, l'imagination française ne se jetât à côté, sur le ballet, où le caprice avait pleine carrière, et qui pouvait contenter ce goût du merveilleux, du féerique, que l'homme porte partout avec lui. Puis les gentilshommes du XVI$^e$ siècle avaient, paraît-il, une exubérance de vigueur qui ne se rencontre plus; mêlés à des guerres continuelles, à des complots sans nombre, ils trouvaient chacun le temps de se battre en duel, de chasser, de danser, de festiner, de jouer et d'aimer, surtout. Ils avaient le goût effréné des plaisirs, et les ballets, plus que toute autre récréation, pouvaient contribuer à les satisfaire. Les répétitions, les dialogues compromettants, les costumes légers et provoquants, tout portait vers l'intrigue amoureuse dans cette cour de mœurs galantes et à cette époque où l'on vit, dans quelques villes, jusqu'à des cortéges où, sur des chars, figuraient des femmes nues. Des anachorètes eussent perdu la tête dans les bals où les flambeaux, la musique, la beauté, l'agitation des danses entraînaient d'autant plus l'esprit que les attentions et les soins amoureux étaient accueillis le plus souvent avec une extrême bienveillance. On eût dit que par suite d'une sorte d'irritabilité nerveuse et excessive le besoin des sensations vives, rapides, était décuplé dans les intervalles de tranquillité que laissaient les troubles religieux et politiques; et qu'après le désordre et la guerre civile, chacun, se sentant vivre, voulait se le prouver par tous les moyens possibles.

Cette sensibilité exagérée, lorsqu'elle se trouvait sous une influence musicale, augmentait encore, et a donné lieu à l'invention de contes incroyables. Lors des noces du duc de Joyeuse, dont je relate ci-après les détails se rapportant à l'opéra de *Circé*, il y eût un concert dans l'appartement du roi; le musicien Claudin, par ses accords, exalta tellement un jeune seigneur de la cour, que ce jeune seigneur porta la main à son épée et la tira devant le roi, qui daigna sourire de cet emportement contraire à l'étiquette. Cette histoire eut un tel succès qu'on l'a habillée de cent façons. D'après un autre narrateur, le jeune seigneur à l'épée serait le duc de Joyeuse lui-même; le drame ici gagne avec l'importance de l'acteur. Un troisième conteur ajoute que Claudin sourit comme le roi, et calma rapidement le jeune seigneur en jouant sur un autre mode, comme si à cette époque les musiciens se servaient encore des modes grecs, et comme si, de plus, les modes grecs avaient été jamais capables d'opérer chez les auditeurs des phénomènes de cette espèce. Ce sont là d'innocentes niaiseries qui, inventées une fois, se sont répétées et se répéteront mille fois encore comme signe de l'influence de la musique ; dès que l'on parle de cette matière, on est sûr de voir arriver une ou deux histoires de ce genre, telle, par exemple, celle des éléphants du jardin des Plantes s'extasiant au son de *Ça ira* et de la *Belle Gabrielle*. Je n'ai jamais vu, pour moi, qu'un seul cas qui mette des auditeurs hors d'eux-mêmes : c'est lorsqu'on joue de la musique dite de l'avenir à un immuable partisan d'Haydn ; mais là ce n'est pas la musique qui agit, c'est l'absolutisme musical. Il en est de même dans toutes ces questions d'expression produisant des effets inouïs, ce sont toujours des causes à côté qui produisent ces effets. Une anecdote, qui prouve jusqu'où on peut aller en attribuant des effets bizarres à la musique, est celle d'un Gascon, qui ne pouvait entendre la cornemuse sans éprouver sur la vessie une excitation diurétique qu'il fallait satisfaire à l'instant même ; il est vrai que l'histoire, comme son héros, me paraît venir des bords de la Garonne ; mais bien d'autres, pour venir de plus loin, n'en sont pas plus croyables. Les vertus thérapeutiques de la harpe de David, celles du carillon qui sauva son sonneur au lit de mort, quand il le fit résonner lui-même au lieu de l'écolier inhabile qui écorchait ses oreilles, proviennent d'effets nerveux qui eussent pu être produits de cent manières différentes.

L'antiquité n'a pas été sans influence sur ces superstitions musicales ; la tradition en rapporte de belles sous ce rapport, et il y a entre autres une histoire qui m'a toujours profondément réjoui. C'est le vieux roman du mari, de la femme et de l'amant, ayant noms poudreux et respectés, Agamemnon, Clytemnestre et Égisthe. En partant pour le siége de Troie, Agamemnon laissa près de Clytemnestre, afin de la distraire et de l'entretenir dans les résolutions sages et pudiques, un musicien dorien, — le mode dorien imposait la continence, dit-on, comme certaines infusions médicinales ; — c'était moins bien trouvé peut-être que les cadenas de chasteté inventés au moyen âge, mais Agamemnon avait confiance dans l'influence de la musique. Égisthe vint, mais il fut repoussé. Pourquoi ? Il chercha et trouva le musicien dorien. Au courant des idées musicales de son temps, il commença un traitement immédiat. Il eût pu faire assassiner le Dorien ; dans la maison des Atrides, on n'aurait guère regardé à un meurtre de plus ou de moins, mais il préféra se servir des mêmes armes que l'époux alors en guerre. Il traita Clytemnestre homœopathiquement, la musique par la musique, et allopathiquement cependant, en employant un système musical tout à fait opposé : il éloigna le Dorien à prix d'or et le remplaça par un Lydien ; — le mode lydien poussait, dit-on, à l'amour, comme auraient pu le faire les plus mauvais conseils. — L'attente ne fut pas longue : Clytemnestre s'adoucit pour Égisthe, et il en résulta plus tard les jolies scènes intimes qui ont défrayé jusqu'à notre siècle des monceaux de tragédies, si bien qu'on regrette parfois qu'Agamemnon n'ait pas nommé, avant de partir, un suppléant à la chaire de musique dorienne qu'il avait établie au foyer conjugal.

Henri VIII s'y prit mieux; il était plus expéditif que le monarque grec, et ne comptant pas sur la fidélité d'Anne de Boleyn, qui aimait la musique, il ne trouva pas de traitement plus sûr que de lui faire couper la tête. Et cependant il jouait du clavecin, ce qui eût dû lui adoucir les mœurs; mais il avait un principe qu'il serait imprudent d'appliquer sans enquête : il disait qu'une femme qui chantait bien ne pouvait être sage.

Cette théorie n'était pas plus déraisonnable que celle qui assigne aux sons musicaux, par eux-mêmes, une influence extraordinaire en dehors du simple plaisir ou de l'absence de ce plaisir. Mais on a si bien établi le principe de la puissance de l'expression musicale qu'on a prétendu y rendre sensibles jusqu'aux animaux. Bonnet rapporte l'exemple d'un rat blanc, auquel le son d'une sarabande indiquait qu'il fallait danser cette danse; et il la dansait! Il est vrai que c'était un siècle après le Ballet de la Reine, et l'éducation avait pu dans l'intervalle se répandre jusqu'aux rats blancs; il eût pu ajouter que pour son danseur figurait, à côté de la musique, le souvenir de la faim, des brûlures, tout comme les chevaux dressés se souviennent, en entendant la polka qui les fait sauter, des coups de bâtons, des nuits sans sommeil et des tortures qu'ils ont subies, malgré quelques morceaux de sucre parcimonieusement donnés.

Pour les animaux comme pour l'homme, la musique agit surtout par les idées à côté, par l'interprétation donnée, par le souvenir qui s'y trouve attaché. La musique a des effets agréables ou désagréables, vifs et puissants dans un sens comme dans l'autre ; mais vouloir en faire, dénuée de paroles ou de sens fixé à l'avance, un instrument de persuasion ou de discussion, est, à notre avis, une des grosses erreurs musicales qui ont eu cours et auxquelles on n'a pas encore complétement renoncé. En partant d'un principe vrai et juste, on arrive, en l'exagérant, à des conséquences absurdes.

Nous nous sommes laissé entraîner par cette longue digression, loin de ces règnes des derniers Valois, dont nous avons esquissé rapidement les plaisirs et les fêtes. Sans doute cette époque était peu morale, mais elle était encore forte et intéressante. Vaut-elle mieux que sa réputation ? Qui démêlera au juste le vrai dans les assertions contradictoires des partis ?

Je sais qu'il faut se tenir fort en garde contre la théorie des réhabilitations historiques ; ce système entraînerait un remaniement complet de l'histoire et un revirement de toutes les opinions, car on ne pourrait admettre la réhabilitation systématique sans admettre aussi la contre-partie.

La déchéance des bons serait la conséquence de la réhabilitation des mauvais ; l'histoire en recevrait ainsi un reflet tout à fait pittoresque, mais je ne sais trop si l'esprit humain n'y perdrait pas de sa fermeté. Certes, je ne mettrais pas ma main dans un brasier pour affirmer la vérité des galanteries et des excès imputés aux Valois, mais il faut cependant s'en tenir à la voix publique, au témoignage des historiens, aux mémoires du temps ;

il faut peut-être même approuver ces derniers dans leurs exagérations, car ils font porter sur ces époques un jugement sévère qui ne peut que tourner en somme au profit de la vertu et du bonheur de tous, en ôtant à qui que ce soit l'idée de les approuver et de les imiter.

## CHAPITRE IV

LA COUR DE HENRI III

Circonstances particulières où fut représentée la *Circé*.

Acceptons donc la société du XVI$^e$ siècle, telle que l'a faite sa réputation ; avec ses défauts, ses vices et ses qualités. C'est sous l'influence de ce milieu social que s'est formé le genre de spectacle qui m'intéresse ; il est donc nécessaire d'examiner brièvement les passions et les idées de ce milieu, et bien que je ne le considère qu'au point de vue du mouvement artistique, bien que l'histoire ne soit ici que secondaire, il me semble qu'il n'est pas sans utilité de passer ici en revue les faits principaux qui s'étaient accomplis depuis l'avénement de Henri III jusqu'à l'année 1581, pour mieux se rendre compte des circonstances dans lesquelles apparut le Ballet de la Reine.

Il n'est pas de siècle dans l'histoire de France qui ait

été aussi profondément agité que le XVI^e par les luttes politiques et religieuses. — Les hommes y étaient d'une énergie rare dans le bien comme dans le mal; l'ambition, la cupidité et le fanatisme se partageaient l'Europe, et comme si, au milieu de ces bouleversements, l'esprit humain se sentait à l'aise et ne respirait pas au contraire dans des temps paisibles, à cette époque d'absolutisme de nom, mais de licence effrénée de fait, l'intelligence, qui veut la liberté et ses coudées franches, brille d'un éclat singulier et se manifeste de toutes parts, dans la dispute religieuse, les lettres, les sciences et les arts.

Dans ce vaste mouvement intellectuel, quelques noms brillent plus que d'autres : Michel-Ange, Raphaël, Machiavel, Copernic, Clément Marot, Érasme, Luther, Calvin, Rabelais, Ronsard, Ambroise Paré, Bernard Palissy, Shakspeare, Regnier, Amyot, Montaigne, vivent, fleurissent, agissent au milieu des troubles, des guerres, des massacres, — en Italie, en Allemagne, en France, en Angleterre, — au milieu des controverses religieuses, des complots, — pendant que les soldats du connétable de Bourbon saccagent Rome, que les Turcs s'avancent au delà du Danube, que les massacres religieux s'accomplissent au nord et au sud, avec Henri VIII et la Réforme, avec les Vaudois et les anabaptistes. Au-dessus de ces misères s'étend, il est vrai, et grandit, malgré les obstacles accumulées contre elle, la plus belle des inventions humaines : l'imprimerie; les idées allaient renouveler le monde, et la presse, avec ses excès mêmes, allait devenir le plus vigoureux des instruments du bien.

Un moment la France sembla prête à se dévorer elle-même; et justement au milieu des dangers, au milieu des trahisons, des assassinats, de l'immoralité, c'est le temps que choisit la cour de France pour s'amuser avec tant d'éclat.

Était-ce légèreté? Il semble plutôt qu'il y eût un réel besoin chez cette race forte, énergique, riche, expansive. Les chroniques du temps rapportent des faits qui semblent, à notre époque, si extraordinaires, qu'on se demande comment un pays a pu faire, de quelle force de vitalité il fallait qu'il fût doué, pour traverser au moins un demi siècle de pareille confusion, d'ignorance, de vices, de superstitions, de complots et de tumultes.

Reprenons au roi Henri III la suite de cette étude.

Quelques mois s'étaient à peine écoulés que déjà les dissensions intestines recommencèrent. Henri III avait paru pressentir ces difficultés en s'arrêtant à Venise plus que de raison, avant de venir prendre possession de sa couronne. Une fois sacré à Reims, il sembla ne se préoccuper que médiocrement du soin de se défendre.

Pendant que l'on guerroyait et disputait pour lui à l'est et au sud, que le duc de Guise recevait à Dormans la blessure qui le fit surnommer le Balafré, Henri III organisait des cortéges, des processions, et allait de rue en rue récolter de jeunes chiens damerets, pour lesquels il avait un goût très-vif.

Mais la Ligue commence à se former. Au milieu des orages civils, les États généraux s'assemblent à Blois, 6 décembre 1576; ils se prononcent contre le roi, qui cède encore aux protestants en espérant reprendre en dessous main ce qu'il donne malgré lui.

La paix de Bergerac est signée, mais qu'importe ? les troublent continuent : guerres inutiles, paix avortées, villes prises et reprises, édits de pacification aussitôt violés que signés ; c'est l'histoire de ces temps malheureux.

A la fin de 1578, le roi fonde l'ordre du Saint-Esprit, qui aurait pu mieux l'éclairer, et protéger la couronne un peu plus efficacement ; elle surnage, il est vrai, et l'on peut dire que sans cette protection elle eût disparu tout à fait.

Le sentiment qu'on a appelé plus tard patriotisme existait peu encore ; on s'alliait avec qui paraissait mieux servir ses intérêts. Pour le motif le plus futile, chacun criait à ses soldats : « En avant ! » et la légèreté des particuliers semblait avoir gagné les armées elles-mêmes. La guerre reprend à la suite de démêlés amoureux où sont étrangement jetés Henri III, Henri de Navarre et Marguerite, sœur du premier, épouse du second. C'est la guerre des amoureux, feu de paille pour les grands, misère de plus pour le pays.

C'est pendant cette guerre qu'au siége de La Fère le duc de Joyeuse a, d'un coup de mousquet, sept dents et une partie des mâchoires emportées. Tout n'est pas profit dans le métier d'homme de guerre, et de temps à autre les chefs rencontrent des horions tout comme les simples soldats.

Pendant que la guerre civile ensanglante le pays, l'Espagne est au nord, en Flandre; et là aussi la politique française doit se démêler et combattre.

La puissance du clergé, l'influence espagnole combinée avec celle de l'inquisition, enlacent Henri III dans d'inextricables difficultés; sa politique tortueuse emploie trois années pour arriver à des résultats contestables.

Le duc d'Anjou délivre enfin Cambrai, assiégée par le duc de Parme; Cateau-Cambrésis est pris d'assaut. Le duc est le héros du moment, les gravures du temps en font foi; Paris l'attend, mais il passe en Angleterre, occupé de son projet de mariage avec la reine Elisabeth.

Ce fut en ce moment, dans des circonstances relativement un peu calmes, qu'eurent lieu les fêtes du mariage du duc de Joyeuse. Je ne démêle pas bien les exploits qui avaient ainsi placé Joyeuse au pinacle des honneurs; — cependant il est à croire qu'il s'était acquis, malgré les vices qu'on lui reprochait, une haute réputation militaire, car sa mort fut regardée, peu d'années plus tard, comme une calamité publique, et il est à remarquer que dans les satires du temps, si l'on se montre très-mordant pour d'O et d'Épernon, on ne dit presque rien sur le duc de Joyeuse.

Quoi qu'il en soit, pour récompenser les services rendus, Henri III voulut que Joyeuse, au faîte de la faveur, duc, pair, grand amiral, devînt encore son beau-frère, et épousât Marguerite de Vaudémont de Lorraine, sœur de la reine de France.

Il y a une phrase très-connue de l'Estoile, phrase citée souvent : « La corruption de ce temps étoit telle, que les farceurs, p..... et mignons avoient tout crédit auprès du roi. » Cette phrase en dit trop ou pas assez; elle est beaucoup trop générale ; et lorsqu'on veut avoir des détails sur ce temps, il est intéressant en remontant quelques années en arrière de suivre le journal de l'Estoile. Il va sans dire qu'on ne peut pas juger les faits qu'il rapporte au point de vue de nos mœurs si différentes, et qu'il faut accepter momentanément les idées et les habitudes du temps passé pour s'en rendre compte ; mais comme il y avait dans la nation de fort honnêtes gens, on peut se figurer le retentissement que, malgré la rudesse des mœurs, devaient avoir certains de ces événements laconiquement racontés par l'Estoile.

Quelles mœurs ! Quelle autorité ! Quel mépris de toutes choses nous révèle cette histoire ! On peut s'en faire une idée par les quelques traits suivants.

Le 10 décembre 1577, Claude Marcel, surintendant des finances, marie sa fille au seigneur de Vicourt. Claude Marcel avait été prévôt des marchands et voulait dégrossir sa roture. La noce se fit à l'hôtel de Guise, où il y eut le soir bal masqué; trente cavaliers masqués, dont le roi, trente dames, princesses et dames, vêtus de toile d'argent, de drap d'or, couverts de pierreries, firent irruption dans le bal. « Les sages dames et demoiselles de la noce se sauvèrent et firent sagement, car la confusion du monde y apporta tel désordre et vilenies, que si les murailles et tapisseries eussent pu parler, elles auraient dit beaucoup de belles choses. »

Les mois suivants se passent à voir des attaques à main armée, guet-apens, entre Bussy, les mignons et les Guises, — les querelles entre le roi et son frère, l'arrestation du duc d'Alençon, puis sa fuite, — le duel célèbre des mignons contre Livarot, Ribérac et Antraguet.

Le duc de Guise fait assassiner Saint-Mégrin, l'amant de sa femme, par trente hommes armés, à sa sortie du Louvre ; on ne le punit point ; le public est presque tenté de l'approuver :

> Chacun dit que c'est grand dommage
> Qu'il n'y en est mort davantage,

chantonne-t-on en parlant des mignons.

La mode des assassinats prend comme bien d'autres. Un an après, Bussy est tué dans un guet-apens tendu par Montsoreau.

Comme si les crimes et les déportements des hommes ne suffisaient pas, les calamités naturelles surviennent.

Le faubourg Saint-Marceau est inondé, et l'on y fait des processions publiques. — Des tremblements de terre ont lieu sur plusieurs points de la France. — Une épidémie de coqueluche enlève à Paris 10,000 malades. — La peste vient ensuite : 30,000 personnes succombent ; les habitants s'enfuient ; la misère se joint au fléau, et la mortalité est affreuse aux alentours de la ville. — Le grand couvent des Cordeliers est la proie des flammes, allumées, dit-on, méchamment.

Les armées se composaient de hordes mal disciplinées, recrutées au hasard.

Tuerie sur tuerie, pillage sur pillage, étaient bien souvent les épisodes ordinaires des expéditions de ce temps;

quelques années plus tard, lorsque Callot dessinait ses planches des Misères de la guerre, qui nous paraissent à présent une série d'horreurs issues des cauchemars, il ne faisait que représenter des habitudes soldatesques qui existaient encore vivaces de son temps.

Au mois de juin de l'année 1581, sous le prétexte qu'elles sont des troupes appartenant à Monsieur, frère du roi, des bandes de voleurs s'établissent aux environs de Blois, et vivent à leur aise en rançonnant le voisinage.

Ces désordres remontaient loin; ils avaient même eu un côté comique en 1576, lors des premiers États de Blois. Henri III, pour distraire la cour et les États, avait fait venir de Venise les comédiens italiens appelés « *i Gelosi;* » ils se rendaient à Blois, quand les huguenots s'emparèrent de la troupe tout entière; pour avoir ses comédiens, le roi dut payer une forte rançon. La première représentation d'*i Gelosi* eut lieu à Blois en février 1577, dans la salle des États; et ce fut au retour de cette ville, le 19 mai 1577, que ces artistes s'établirent rue des Poulies, à Paris, à l'hôtel du Petit-Bourbon. Ils y restèrent jusqu'au jour où leur spectacle fut interdit.

L'entrée de leur théâtre coûtait quatre sols par tête, et il y avait tel concours de peuple que « les quatre meilleurs prédicateurs de Paris n'en avoient pas trétous ensemble autant quand ils preschoient. »

Le 26 juin, le parlement fit défense aux Gelosi de jouer leurs comédies; le scandale y était devenu tel que les conseillers « mesmes des plus jeunes remonstrèrent que toutes ces comédies n'enseignoient que paillardises et adultères, et ne servoient que d'escole de desbauche à la jeunesse de tout sexe de la ville de Paris. »

Il était nuisible de donner le mauvais exemple aux dames et demoiselles, « lesquelles sembloient avoir appris la manière des soldats de ce temps, qui font parade de monstrer leurs poictrinals dorés et reluisans, car tout de mesme elles faisoient monstres de leurs seins et poictrines ouvertes et autres parties pectorales, qui ont un perpétuel mouvement, que ces bonnes dames faisoient aller par compas ou mesure comme une orloge, ou pour mieux dire, comme les soufflets des mareschaux, lesquels allument le feu pour servir à leur forge. »

Les Gelosi étaient le spectacle aimé de Henri III et de ses courtisans, celui dont la cour ne pouvait se priver, même dans les circonstances politiques les plus graves.

Si l'arrêt du parlement est caractéristique pour l'époque, et si les termes employés montrent nettement le relâchement général des mœurs, le fait qui avait accompagné l'arrivée des Gelosi, cette aventure d'une troupe de comédiens du roi, enlevée à quelques lieues de l'endroit où se trouvait le pouvoir royal, par un parti ennemi vivant en partisans, montre quel était à cette époque l'état du pays et combien était précaire l'autorité du roi.

Les dramaturges et les romanciers ont mis à contribution toute l'histoire de ce temps, ses scandales et ses désordres; ils ont rendu tout cela charmant, car tout en conservant les faits, ils en ont ennobli les ressorts; ils ont vu comme voyaient peut-être les contemporains; mais la conscience publique de nos jours doit juger les actions plus froidement. Certains faits semblent si monstrueux, qu'on pourrait hésiter à ajouter foi au rapport sec et naïf de L'Estoile, par exemple ; mais le journal de L'Estoile, ancien grand audiencier de la chancellerie de France, retiré en province à la fin de sa vie, a toujours passé pour l'œuvre d'un homme consciencieux, impartial, et d'une rare indépendance. La simplicité de ses mœurs lui fait parfois trouver excessives des dépenses relativement modestes ; ainsi, quand il nous raconte que le roi faisait au carnaval de 1577 tournois, joutes, ballets et force mascarades où il figurait souvent en femme, il ajoute : « Et il étoit bruit que sans le décès de Nicolas de Vaudémont, son beau-père, il eût dépensé en jeux et mascarades cent ou deux cent mille francs, *tant estoit le luxe enraciné au cœur de ce prince.* » Il est évident que cette somme de deux cent mille francs n'était rien au milieu des prodigalités du roi ; toutefois l'argent était rare, la noblesse n'avait plus d'or, le peuple n'avait plus de monnaie, et l'observation de l'Estoile partait d'un esprit droit.

On pourrait dire que ses tableaux sont exagérés ; mais ses mémoires respirent l'idée du bien ; on ne pourrait que l'accuser de voir trop vrai et de ne pas accepter les opinions bénévoles des gens qui profitaient des vices et qui étaient intéressés à cacher le mal existant. Des hommes comme lui eussent servi à enseigner à Henri III à mieux faire. Sa profession était grave, honorable, sa famille était de la vieille magistrature, et les détails parfois très-crus qu'il donne, semblent des traits de vérité. Il avait des idées saines ; il détestait les procureurs ; il aimait les livres, bien qu'il n'eût qu'une médiocre fortune : un homme non processif, amateur de livres, est rarement un méchant homme; il y a fort à parier que L'Estoile était un homme d'un commerce sûr.

D'ailleurs, en général, les auteurs de mémoires n'ont pas une perception juste de leur importance; on écrit dans son temps avec une optique différente des siècles suivants, et dans des approbations, des récits sans fiel, des naïvetés, des discussions de bonne foi, l'auteur serait bien étonné, s'il vivait quelques centaines d'années plus tard, de voir la postérité trouver des armes contre l'époque et contre l'idole qu'il a défendues. On se méfie d'un pamphlet, on ne soupçonne aucune intention hostile dans un journal ou des mémoires rédigés sur un pareil modèle. En admettant même une exagération personnelle dans un sens ou dans un autre, la vérité se fait jour dans ces écrits; ils viennent s'opposer aux actes officiels, aux panégyriques, ou simplement les contrôler, et rien parfois que par un journal régulier comme celui de L'Estoile, comme ceux de Dangeau ou de Barbier, par l'œuvre d'un magistrat retiré en province, d'un valet de chambre entiché de noblesse, d'un avocat au parlement, plus ou moins inconnus de leur temps, on voit s'écrouler tout un échafaudage de mensonges redondants. A ce point que si ces époques, éclairées pour nous, avaient voulu rester couvertes d'un vernis trompeur ne laissant apercevoir que leurs beaux côtés; si Henri III, Louis XIV et Louis XV avaient voulu que leurs noms fussent entourés d'une auréole après leur mort comme de leur vivant, ils eussent dû chercher non à poursuivre quelques écrivains, quelques publications, mais ils se fussent défiés de tout leur entourage; ils eussent poursuivi l'écriture elle-même, et n'auraient placé dans leurs palais que des muets, des sourds, des manchots et des aveugles. Tant il est vrai que dès l'instant qu'à une époque quelconque on écrit une ligne sur cette époque, république ou monarchie, il n'y a plus, pour l'avenir, d'écrivain ami ou ennemi; cette ligne fût-elle des plus louangeuses, fût-elle même officielle, peut tourner contre le pouvoir qu'elle voulait flatter.

Que conclure? sinon que pour le bonheur du peuple, comme pour la mémoire des gouvernements, la probité et l'honnêteté de la vie, la justice, la modération et la franchise sont encore les finesses les plus adroites et les plus profitables dans le présent comme dans l'avenir.

Mais une autre source d'informations n'est pas non plus à dédaigner. Dans des temps aussi troublés que ceux qui nous nous occupent, ne doit-on pas avoir quelque confiance dans les satiriques? Leur fond est souvent vrai, si leurs traits sont excessifs, et les satires, même sanglantes, sont les meilleurs cautérisateurs du mal. Les faits rapportés par L'Estoile peuvent être des accidents relevés et choisis par un esprit honnête, mais chagrin; les peintures de mœurs que retracent certaines publications du temps, dans leur malignité même, assurent le jugement en achevant le tableau.

Il existe un livre curieux (1), *l'Ile des Hermaphro-*

(1) *La Description de l'Isle des Hermaphrodites* (petit in-8°), sans nom d'auteur et sans date, attribué à sir Thomas Arthus, sieur d'Emboy. Il est à remarquer que la plupart des pamphlets qui nous restent sur ces époques ont été publiés après la chute du sou-

*dites*, tableau de la cour de Henri III, tracé avec un esprit mordant, et qu'Henri IV, en montant sur le trône, refusa de poursuivre, soit qu'il reconnût la vérité du portrait, soit qu'il respectât la liberté d'écrire, soit qu'enfin, en sa qualité de chef de branche royale nouvelle, ne fût pas trop fâché de voir ainsi dépeindre et critiquer les Valois dont il avait pris la place.

Voici un extrait des lois et arrêts du royaume des Hermaphrodites, chapitre de la justice et des officiers de l'Etat, et dans lequel l'auteur a évidemment voulu décrire les désordres de l'entourage de Henri III. L'esprit français lançait dès lors ses plus vives fusées dans les libelles politiques.

« ..... Voulons que l'adultère soit en vogue... sans que les maris en puissent en façon quelconque être moins estimés, au contraire seront honorés et favorisés... Nous voulons qu'on fasse cas d'un mari en proportion de la multitude de cornes qu'il portera, ainsi que les chasseurs font des cerfs. Aussi entendons-nous qu'on se demande

---

verain qu'ils attaquaient, et qu'ils n'ont pu contribuer en aucune manière au renversement de sa couronne; les circonstances ont suffi par elles-mêmes. C'est un pamphlet amusant et spirituel dans une partie, celle qui regarde la description du palais de Henri III, la manière de vivre et la législation des Hermaphrodites. La suite est lourde, et n'a même pas pour se faire lire la crudité de certains détails. L'auteur, dans sa promenade imaginaire à la cour de Henri III, décrit tout avec une telle verve et un esprit si naturel, qu'il semble ne faire que détailler ce qu'il a devant les yeux. On a dit que les meilleures plaisanteries étaient les plus courtes; il en est de même pour les satires : l'auteur eut dû se borner au tiers du volume environ. Une gravure célèbre sert de frontispice : c'est le portrait du roi des Hermaphrodites habillé comme une dame de la cour, portant jupe, fraise et corsage découvert, moustache, mouche au menton et couronne en tête.

l'un à l'autre : Combien un tel porte-t-il ? afin qu'on lui rende l'honneur qu'il mérite. . . . . . . . . .

« Et encore que nous tenions le mariage pour une chose ridicule et du tout contraire à nos désirs et volontés... toutefois d'autant qu'il apporte des commodités à l'amour d'un second, nous en avons permis l'usage, joint que sous cette couverture les choses se mettent plus facilement à couvert. »

Un autre pamphlet : *la Vie et les faits notables de Henri de Valois*, publié en 1589 (1), était une actualité, alors que le corps du roi était à peine enseveli ; ce livre prouve le goût du temps pour les présages, et montre l'ignorance et la superstition se prêtant de longue main un mutuel appui. On y lit que :

Dès le couronnement d'Henri de Valois, les gens sages avaient bien vu que ce règne ne pouvait être heureux ; à Reims, au moment de oindre le nouveau roi, la sainte-ampoule ne se trouva pas posée à sa place ordinaire ;

(1) *La vie et faits notables de Henri de Valois*, Paris, 1589, in-8°, pamphlet attribué à Jean Boucher, a un mérite, c'est d'être court. Il accumule les énormités les plus grosses au compte de Henri III ; quelques-unes des accusations portées contre ce roi atteignent la bouffonnerie, tant elles sont exagérées. L'auteur accuse vigoureusement d'Épernon des forfaits du roi. Les gravures sur bois, assez nombreuses, qui décorent ce petit volume, sont intéressantes comme travail ; elles sont pour ainsi dire au simple trait et n'ont que quelques rares hachures. On y voit Henri III à genoux devant l'autel de la cathédrale de Reims, et laissant tomber sa couronne au moment où il se retourne pour regarder ses mignons ; on le voit aussi posant la main sur l'épaule d'une religieuse de Poissy. Deux planches retracent les assassinats du duc de Guise et du cardinal de Lorraine ; le premier est percé d'estocs, dont l'un lui pénètre dans l'œil d'une façon horrible ; le second est tué à coups de hallebardes : les victimes occupent à elles seules la page entière, et l'on ne voit que les bras qui les frappent ; c'est d'un dessin naïf, mais très-expressif.

puis la couronne qu'Henri avait sur la tête tomba deux fois pendant qu'il se retournait pour regarder ses amis.

La vie du roi confirma ces tristes présages; le résumé en est bref et expressif : « Les sacriléges, prodigalités, avarices, vols, assassinats, luxures, paillardises, rapts et violements de filles, voire sacrées, les perfidies, trahisons, blasphèmes, mépris des ordonnances divines, la magie, et l'athéïsme commencèrent à eux accroître à la cour, chose monstrueuse et horrible! »

Le récit dont la gravure est la plus curieuse est celui concernant les Quarante-Cinq « choisis parmi les plus cruels et les plus sanguinaires parmi ses gardes, » et auxquels le roi donnait ordre, quand il entendait un homme ou une femme parler mal de ce qu'il faisait : « Qu'ils eussent à l'attraper le plus secrètement qu'ils pourroyent et luy faire perdre la vie, et lui ayant osté la teste, la luy porter dans son cabinet, pour témoignage du bon service qu'ils lui faisoient, afin qu'il les récompensast. » La gravure dont je parle représente des corps sans tête amoncelés au bord d'une rivière qui serait la Loire; le dessin en est à la fois sinistre et naïf. Mais l'idée de rapporter les têtes et de métamorphoser le cabinet du roi en musée anatomique me semble un peu fantaisiste.

J'extrais encore un dernier récit de ce petit volume.

Lors du voyage de Henri III à Lyon, ou plutôt à son retour de Pologne, les maris honnêtes firent partir leurs femmes en Savoie, et les autres, peu scrupuleux, cherchèrent à se faire de l'argent avec les leurs. Sans qu'il y ait d'excuse à cette manœuvre immorale, il peut y avoir une explication : l'argent avait disparu ; l'Etat lui-même inventait des impôts bizarres pour s'en procurer : impôt sur les mariages, quinze sols ; sur les baptêmes, pour un garçon, dix sols, pour une fille, cinq sols, — et sans moyen de réduire ces prix comme ceux de M. Fleurant; dans cette pénurie universelle, les moralités douteuses acceptaient tous les moyens pour s'enrichir. Les détails du pamphlet sont curieux, en ce qu'ils donnent une sorte de prix courant pour une dame galante de haut parage, en province; il en cite une qui reçut deux mille livres, une chaîne d'or, un diamant de grosseur moyenne, et deux belles perles.

Dans un ouvrage plus sérieux, plus modéré dans les idées comme dans la forme : *la Fortune de cour* (1), dialogue entre Bussy et le conseiller Laneuville, et dialogue en somme raisonnable, voici ce que l'auteur dit de la pudicité des femmes de cette époque, et de la moralité des courtisans, matière éternelle pour les satires des moralistes.

« Il n'y a gens au monde qui fassent moins d'état de la pudicité de leurs femmes, et ils ont le doute (et la

(1) *La Fortune de cour*, petit in-8º publié en 1642. Ce livre est tiré des Mémoires du sieur de La Neuville, conseiller d'Henri III ; le rédacteur en serait Dampmartin. Ce n'est pas un pamphlet, c'est une discussion sur le sort des courtisans, sur leur avenir, parfois avec satires assez vives ; le volume contient aussi l'histoire de quelques fortunes célèbres auprès des souverains de tous les pays. Comme bien des livres de ce temps, comme Rabelais lui-même qui n'a pas su éviter l'écueil, ce livre est trop long et diffus. C'est un ouvrage qui peut être aisément pris dans un sens favorable comme dans un sens défavorable pour le temps où l'auteur en a placé la mise en scène ; toutefois, malgré l'impartialité à laquelle paraît viser l'auteur, on sent que ses idées sont tristes et peu favorables à la morale du temps dont il parle.

connoissance), que leurs femmes leur rendent le réciproque... Ils pourroient bien voir leur tête branchue toutes les fois qu'ils se regardent ès miroirs de leurs compagnons, n'étant pas assurés qu'ils soient les vrais pères des enfants qu'ils nourrissent. »

C'était entre les maris et les femmes un échange de mauvais procédés

Il existe encore du temps de Henri III un livre intéressant : *le Cabinet du roi de France* (1), d'une in-

---

(1) *Le cabinet du roi de France*, in-12 de près de 700 pages imprimées en caractères très-fins. Le titre exact est celui-ci : « *Le cabinet du roi de France où il y a trois pierres précieuses...* » Comme presque tous les livres dirigés contre l'organisation sociale de cette époque, ce livre est beaucoup trop long; la lecture complète de ces 700 pages se ferait difficilement; les chiffres y abondent, et la statistique, peut-être très-fantaisiste, y tient la plus grande place. Publié en 1582, la dédicace au roi porte la date du 1ᵉʳ novembre 1581. Cette offrande de ce livre au roi Henri III me paraît assez ironique, mais cependant le livre ne contient rien de directement dirigé contre le roi. C'est un mélange singulier de bonnes choses et d'extravagances qui fait douter parfois si le livre est sérieux ou simplement satirique. Cet ouvrage a été attribué à N. Barnaud. L'auteur cherche à expliquer au roi, au milieu des diatribes les plus virulentes contre le clergé, la cour et ses abus, les trois moyens que le roi avait de rétablir les finances du royaume, en imposant les turpitudes de son temps ou en les faisant cesser. Ces trois moyens résident dans la mise en jeu de ce qu'il appelle les trois perles précieuses qui sont dans le cabinet du roi de France, et qu'il explique ainsi :

Le cabinet du roi, c'est la monarchie des Gaules.

La première perle pend à l'oreille droite du roi; c'est la parole de Dieu; pour la serrer plus précieusement, le roi possède un étui qui doit la renfermer; l'étui, c'est l'Église papale.

La deuxième perle pend à l'oreille gauche du roi; c'est la noblesse du royaume.

La troisième perle, placée au petit doigt du roi, est le tiers état.

Avec la première perle, le roi peut faire cesser les abus du clergé et le ramener à la continence; quant à à la deuxième, il peut imposer à la noblesse le séjour dans les terres au lieu de voir affluer

tempérance de langue incroyable et des plus virulents contre le clergé et ses revenus, la cour et ses abus. Il retrace mœurs pareilles dans toutes les classes : avidité et galanterie. « Une fille, dit-il, est-elle mariée, la voilà perdue : car elle voit une telle et si grande corruption... qu'il est impossible qu'elle ne glisse parmi telle polygamie, qui depuis le matin jusqu'au soir, et depuis le soir jusqu'au matin, une fille, tout honneste et bien apprise fût-elle, ne sauroit entendre sinon de parler, à traiter de l'amour, jouer, chanter, danser, voir faire toutes ces mignardises de cour, tentée au reste d'une infinité de louanges, sobriquets, et les petits présents trotter pour cela, être sollicités par leurs m.... subtiles. Je vous laisse à penser en quel danger est une telle fille : de cinq cents il est malaisé d'en exempter une. »

Il ajoute pour l'avidité des courtisans :

. . . . . . . . . . .
Et pour pouvoir mieux contenter
Leur pompe, leur jeu, leur bombance,
Et leur trop prodigue despense,
Il faut tous les jours inventer
Nouveaux estats, nouvelles tailles,
Qu'il faut du profond des entrailles
Des poures sujets arracher,
Qui traînent leurs chétives vies
Sous les griffes de ces harpies
Qui avallent tout sans mascher.

tous les grands à la cour; et pour la troisième perle, le tiers état, c'est la grande force du roi. Là est la partie curieuse et la théorie extraordinaire proposée, dans ce temps, au roi de France, deux cents ans avant les idées révolutionnaires, de s'appuyer sur le tiers état pour dominer le clergé et la noblesse, et faire cesser partout ce que l'auteur appelle la polygamie générale, ou la dissolution des mœurs compliquée du gaspillage universel.

De son côté, Brantôme est rempli d'anecdotes écrites par lui sans qu'il semble penser à mal ; il est là dans l'élément ordinaire de la galanterie, et tout lui semble naturel.

Plus posé, plus réfléchi est le jugement que le duc de Bouillon porte dans ses mémoires sur l'influence des femmes.

« ..... Il y avoit des amours mêlés, qui font ordinairement à la cour la plupart des brouilleries ; et s'y passent peu ou point d'affaires que les femmes n'y aient part, et le plus souvent sont cause d'infinis malheurs à ceux qui les aiment et qu'elles aiment. »

Nombre d'écrits moins violents que les pamphlets confirment l'idée de l'immoralité du temps ; il y avait des esprits sérieux, indépendants, qui ne se mêlaient pas plus aux troubles de la cour qu'aux ballets et aux pompes souvent inconvenantes.

Dans la *Fortune de cour*, citée plus haut, voici ce que la Neuville dit des courtisans, en répondant à Bussy :

« ..... Quand ils sont contraints de vivre chez eux, ce ne sont que regrets qui les consument à vue d'œil, tant ils sont marris d'avoir enfin rencontré une vie tranquille à laquelle ils ne sauraient s'accoutumer, croyant être devenus des hermites du désert, lorsqu'ils sont hors de la foule de la cour. Aussi c'est à bon droit qu'un des anciens les appeloit des esclaves dorés : car ils ne diffèrent d'avec les autres serfs, sinon en ce que la matière de quoi on leur fait des menottes est plus précieuse, et qu'au lieu que les serfs et les prisonniers ont la plus grande partie de leur personne libre, ceux-ci au contraire ont les yeux, la langue, les pieds et les mains indignement assujettis aux volontés de leur maître. » Le souverain agit avec ses courtisans « comme les enfants martyrisent les petits chiens et les chats, leur fesant tenir mille postures et leur fesant faire de terribles sauts. Si vous aimez les ballets et les comédies, ce sera alors qu'il voudra vous contraindre à mener avec lui une vie d'hermite dans des petites cellules faites exprès, et prendre des habits de moine et de pénitent. Si vous voulez demeurer à la ville, ce sera alors qu'il vous traînera à un voyage... »

Ce jugement de la carrière des courtisans prouve que quelques esprits étaient à l'abri du vertige de cour qui prenait tout le monde ; de leur côté, les lois étaient sages, et l'imprimé du mariage Joyeuse (la feuille du mariage, que j'analyse à l'appendice) n'inscrit que d'excellents conseils destinés à servir de guide à qui voudra les suivre.

Une fois par hasard, Brantôme fait l'éloge des filles de la reine : « Elle avoit ordinairement, dit-il en parlant de la reine-mère, de fort belles et honnêtes filles, avec lesquelles tous les jours en son antichambre on conversoit, on discouroit, on devisoit tant sagement et tant modestement que l'on n'eût osé faire autrement. » Mais là, Brantôme parle-t-il sérieusement? On serait tenté de croire le contraire en comparant ces lignes avec ce qu'il dit dans maint autre endroit. Ce n'est pas chez lui qu'il faut chercher quelques indices favorables à la moralité des Valois.

Je dois parler d'un dernier pamphlet amusant qui, dans sa naïve superstition, fait implicitement l'éloge de

Henri III, tout en voulant le représenter comme un monstre achevé ; ce petit livre s'appelle *les Sorcelleries d'Henry de Valois* (1). Il veut prouver qu'Henri III adorait le diable ; au fond, je ne sais trop si ce roi adorait quelque chose, mais je crois qu'il ne pensait guère à rendre un culte à Satan.

D'Épernon aurait été l'instigateur de cette profane adoration ; la chapelle aurait été placée dans le bois de Vincennes, et on y avait « trouvé nouvellement deux satyres d'argent doré, hauts de quatre pouces, tenant de la main gauche chacun une longue massue, et de la droite un vase de cristal pur et luisant, élevés sur une base ronde, goderonnée, et soutenue de quatre pieds d'estal. » Dans ces vases étaient des drogues inconnues pour « l'oblation ; » au-devant d'eux était une croix d'or contenant une parcelle de la vraie croix. A cette époque, où l'on mélangeait aisément le sacré et le mythologique, rien d'étonnant à ce qu'un meuble supportât une croix précieuse et deux objets d'orfévrerie de style antique, chefs-d'œuvre peut-être d'un artiste italien ; mais comme l'intervention du diable fait meilleur effet!

Qu'étaient-ce donc que ces deux objets ignorés ? Les

---

(1) *Les Sorcelleries d'Henry de Valois* forment un petit in-12 de quelques pages seulement ; c'est le plus court de tous les pamphlets que j'ai cités ; il fut publié en 1589. C'est le monument le plus curieux qui soit de la superstition du temps, où l'ignorance va jusqu'à reprocher à Henri III d'avoir eu la coupable indulgence de pardonner à des malheureux qui allaient être brûlés pour cause de sorcellerie. Pareil fait ne pouvait s'expliquer que par la complicité du roi dans des œuvres infernales. Le livre donne, en une gravure sur bois, le modèle de la croix et la représentation du diable auquel s'adressaient les dévotions.

naïfs disaient que c'étaient des chandeliers, mais les fins, les politiques disaient : « Non, ce ne sont pas des chandeliers; il n'y a pas d'aiguille pour soutenir la cire; et d'ailleurs les satyres tournent le dos à la croix; deux anges n'eussent-ils pas dû être à leur place? » Puis auprès des satyres on avait trouvé une peau d'enfant (celle de l'enfant massacré chez toutes les sorcières, chez tous les juifs, comme on sait; pendant des siècles c'est le même qui a toujours servi pour ces cérémonies ténébreuses); et cette peau d'enfant, soigneusement corroyée, était couverte de caractères cabalistiques; et la preuve que tout cela existait, c'est qu'Henri III protégeait les sorciers, et qu'il avait défendu, en 1586 et 1587, deux pauvres diables accusés de sorcellerie, et qu'il les avait grâciés après leur condamnation. Tout était clair, et ces mêmes esprits clairvoyants ajoutaient : « Quelle honte pour un roi! Quelle douleur à un pauvre peuple très-chrétien de vivre sous l'impiété d'un tel tyran! » Ainsi voilà un roi qui refuse de laisser brûler des sorciers, et ce sentiment d'humanité, cette preuve de bon sens, ne servent qu'à ameuter contre lui une masse d'ignorants!

Il eût été heureux pour Henri III de n'encourir jamais d'autre blâme, et l'on se prend à penser que, peut-être, au milieu des guerres perfides, des assassinats sans vergogne, des préjugés violents, de la domination des partis, de la féodalité et du clergé, la position singulièrement difficile de Henri III avait étouffé et réprimé de grandes qualités. La cour du roi de Navarre, qui représentait l'opposition, et qui, à certains égards, eût dû donner l'exemple de la modération, était comme celle du roi de France.

Les mœurs de Henri III étaient celles de ses contemporains : le duc de Guise, le roi de Navarre, le duc d'Anjou, avaient chacun leur contingent de mignons, de spadassins, de violences, de débauches et d'assassinats. Mais en faisant toute la part possible au mauvais esprit du temps contre la royauté, aux exagérations des partis, à l'intolérance de l'idée protestante, il faut reconnaître que tout n'est pas inventé dans les excès imputés aux derniers Valois. Toutefois ce fut, comme nous l'avons dit, dans cet emportement à satisfaire des goûts excessifs de galanterie, de faste et de plaisir, que l'opéra puisa quelques-uns des éléments nécessaires à sa formation.

La prodigalité qui présida de toute part à l'organisation des fêtes du mariage du duc de Joyeuse, et particulièrement aux préparatifs de *Circé*, jette une vive lumière sur les tendances et les goûts de la société aristocratique du temps ; tout pour elle était sujet de représentation, de déploiement de luxe; chacun semblait être né acteur et ne vivre que pour se faire admirer, aux dépens de sa fortune. Ce travers s'est reproduit souvent depuis.

Le prélude des fêtes eut lieu le jeudi 7 septembre 1581. Ce jour, jour des arrêts en robe rouge, le seigneur d'Arques, premier mignon du roi, vint au parlement avec les ducs de Guise, d'Aumale, de Villequier, et autres seigneurs, afin de faire enregistrer les lettres qui érigeaient le vicomté de Joyeuse en duché-pairie. Une clause de ces lettres portait qu'il précéderait tous ses autres pairs, sauf les princes issus de sang royal ou maisons souveraines, telles que Savoie, Lorraine, Clèves et autres semblables. Et ce, en faveur du mariage du seigneur d'Arques avec Marguerite de Lorraine, sœur de la reine.

Le lundi 18 septembre, les fiançailles religieuses des deux époux furent célébrées dans la chambre de la reine. Comme renseignement sur cette cérémonie, il existe, à la Bibliothèque impériale, une estampe qui porte l'attribution de Fiançailles du duc de Joyeuse. Les personnages placés dans une chambre, au haut de la feuille, sont entourés de compartiments remplis par une impression fine et serrée contenant toute la législation matrimoniale du temps; ce document est analysé par nous à la fin du volume (1).

Le dimanche 24 septembre eut lieu le mariage, à trois heures après midi, dans l'église Saint-Germain-l'Auxerrois, paroisse royale. Se conformant à un ancien usage établi, dit-on, par Charlemagne, qui le premier envoya des poëtes ménestrels aux noces de ses grands dignitaires pour composer des chants en leur honneur, Henri III avait fait composer l'épithalame du duc de Joyeuse par Ronsard. Je ne puis le donner en entier, mais il y a des vers pleins de grâce que je transcris ci-dessous; le poëte joue d'abord sur le nom de Joyeuse, qui a prédestiné celui qui le porte à une vie longue, remplie de plaisirs; il le voit supérieur à tous en beauté, en grandeur, en succès, à la bataille, aux tournois,

---

(1) Voir à l'Appendice, note A.

aux carrousels, partout; il l'égale aux dieux, comme tout poëte doit au reste faire de celui à qui il adresse ses vers. Après la note guerrière, vient la note plus douce :

..... Le soir ensuivant quand Vesper de sa face
Aura bruni le ciel au poinct que le jour faut,
Je te voy préparer pour un plus doux assaut,
Non moins aspre au mestier de Cyprine la belle
Que vaillant aux combats quand la guerre t'appelle.

Je voy desja le soir des amants attendu,
Je voy desja le lict par les Grâces tendu,
Qui dansent à l'entour et versent à mains pleines
Myrtes, roses et lis, œillets et marjolaines.
Vénus, pour honorer ce soir tant désiré,
Dedans son char portée à deux cygnes tiré
Fendra l'air pour venir, et sur la couverture
De ta couche nopcière estendra sa ceinture,
Afin que son ceston d'union composé
Serre à jamais l'espouse avecques l'espousé.

Les Amours t'éventant à petits branles d'ailes
T'allumeront le cœur de cent flames nouvelles.
Je les voy, ce me semble, un desja destacher
Ta robe, et doucement dans le lict te coucher,
Te parfumer d'odeurs, et de la mariée
L'autre qui la ceinture a desja déliée,
Et luy verser aux yeux mille grâces à fin
Qu'une si sainte amour ne prenne jamais fin :
Mais d'âge en âge croisse autant ferme enlacée
Que la vigne tient l'orme en ses plis embrassée.

La parole et le jeu qui les amants conjoint,
Les baisers colombins ne vous défaillent point :
Que chaque membre face en si doux exercice,
Comme poussez d'amour, tout amoureux office;
Et de votre bon-heur heureusement contens,
Cueillez sein contre sein les fleurs de vos printemps.
Car l'âge le meilleur s'enfuit dès la jeunesse,
Et en sa place vient la mort et la vieillesse.

. . . . . . . . . . . . .

> La concorde à jamais en ta maison séjourne ;
> . . . . . . . . . et que l'an ne retourne
> Sans un petit Joyeux, qui ressemble à tous deux.

Les trois derniers vers se perdent dans la banalité. Y a-t-il eu un petit Joyeuse? Je ne le pense pas, et les souhaits de Ronsard ne paraissent pas avoir porté bonheur aux époux. Mais comme ces vers sont bien caractéristiques du temps dans leur galante indiscrétion! Au reste, ne sont-ils pas charmants et ne seraient-ils pas de l'à-propos le plus réussi, si, au travers de ces jolies choses, on n'apercevait un marié d'une santé douteuse, et avec la moitié de la figure emportée.

Après le mariage, le roi mena la mariée au Moustier (1).

« Suivaient, dit l'Estoile, la reine, princesses, dames, tant richement et pompeusement vêtues qu'il n'est mémoire en France d'avoir vu chose si somptueuse. »

Il y avait cependant eu d'autres cortéges brillants à part ceux que j'ai indiqués plus haut; et il fallait que celui du duc de Joyeuse fût bien splendide pour que le réservé L'Estoile le proclamât supérieur à tout ce qui s'était vu.

« Les habillements du roi et du marié étoient semblables, tant couverts de pierreries et broderies qu'il n'était pas possible de les estimer : car tel accoutrement y avoit qui coûtoit 10,000 écus de façon. » Et cependant Henri II, en 1549, avait rendu des ordonnances contre le luxe! Ce fait prouve une fois de plus l'inanité des

---

(1) Voir à l'Appendice, note B.

lois somptuaires ; la modération ne s'impose pas à des esprits trop affolés pour la comprendre.

Ce n'était pas assez d'un costume pour une pareille fête : chaque jour les invités en portèrent un nouveau, et « aux dix-sept festins qui de rang et de jour à autre, par l'ordonnance du roi, depuis les noces, furent faits par les princes et seigneurs parents de la mariée, et autres des plus grands de la cour, tous les seigneurs et dames changèrent d'accoutrements, dont la plupart étoient de drap d'or et d'argent, enrichis de passements, guipures, recarrures, et broderies or et argent, et pierreries en grand nombre et de grand prix. »

Dix-sept festins à la suite l'un de l'autre ! Dix-sept festins imposés successivement aux principaux grands de la cour ! Quels estomacs ! quelles noces, et quel retour de noces ! comme on dit encore dans quelques provinces, en parlant des fêtes et festins que rendent aux mariés, quelques jours après le mariage, les invités qui veulent les héberger à leur tour. On mangea jusqu'au 11 octobre ; ce fut la période de ripaille ; celle de la danse vint ensuite ; il fallait se trémousser pour faire digérer une pareille pitance.

Il y a toutefois un festin qui, à lui seul, l'emporta encore en durée sur cette série de repas des noces du duc de Joyeuse : ce fut celui qu'Assuérus célébra la troisième année de son règne. Il dura cent quatre-vingts jours et eut lieu dans le vestibule du palais ; il est à croire, cependant, que ce ne furent pas tout le temps les mêmes convives qui restèrent à table. Les murailles étaient décorées de tapisseries bleu céleste, relevées par des cordons écarlates passés dans des anneaux d'ivoire, et rattachées à des colonnes de marbre; les lits des convives étaient d'or et d'argent, le pavé de porphyre incrusté; on buvait dans des coupes d'or, et les plats d'or et d'argent étaient sans cesse renouvelés et toujours différents. Que dire après cela du luxe et de la longueur des festins du XVI⁰ siècle?

Que dépensa Assuérus? Lors même que le chiffre serait connu, il serait difficilement appréciable pour nous; mais Henri III dépensa plus de 1,200,000 écus pour sa part, et, dit-on, « sans compter les habits des musiciens qui furent fort proprement vêtus aux dépens de Sa Majesté. » Certes, ce devait être encore une somme assez forte à ajouter aux autres, et de nos jours, après avoir dépensé un gros paquet de billets de mille francs pour monter une féerie, bien des directeurs de théâtre regarderaient à payer encore des costumes pour les violons de l'orchestre; mais cette observation de « non compris les habits des musiciens, » ajoutée à la somme énorme de 1,200,000 écus, produit un peu l'effet d'un vin précieux dont on dirait : « Il coûte 100 francs la bouteille, sans le verre de 10 centimes. » Les habits des musiciens, cependant fort luxueux pour cadrer avec les fêtes et le ballet, peut-être en soie brune comme en montre le tableau du Louvre, n'étaient guère qu'une goutte d'or ajoutée aux flots dépensés par le roi pour le mariage de son favori.

Ce n'était pas assez des cortéges, des costumes, des festins, il fallait quelque chose de plus solide, de plus durable.

Les cadeaux accompagnent d'ordinaire un mariage ; les parents, les intermédiaires, en offrent aux jeunes mariés ; ces cadeaux sont d'autant plus importants que le mariage est plus brillant ; le roi paya pour tout le monde. « Je veux, disait-il, faire mes favoris si grands avant ma mort que mon successeur ne les puisse ruiner. »

Le roi donna à la mariée pour dot 400,000 écus, payables en deux ans ; puis il fit obliger le duc de Mercœur, aîné des Vaudémont, à payer 100,000 écus à mademoiselle de Vaudémont pour sa part de droits successifs de famille, qui ne valaient pas 20,000 écus ; mais gracieux jusqu'au bout, il se substitua personnellement aux obligations que le duc de Mercœur acceptait pour lui plaire. « Je serai sage et bon ménager, disait encore le roi, quand j'aurai marié mes trois enfants d'Arques, La Valette et d'O. »

Puis le roi acheta de madame de Bouillon, fille de Diane de Poitiers, par Louis de Brezé de Maulevrier, la terre de Limoux ou plutôt de Limours, puis Montlhéry, que François Ier avait donnée à la duchesse d'Etampes en 1535 ; il l'avait confisquée après la mort de Poncher, son propriétaire, pendu à Montfaucon, « rendez-vous de ces messieurs » (les financiers), dit L'Estoile (bien d'autres depuis Poncher auraient mérité de prendre le même chemin) ; le roi paya cette terre, qu'il offrit à Joyeuse, 160,000 livres (1).

(1) L'histoire de cette terre de Limours est, au reste, curieuse, et ferait croire que les terres, comme les livres, ont leur destin. Si je n'avais horreur des citations autres que celles en langue fran-

Les cadeaux semblèrent si gros que d'O, jaloux, se fâcha ; La Valette avait déjà épousé une sœur de la reine, Joyeuse à son tour en épousait une autre ; il n'en existait pas une troisième pour lui ; c'était trop endurer la fortune d'autrui ; d'O ne put supporter sa douleur ; il avait bien fait ses affaires ; il se retira en Normandie et abandonna la cour ; il était lieutenant du gouverneur, et alla habiter Caen avec 60,000 fr. de rentes et 200,000 livres d'argent qu'il emporta, produit de ses économies pendant sept ans ; « telle disgrâce était supportable. »

La Valette, beau-frère du roi, pouvait aussi devenir jaloux de Joyeuse ; le roi lui donna la charge de colonel de l'infanterie française, que céda Strozzi qui l'occupait ; puis un peu après, le mardi 27 novembre, La Valette, avec plusieurs seigneurs, alla au parlement faire enregistrer les lettres érigeant la chatellenie d'Épernon, achetée par le roi au roi de Navarre, en duché-pairie ; il devait marcher avant les ducs et pairs, après Joyeuse, mais avant tous autres.

La faveur se répandit même sur d'autres membres de

çaise, je ferais comme les annotateurs de Beaujoyeulx, et, rappelant les souvenirs désagréables qui me restent des pensums donnés par l'*Alma mater* appelée Université, je dirais : « *Habent sua fata, sicut libelli, castella.* » En 1535, Poncher bâtit Limours avec de l'argent, pris sans doute dans la poche des autres au moyen d'une spéculation quelconque. En 1536, Montfaucon le voit s'agiter au vent au bout d'une potence. François Ier donne cette terre à madame d'Étampes ; puis elle passe aux mains de madame de Valentinois (Diane de Poitiers) sous Henri III ; enfin Henri III la donne à Joyeuse, si bien que cette terre « semblait avoir été bâtie par ce malheureux et chétif trésorier pour venir en proie à toutes les mignonnes et mignons de nos rois. »

ces familles, et le 28 novembre, la sœur de La Valette, Catherine, fut mariée au comte du Bouchage, puîné du duc de Joyeuse ; il est toujours avantageux de tenir de près à un favori hautement protégé ; on se trouve à la source des faveurs, et on y puise parfois si bien qu'il ne reste plus rien pour ceux qui sont au-dessous à attendre la rosée bienfaisante.

Le roi comblait tellement le duc de Joyeuse que tout désir pressenti dans ce sens équivalait à un ordre, et quand on avait une place à la guise de ce dernier, il était préférable de la lui offrir sans attendre qu'il la prît. C'est ce que fit M. de Retz, gentilhomme de la chambre du roi ; il força la porte du cabinet du roi qui l'avait consigné, et remit gracieusement (en apparence du moins) sa charge au duc de Joyeuse peu de temps après le mariage.

Par cette protection exceptionnelle, par cette libéralité sans exemple, mesurée comme si ses coffres étaient inépuisables, le roi préludait bien aux réjouissances des jours suivants.

Je ne puis toutes les décrire ; je crois utile toutefois de parler de la fête suivante : elle donne l'idée de la prodigalité répandue dans les festins, qui, comme le reste, visaient au théâtral.

Le mardi 10 octobre, ce fut au tour du cardinal de Bourbon de festoyer le roi et les époux dans son abbaye de Saint-Germain-des-Prés (1). Il y avait sur la Seine un grand bateau en forme de char, traîné par

(1) Voir à l'Appendice, note C.

d'autres bateaux en forme de chevaux marins, baleines, tritons, dauphins, sirènes, esturgeons, tortues, au nombre de vingt-quatre ; le bateau-char devait être immense, car il était proportionné au nombre et à la grandeur des bêtes qui l'entouraient, et chacun des monstres marins renfermait invisible un orchestre de musiciens, « trompettes, clairons, violons et hautbois, » et des tireurs avec des pièces d'artifice. C'était une idée toute nouvelle que l'on imita en 1628 à Venise : le 10 février, pour la naissance de madame de Savoie, on fit manœuvrer sur le grand canal le navire de *la Félicité*, traîné par des tritons, des sirènes et des dauphins ; on y dansa un ballet des quatre éléments, et on servit à bord un festin à quarante personnes. Cette fois là, à Venise, tout marcha au mieux ; mais il n'en fut pas de même lors de la fête du cardinal de Bourbon : l'inventeur ne fut pas heureux.

Cinquante mille curieux étaient rassemblés sur les bords de la rivière, cinquante mille de ces badauds Parisiens toujours en émoi pour la moindre des exhibitions gratuites ; mais les animaux ne purent marcher. Le roi attendit depuis quatre heures jusqu'à sept heures du soir pour voir si les monstres viendraient au-devant de lui : aucun mécanisme ne put manœuvrer. Le roi fut de mauvaise humeur et s'écria : « Je vois bien que ce sont là des bêtes qui commandent à d'autres bêtes ! » Remerciement venu à propos pour la dépense qu'avait faite le cardinal, pour la peine qu'il avait prise à organiser ce cortége aquatique.

Le roi était sans doute ce jour-là dans ses humeurs

noires, et il était mal disposé ; cela lui arrivait assez souvent, et ses idées devenaient alors tout à fait tristes et mélancoliques. C'est dans ces moments qu'il pensait à décorer le bois de Boulogne d'une façon tout à fait originale ; il voulait y percer six grandes avenues rayonnantes, partant du centre, où il aurait élevé un superbe mausolée destiné à contenir son cœur et ceux de ses successeurs ; cette idée, si elle manquait de gaieté, n'eût peut-être pas été un mauvais prétexte à une décoration architecturale. Une autre fois, à la mort de Catherine de Médicis, Henri III aurait fait peindre en noir toutes les salles du château de Blois ; mais cette dernière anecdote me semble douteuse : au moment de la mort de la reine-mère, Henri III avait des préoccupations politiques d'une telle gravité qu'il dut avoir peu le temps de songer à des badigeonnages aussi puérils.

Quelquefois aussi ses humeurs sombres le poussaient à faire aux autres des plaisanteries assez méchantes, accusant un profond mépris pour quelques-uns de ceux qui l'entouraient et qui avaient parfois fort bien mérité ce mépris, comme dans le cas suivant. Il y avait à la cour un nommé Ludovic Adjacet, banquier de Florence et favori de la reine-mère. Cet Adjacet était connu, dit Brantôme, par une galerie précieuse de tableaux et de sculptures érotiques que certains courtisans visitaient avec plaisir. Il possédait aussi une coupe d'argent ciselé dont les reliefs étaient d'une inconvenance excessive ; il se plaisait à y faire circuler des rafraîchissements pour les dames ; celles qui refusaient, par retenue, de boire dans ce vase, couraient chance de mourir de soif.

Adjacet un jour se battit en duel avec Pulveret, capitaine commandant le château d'Encise; désarmé, il se jeta à genoux et implora la vie de son adversaire. Pulveret le laissa aller, et pour lui en prouver sa reconnaissance, Adjacet l'attaqua un soir avec dix ou douze Italiens et le tua sur place. On poursuivit Adjacet qui implora le roi. Celui-ci allait souvent se régaler et faire bonne vie chez lui, mais il fit la sourde oreille, parce que plusieurs fois il avait dit à Adjacet de payer pour lui 4,000 écus de perles qu'il devait. Adjacet avait manqué d'entrain, et le roi trouva plaisant de laisser son complaisant se morfondre un peu avec la perspective d'une potence; il lui laissa faire son procès. Adjacet paya une forte amende, et il eût peut-être été pendu si sa femme, attachée à la reine, n'eût pas trouvé dans cette dernière un esprit plus miséricordieux que celui du roi.

Enfin Henri III, las d'attendre le long de la rivière, passa sa mauvaise humeur en s'encanaillant; il prit un coche d'eau; ce moyen de transport dut le faire rire, c'était fruit nouveau pour sa vie luxueuse. Chacun fit de même (car le pont Neuf dont, en 1578, Henri III avait posé la première pierre, n'était pas encore praticable, et il eût fallu remonter jusqu'aux ponts de la Cité); le roi et les reines avec leur suite se rendirent au festin préparé par le cardinal. Le repas fut magnifique, le cardinal avait bien fait les choses et le roi dîna de bon appétit. On était au mois d'octobre, et le couvert avait été disposé dans un jardin artificiel présentant comme en mai, juin, juillet et août, des feuilles, des fleurs et des fruits. Ce pouvait être joli, mais c'était peu varié comme invention; on verra par les décors du ballet que c'était le luxe le plus habituel.

Quant au festin lui-même, on peut en parler par analogie; il faut chercher dans l'*Ile des Hermaphrodites* les détails certains et curieux que ce livre donne sur l'ordonnance des repas et sur quelques-uns des plats qu'on servait à cette époque (1) :

« Les banquets et les festins (y est-il dit) se feront plutôt de nuit que de jour avec toute la superfluité, prodigalité, curiosité et délicatesse que faire se pourra, et selon que l'invention et l'opulence... le pourra permettre. »

Le luxe y était poussé à l'excès, et parfois les convives y rencontraient des surprises dans le genre de celles que les empereurs romains faisaient aux leurs, ou dans le genre des intermèdes qui défilaient pendant les repas dans les grands châteaux féodaux.

Les entremets (qui deviennent des intermèdes en dehors des festins) se composaient de cortéges, de dressoirs mécaniques, de machines et de monstres défilant et formant des sortes de drames ; voici pour l'imitation des siècles féodaux. Charles IX dînant à Carcassonne

---

(1) Le luxe avait beaucoup augmenté en un demi-siècle, si l'on compare ce qu'on va lire avec les repas indiqués par Rabelais, et avec les menus de ses héros dont en général, la grosse charcuterie formait la robuste base. A ces amas de viandes de porc, largement arrosées de vin d'Anjou, ils joignaient les fouacés! La fouace est une pâtisserie épaisse, lourde, telle que peut la rêver un pâtissier homicide associé secrètement à un médecin ayant la spécialité des indigestions. Je dis *c'est* une pâtisserie lourde, car la fouace existe encore dans une partie du bassin de la Loire et dans la Bretagne, où les consommateurs de ce gâteau de plomb paraissent avoir conservé, pour le digérer, un peu de l'estomac vigoureux de nos pères.

chez un riche gentilhomme, le plafond s'ouvrit à la fin du repas, et il tomba sur les convives un déluge de dragées et d'eau de senteur ; voici pour l'imitation romaine. Une autre fois, au Plessis-lès-Tours, après le siége de La Charité, la reine-mère donna à ses fils et aux officiers de l'armée un banquet où le service était fait par des nymphes à peu près nues. Pour cette fête on avait acheté tout ce qu'on avait pu trouver à Paris de soie verte ; il y en avait pour soixante mille francs. — On se trouvait au mois de mai, et le choix de cette couleur était un hommage rendu au printemps.

La nourriture était recherchée comme les surprises ; on usait de toutes sortes de langues, crêtes d'oiseaux ; toutes les viandes devaient être déguisées, de manière à ce que pas une « ne se reconnaisse en sa nature, » afin que l'on supposât manger, non ce qui était, mais ce qu'on voyait. La recherche était poussée à ce point que les confitures et marmelades étaient façonnées en forme de Cupidon, Vénus, etc. Les temples de l'amour qui traînent encore chez quelques pâtissiers des quartiers lointains ou sur les tables des restaurateurs faisant noces à prix fixe, ont peut-être leur origine dans le couvert des mignons de Henri III. Le plat luxueux par excellence était l'omelette saupoudrée de musc, d'ambre et de petites perles ; la plus petite revenait à cinquante écus, et devait en outre constituer un manger nauséabond et fort désagréable à mâcher.

Le service de table répondait aux décorations de la salle et aux plats servis aux convives ; voici encore d'après l'*Ile des Hermaphrodites*, l'aspect d'un couvert du roi ;

c'est, du livre, la partie la plus amusante et la moins satirique :

« Nous entrâmes dans une grande salle que nous trouvâmes toute jonchée de diversité de fleurs (on préparoit la crédence du dîner ; il y avoit belle vaisselle, belle argenterie). Dessus la table, il y avoit quelques assiettes sur lesquelles je vis quelques petits morceaux de cristal, ce me sembloit ; et sur quelques autres, je ne sais quoi de blanc, que je prenois pour du sel. Mais je me trompois, l'une étoit de la glace, l'autre de la neige. » Au pied de la crédence était aussi un gros cuveau avec du vin à rafraîchir, avec auprès de lui « un gros dodu en sentinelle. » Les pains étaient variés, sans croûte, parce que les dents des convives étaient trop malades pour pouvoir croquer autre chose que la mie, et « ils eussent fort désiré qu'on eût trouvé une invention qu'on n'eût point dorénavant la peine de mâcher. »

« ..... La nappe de la table étoit d'un linge fort mignonnement damassé, et pour déguiser... elle étoit pliée d'une certaine façon, que cela ressembloit fort à quelque rivière ondoyante qu'un petit vent fait doucement soulever. Car parmi plusieurs petits plis on y voyoit force bouillons.

« ..... Au bout de la table, il y avoit un grand vaisseau d'argent doré et tout ciselé, fait en forme de nef... et cela servoit... à mettre l'éventail et les gants du seigneur dame du lieu. Car le vaisseau s'ouvroit et fermoit des deux côtés ; en l'un étoient les serviettes dont l'hermaphrodite devoit changer, et en l'autre, se mettoit ce que j'ai dit ci-dessus. »

La ciselure du vaisseau représentait les amours de Pan et de Bacchus. La nappe placée sous le vaisseau (mot qui doit s'entendre non dans le sens de vase, mais dans celui d'une pièce d'orfévrerie représentant un navire) avait été pliée pour imiter les vagues et mieux faire voguer le vaisseau.

La musique, pièce importante d'un repas de haute volée, comme si dans pareille occurrence les invités, s'ils parlaient, ne pouvaient dire que des sottises, n'était pas oubliée dans les festins du temps.

Il y avait des luths, des voix et des cornets à bouquins. C'était une musique douce, d'un choix assez singulier comme timbres, mais il faut croire que c'était du goût des dîneurs, et que ces deux instruments étaient doués de vertus digestives. Selon la difficulté et la vigueur des estomacs la musique variait.

Vers 1530, Henri VIII avait un orchestre de table composé de tympanons et de fifres; la sonorité en était aigüe. Sa fille Élisabeth, qui aimait plus le bruit, avait pendant ses repas un orchestre de douze trompettes, deux paires de timballes, avec des cornets, des tambours et des fifres; mais il est probable que ces instruments ne jouaient pas dans la salle même où était servi le festin.

Pour revenir au luxe que dut développer le cardinal de Bourbon, il y a une remarque singulière à faire à propos des critiques que fait l'*Ile des Hermaphrodites*. Le satirique s'étonne de choses qui nous semblent à présent toutes naturelles... « Ils ne touchoient jamais, dit-il des convives, la viande avec leurs mains ; mais avec des fourchettes ils la portoient jusques dans leurs bouches, en allongeant le col et le corps sur leur assiette, laquelle on leur changeoit fort souvent. »

Nous ne nous doutons pas combien il a fallu de temps pour répandre partout, dans toutes les classes, des ustensiles aussi simples que le couteau et la fourchette, et pendant combien d'années de pareils objets, que possèdent à présent les plus pauvres, ont été le partage des seuls riches. Ne pas toucher la viande avec ses doigts, changer d'assiettes à table, était un luxe désordonné au XVIe siècle, et d'un raffinement qui frisait les voluptés coupables. Le critique prend de la neige pour du sel, et feint aussi de ne pas savoir ce que c'est que la glace ; boire frais était un luxe aussi étrange que celui d'avoir des serviettes.

Ce luxe de table n'était pas le plus coupable ; mais d'après ces descriptions, le service d'un repas, à la cour de Henri III, était, comme linge, faïences, verreries, au moins à la hauteur des services les plus luxueux d'à-présent, et les mets qu'on y servait étaient, en viandes, poissons, sauces, conserves et confitures, à la hauteur des richesses gastronomiques du XIXe siècle.

On comprend donc la stupéfaction, dans ces temps de misère, de ceux qui entrevoyaient ces repas, et les jugements qu'ils en portaient, soit parce qu'il ne leur était pas donné de s'y asseoir, soit parce qu'ils les comparaient au brouet que mangeait avec peine la nation entière.

Le luxe s'est répandu, morcelé, et n'est plus aussi disproportionné de nos jours dans les différentes classes ;

il n'y a plus grande différence entre la table d'un riche financier, par exemple, et celle d'un propriétaire de province. En pensant aux splendeurs peut-être un peu fabuleuses des temps antiques, aux festins d'Assuérus, à ceux des empereurs romains qui dépeuplaient les mers et les forêts, aux larges repas de la Renaissance encombrés d'orfévreries d'or, à ce festin même du cardinal de Bourbon, — en comptant les merveilles artistiques qui étaient mises au jour pour servir et décorer ces fêtes, — en voyant d'autre part que ce luxe a été toujours en diminuant, que les tables les plus hautes n'ont plus à présent que des surtouts artistiques, il est vrai, mais rarement massifs comme métaux précieux, — que la ville de Paris, par exemple, avec ses immenses revenus, se contente d'un surtout de gala en imitation et de fêtes solennelles qui coûtent à peine le dixième du Ballet de la Reine, — en songeant aussi qu'évidemment la masse de la nation a été de plus en plus heureuse à mesure que tous ces luxes passés (s'ils sont vrais) ont diminué, — on en vient à se demander si l'humanité ne rencontrera le bonheur parfait que lorsque, par l'éparpillement de la richesse publique, elle en sera réduite à manger dans des écuelles de bois. Il est à craindre que si cela arrivait et si l'humanité se trouvait heureuse de cette négation de la richesse, le revirement survenu dans les idées de l'homme fût trop grand et trop étrange pour pouvoir durer.

Le temps, le milieu, le cadre de *Circé* et les personnages qui y ont figuré ont passé devant nous; j'aborde donc l'analyse du Ballet, le plus parfait de cette époque, le seul peut-être dont les détails ont valu la peine de nous être transmis, et sur lequel la critique dramatique et musicale trouve le plus d'intérêt à s'exercer.

# CHAPITRE V

## BALTAZARINI

Préface de la *Circé*. — Son auteur. — Goût pour les sujets antiques.

La préface que Baltazarini, auteur du *Ballet de la Reine*, a mise en tête de son œuvre, est réellement curieuse ; elle montre quelle importance on avait attaché à cette représentation théâtrale, et combien elle était un fait artistique tout à fait en dehors des ballets ordinaires ; on dirait que par avance les auteurs ont eu l'intuition de ce que serait plus tard notre Opéra.

Cette préface se compose d'une dédicace, d'une explication sommaire concernant le ballet et son but, d'une excuse à propos de l'emploi du mot « comique » appliqué à une cérémonie où figuraient d'illustres personnages, de pièces de vers adressées soit à l'auteur, soit au roi. L'examen de ces parties, en même temps qu'il profitera au ballet lui-même, montrera les singulières illusions que se faisaient certains contemporains sur la situation et l'avenir des derniers Valois.

La dédicace est un mélange de mythologie, de flatterie,

et d'extravagances décuplées par l'amplification naturelle au caractère italien qui ne dit jamais « seigneur, » mais « illustrissime seigneur », qui n'invite jamais à entrer dans une maison, mais dans un *illustrissimo e splendidissimo palazzo*, le palazzo fût-il une chaumière.

Baltazarini commence ainsi :

### AU ROI DE FRANCE ET DE POLOGNE

« Sire, d'autant qu'en maniant le gouvernail de l'empire français, vous avez atteint les deux points de la perfection de toute humaine action, l'utile et l'agréable : il semble aussi plus que raisonnable que vos mérites soient célébrés en l'une et l'autre sorte. Pour l'utile, vos conduites d'armées, batailles, rencontres, siéges, prises de villes, trophées, voyages et sceptres, par la déduction de tous ces faits héroïques, feront assez de foi combien Votre Majesté aura servi à la conservation, restauration et grandeur de cette couronne. Et l'histoire françoise pour ce regard, sire, vous pourroit bien bailler non pas des compagnons, mais bien quelques seconds, rois à la vérité remplis de beaucoup de valeur, honorés de plusieurs belles conquêtes, et recommandables après vous à tous les siècles à venir. Mais quant à l'agréable, d'avoir su tempérer cette martiale inclination, de plaisirs honnêtes, de passe-temps exquis, de récréation émerveillable en sa variété, inimitable en beauté, incomparable en sa délicieuse nouveauté : l'on me pardonnera si je maintiens que vous n'avez eu ni prédécesseur, ni aurez (comme je pense) de successeur. »

Oui, signor Baltazarini, le roi vous pardonnera certainement de le déclarer le monarque le plus charmant du monde, et de le placer du premier coup, pour les grandes et sérieuses actions, au-dessus de Charlemagne, de saint Louis et de Louis XI, à moins que sa majesté, spirituelle et adroite comme elle pouvait l'être, ne voie en dessous de ces redondances colossales une satire déguisée bien loin de votre pensée, Baltazarini, ou finement enveloppée de sucre par l'esprit cauteleux de vos compatriotes.

La dédicace continue :

Saturne, ce père inhumain, se chargerait de tout jeter dans l'oubli si l'on n'était pas là pour enregistrer les faits remarquables; au roi donc ce livre, comme on rapporte à Dieu les belles harmonies du monde ! Du roi viennent le bonheur du peuple, la paix, le repos de la noblesse, l'abondance des guerriers et des intelligences, et cette puissance vivace et expansive qui fait que les voisins tremblants vivent en paix avec le royaume. Cet état heureux est venu difficilement; gloire à ceux « qui ont médeciné et pansé la maladie, singulièrement à cette Pallas, la reine votre mère, qui a veillé tant de nuits, employé tant de jours, donné tant de conseils... le beau teint est revenu à la France, le bon appétit de vous servir... les jambes et les bras robustes pour vous secourir, le cœur et l'entendement sacré pour y faire la paix revenir et fleurir. »

Est-ce la Saint-Barthélemy qu'il faut entendre par cette médication inventée par la Minerve, mère de trois rois?

Cette puissance invincible du roi, puissance morale plutôt que physique, l'auteur a voulu l'exprimer par la fable de Circé, vaincue à la cour de France mieux que par Ulysse, « auquel cependant Alexandre porta envie pour avoir été célébré par Homère. » — Circé n'est qu'une histoire poétique du roi, ami des gens de bien, et résistant aux influences délétères de la passion et du plaisir. — Au milieu des dieux, assis avec Jupiter, Henri III extermine les vices, et son nom vivra à jamais « parfumé de réputation vertueuse. »

En lisant ces lignes, on se demande si l'aplomb de la flatterie peut aller aussi loin, ou si quelques contemporains et l'histoire ne se sont pas conduits vis-à-vis de Henri III comme des gens sans foi et sans conscience. Ce monument d'adulation, mis en tête d'une œuvre que de nombreux amis ont sollicité (comme toujours) l'auteur de publier, se termine par une fin digne de l'exorde :

« Et comme les viandes délicieuses qu'une saison dénie à l'autre, ou dont un pays est avantagé sur les autres contrées voisines, par le moyen de la confiture se conservent et se transportent et donnent admiration et bénédiction au terroir qui les porte : — ainsi cette réfection d'esprit que vous avez trouvée plaisante et qui ne croît point encore qu'au pays de votre obéissance, confite au sucre de votre bonne grâce, assaisonnée de votre consentement, et conservée dans la boîte de ce petit monument, puisse à toutes les autres nations donner à goûter du nectar et de l'ambroisie, dont vous vous êtes repu, et avez rassasié les appétits de votre peuple. » Cette comparaison, tirée des confitures, est parfaite ; elle rappelle étrangement la harangue de Diafoirus le jeune à sa belle maman, ou les compliments de Sganarelle à la nourrice dans le *Médecin malgré lui*.

En dernier lieu, Baltazarini appelle sur le roi la bénédiction céleste, et « fasse le ciel qu'on puisse dire de Votre Majesté :

> Et verras de ta race
> Double postérité,
> Et sur les Français grâce,
> Paix et félicité. »

Nous verrons si ces vœux ont été accomplis. C'est bien au reste un curieux caractère, une physionomie du XVIe siècle que cet Italien Baltazarini, surnommé Beaujoyeux ou de Beaujoyeulx, à cause du nombre des fêtes galantes, bals, ballets, festins et mascarades qu'il organisa pour la cour des Valois.

Baltazarini était excellent violoniste, et le maréchal de Brissac, gouverneur du Piémont, l'avait envoyé en France en 1577, auprès de la reine-mère qui en fit son valet de chambre ; ce titre de valet de chambre n'avait pas la même signification qu'à présent ; la domesticité nobiliaire était fort recherchée, et il ne faudrait pas conclure que l'instruction musicale fût assez répandue à cette époque pour que tous les laquais jouassent du violon. Baltazarini amena avec lui, en France, une troupe de violons italiens qui firent merveille ; leurs instruments étaient à cinq cordes, au lieu de quatre comme les violons français, et ils étaient accordés de *la* en *fa* et par quartes ; les *ut* aigus (très-rares au reste dans le *Ballet de la Reine*), étaient donc pris sur la première corde ou chanterelle par le quatrième doigt (petit doigt). (Le *fa* étant à vide, le *sol* se prenait avec l'index ou premier doigt, le *la* avec le medium ou deuxième doigt, le *si* avec l'annulaire ou troisième doigt, l'*ut* avec le quatrième ou petit doigt ; le pouce ne compte pas au violon). Avant ces violons, ceux de la chambre du roi achetaient leurs charges, et étaient fort peu habiles ; ils ne savaient pas démancher, chose au reste qui resta longtemps inconnue aux violonistes français ; les musiciens de Baltazarini surprirent surtout les auditeurs par les notes à l'aigu qui, avant eux, étaient tout à fait inconnues, et l'on peut voir par la partition du ballet où les notes aiguës sont, comme je le dis, extrêmement rares, combien le public du XVIe siècle, tout comme celui du XIXe, s'enthousiasmait pour des effets de mécanisme qui n'en valaient pas la peine.

Sans doute Baltazarini chercha à frapper l'imagination pour attirer le succès vers les siens ; c'était l'Italien tel que le montrent les traditions florentines, cauteleux, flatteur, industrieux, sachant bien faire marcher de front les intérêts de l'art et ceux de sa bourse. Il termine, comme de raison, sa dédicace en jetant tout au bas de la page, sa signature : De Beaujoyeulx, précédée de la formule sacramentelle.

Le but du ballet vient après la dédicace ; c'est, bien entendu, le mariage de M. le duc de Joyeuse, pair de France, avec mademoiselle de Vaudemont, sœur de la reine ; le roi veut honorer le couple des époux par la magnificence de la fête (1). Il voulut que pour un pareil

(1) De Joyeuse avec La Valette et d'O remplaçaient, à cette époque, les mignons disparus : Schomberg, Quélus, Maugiron et Saint-Luc,

mariage rien ne fût épargné ; riches habits, festins, mascarades, courses, combats à la barrière, ballets à pied et à cheval, concerts, tout se succéda si bien que Brantôme lui-même, malgré qu'il trouve le ballet des Polonais « inimitable, » déclare que les « noces de M. de Joyeuse ont surpassé toutes les fêtes et cérémonies de ce temps. »

Le désir de faire ces noces superbes « ne dépassa pas le désir d'exécuter ces splendeurs, » et la noblesse « apporta son argent, comme sa vie, lorsqu'il s'agissoit de la couronne. »

La reine voulut elle-même s'occuper du ballet ; elle envoya quérir Baltazarini ; il vint, vit ce qu'on projetait, et exécuta « quelque chose qui ne le cédoit en rien en sujet, conduite et exécution. » Semblable à la reine-mère, qui inventait chaque jour quelque nouveau divertissement quand le temps était mauvais, la reine Louise voulut être du ballet et y figurer, pour honorer les époux et faire connaître qu'elle ne le cédait à personne en affection pour les héros de la fête.

Chacun s'occupa de ces plaisirs comme d'une affaire d'État. Dans ses *Mimes*, Baïf, à propos d'une dédicace au duc de Joyeuse, fait une remarque fort juste pour cette circonstance ; ébloui par les splendeurs de la fête,

---

disgrâcié. Joyeuse était le fils aîné de Guillaume, vicomte de Joyeuse, (chef de la famille par la mort d'un frère aîné), lieutenant général du Languedoc, maréchal de France en 1582 par la faveur d'Anne de Joyeuse, le héros du ballet. Guillaume de Joyeuse survécut à son fils aîné et mourut en 1592 ; il avait eu sept enfants. Les trois garçons survivants furent : Anne, duc de Joyeuse ; — François de Joyeuse, né en 1562, et qui fut cardinal ; — Henri, né en 1527, connu sous le nom de Du Bouchage, et qui fut maréchal de France.

il lui vient la pensée « que la plupart des hommes, et les grands, plus que tous les autres, font leurs affaires d'importance par manière d'acquit, comme en se jouant : leurs plaisirs et passe-temps, auxquels faudroit se jouer, ils les font comme choses fort sérieuses, s'y employant à bon escient. » Observation venue à propos dans une cour où le plaisir était tout, et où le pays était laissé à peu près à vau l'eau.

Beaujoyeulx se retira loin de la cour pour rêver plus à l'aise au projet qu'il méditait ; esprit au reste inventif et prompt, il organisa le ballet, qui fut accepté par la reine ; mais il ne fit que trouver le sujet, en régler la coupe et les intermèdes ; il prit trois collaborateurs ; le temps pressait.

La Chesnaye, aumônier du roi, fit les vers ; le sieur de Beaulieu, appartenant à la reine, fit la musique ; Jacques Patin, peintre du roi, sur l'ordre de la reine, dessina peintures, décors et costumes. Les musiciens de la chambre du roi furent mis à la disposition du compositeur, dont la musique fut jugée excellente, et la grande salle du Petit-Bourbon, près le Louvre, en amont, sur le bord de la Seine, fut disposée pour la représentation du ballet comique.

Dans les quelques lignes que Beaujoyeulx consacre à la justification du mot « comique, » il donne du ballet une définition curieuse ; le ballet, « chose nouvelle, » est « un mélange géométrique de plusieurs personnes dansant ensemble sous une harmonie de plusieurs instruments. » Comme une comédie seule eût été triste, il eut l'idée de mêler la comédie au ballet, et de confondre la poésie et la musique : c'est l'assemblage de la danse, de la musique et de la poésie. — Toutes ces explications prouvent bien que le *Ballet de la Reine* est un type tout nouveau, inconnu réellement avant Beaujoyeulx.

Le titre en est justifié : 1° le mot *ballet* indique la prééminence de la danse; 2° il est comique, par sa belle conclusion, gaie, heureuse, — comique ainsi, plutôt que par la présence des dieux et déesses; Beaujoyeulx n'a nullement voulu se moquer des grands; il faut « prendre le titre en bonne part » en voyant son intention; il a désiré satisfaire le roi et donner à l'œil, à l'oreille, à l'entendement, une jouissance également équilibrée.

En tête du ballet figurent aussi des pièces de vers adressées les unes à Beaujoyeulx, les autres au roi, parfois à tous deux. C'est toujours même louange outrée, même hyperbole que l'auteur insère avant son œuvre, comme les éditeurs placent les louanges de la critique sur les couvertures des nouvelles éditions d'un livre. Vœux pour le roi, vœux pour la reine, vœux pour la postérité à venir, remerciements à Beaujoyeulx pour avoir inventé le *ballet mesuré*, ce qui confirme l'originalité de cette fête hors ligne. — Les trois pièces de vers français sont toujours à peu près même chose.

Une quatrième épître est en latin.

C'est une paraphrase de la préface.

Dans quelques situations importantes, certaines gens éprouvent le besoin de parler latin; leur langue devient insuffisante pour calmer l'ardeur poétique qui les dévore. A. Pogœsœus a donc éprouvé le besoin de s'exprimer dans la langue de Virgile et d'Horace ; je cite ses derniers vers :

> Sed tibi (rex Henrice), volens delapsus ab alto
> Jupiter est cœlo : docuit quibus artibus illa,
> Quorum jamdudum misere tua Gallia flagrans
> Ardebat flammis, extinguere fulmina posses.
> His abeat nunquam tam magnus sedibus hospes
> Juppiter optamus. Nam si discedit, in altum
> Te metuo pariter secum ne tollat Olympum.

Quel était ce Pogœseus ? Il est malaisé de bien reconnaître les noms altérés par cette manie de tout latiniser ; il appelle bien Beaujoyeulx : Bellojoïus !!

La préface de Baltazarini est curieuse à ce point de vue qu'elle oublie complétement l'état malheureux de la France pour créer, autour du roi et à la place de la réalité, une sorte d'Eden parfaitement ridicule pour les siècles qui ont suivi.

Il ne faut pas s'étonner du choix de l'histoire de Circé pour sujet de l'intermède principal des noces du duc de Joyeuse ; c'est une idée qui nous paraît, à nous, singulière, mais qui semblait toute simple à une époque où les traditions mythologiques étaient à la mode, où l'on vivait perpétuellement, et dans tout, en commerce avec les héros historiques et fabuleux de l'antiquité.

La mythologie prêtait aux allusions, aux comparaisons avec les divinités les mieux posées de l'Olympe, aux rapprochements flatteurs pour les luttes et les travaux des hommes célèbres de la cour, aux compliments amphigouriques mêlant ensemble, pour honorer une dame, la sagesse de Minerve, la majesté de Junon, la beauté de Vénus ; ce n'était pas nouveau, mais c'était toujours bien reçu. Puis c'était occasion de faire défiler, dans des cortéges, les splendeurs divines imaginaires ; la nature entière, divinisée par le paganisme, offrait des matériaux inépuisables aux costumes et aux mascarades.

La mythologie est devenue bouffonne pour nous, esprits sceptiques, gâtés par les caricatures des journaux et des théâtres depuis plusieurs générations, dégoûtés par des études forcées sur une matière cependant si intéressante : car c'est une source de richesse et d'invention que ces idées antiques, quintessence tirée d'une société disparue et résumée par le travail de plusieurs siècles. Donc, à ces esprits moins critiques, moins blasés que nous, le choix de Circé paraissait tout simple.

Le sujet, d'ailleurs, était dans l'air. Beaujoyeulx en est l'auteur, si l'on considère la mise en œuvre spéciale à ces fêtes, mais il n'a pas eu le premier l'idée de ce sujet. Quelques années auparavant, nous l'avons dit, Th. Agrippa d'Aubigné avait fait pour Catherine de Médicis une tragédie avec danse et musique intitulée *Circé ;* la mise à la scène de cette œuvre devait coûter fort cher, et la reine-mère recula devant la dépense. Il serait curieux de pouvoir comparer en quoi cette première *Circé* a pu servir à Baltazarini ; mais si la reine-mère refusa la représentation par raison d'économie, il servit peu à la cassette royale d'avoir eu cette modération ; car la *Circé* de Henri III coûta, comme nous le verrons, 1 million

200,000 écus, soit 3 millions 600,000 francs, somme énorme pour l'époque et pour ce temps de misère.

La preuve du goût pour les allusions et les usages antiques avait déjà été donnée fréquemment à la cour de France. Lorsque la reine d'Espagne vint à Bayonne à la rencontre de Catherine de Médicis, la lyre classique accompagnait les chanteurs costumés à la grecque ; une autre fois, à la cour de France, Charles IX était comparé à Apollon par deux joueurs de lyre récitants et habillés en soleils.

Mais Circé était un sujet hors ligne ; le personnage de Circé la magicienne peut servir pour toutes les pièces-féeries : c'est la méchante fée, à laquelle est opposée une influence meilleure, comme on le voit déjà ici. Nos pièces à changements n'ont fait que copier une invention du XVI<sup>e</sup> siècle ; toujours du vieux dont la forme seule est nouvelle ! N'est-ce pas en tout un peu l'histoire de l'humanité

Circé, fille de la nymphe Persa et du Soleil, a son histoire dans tous les dictionnaires de la fable ; je n'ai à m'occuper ici que des interprétations assez curieuses que les contemporains de Baltazarini donnaient à sa personnalité, et que ce dernier a cru devoir placer à la fin de son ballet.

Le premier des annotateurs, (qui, suivant la mode d'alors, déguise son nom en latin), Natalis Comes, a puisé son commentaire dans les œuvres des poëtes grecs. Circé n'est qu'un symbole de la force naturelle ; son nom veut dire mixtion ; elle est fille du Soleil, ou chaleur, et de la Mer ou humidité, d'où sortent toutes choses ; les quatre nymphes qui cueillaient ses herbes enchantées étaient les quatre éléments ; elle changeait en monstres, par la corruption nécessaire au renouvellement de toutes choses ; Ulysse seul, personnifiant l'âme, échappait au sort commun.

Le second commentateur fait aussi son essai d'exégèse et de critique mythologique ; c'est le sieur de la Chesnaye.

Circé, c'est la « circuition » de l'année par la course du soleil ; — les quatre nymphes sont racines, herbes, fleurs et semences ; — Ulysse, ce grand voyageur, ce Juif errant de l'ancien monde, est le Temps que rien n'arrête ; — ses compagnons métamorphosés sont le Passé et le Présent. Circé garde Ulysse un an. Elle a de lui quatre enfants : Romanus ou Auson, Caliphon, Marsus, Télégonus, soit les quatre Saisons ; au retour d'Ulysse à Ithaque, Télégonus tue son père avec un os de poisson ; « car le Soleil, père des Saisons, quand il retourne au dernier degré du Sagittaire, marque la fin de l'année à mi-chemin du Poisson et du Bouc. »

Le sieur de la Chesnaye ajoute une interprétation morale concernant le désir, la concupiscence ; l'âme et la matière sont représentées par Ulysse et Circé. Cette seconde partie est moins ingénieuse que la première. Je ne sais si les anciens ont mis tant de finesses dans leurs créations mythologiques ; d'où viennent ces traditions ? Je n'ai pas à le décider : je me borne à faire cette remarque, que, si des faits historiques dénaturés par le temps, des récits successifs ont pu donner lieu à des traditions concernant Circé, les exégèses des critiques suppriment l'existence de personnages réels, et c'est un travail si aisé qu'il a été reproduit de nos jours très-spirituellement pour prouver que Napoléon 1er n'a jamais existé et qu'il n'est qu'une personnification du soleil passant au travers du zodiaque.

Il reste, après les deux interprétations ci-dessus, le commentaire du sieur Gordon, écossais, gentilhomme de la chambre du roi. Il enchérit encore sur ses deux co-critiques.

Ces renseignements sont intéressants à ce point de vue qu'ils prouvent que Beaujoyeulx attachait une haute importance philosophique au ballet qu'il avait choisi, et ce n'est pas une idée médiocrement bizarre que vouloir faire servir une récréation aussi profane à l'éducation de l'âme.

Quant au galimatias philosophique, dont les trois annotateurs, dépositaires sans doute des idées intimes de Beaujoyeulx, enveloppent leurs idées nuageuses, il serait curieux à comparer avec la critique philosophico-mythologique du XVIIIe siècle, et même d'une partie du XIXe. Les phrases entortillées des commentateurs du ballet ressemblent tout à fait à ces tirades métaphysiques dont Molière s'est si bien moqué, et dont Ponsard, dans *Galilée*, avec le personnage du vieux savant adversaire de ce dernier, a su tirer encore un si excellent parti comique.

Beaujoyeulx veut trouver dans sa *Circé* un dernier trait de flatterie pour la reine et son entourage; il imagine que la leçon qu'on tire de cette fable est qu'il vaut mieux préférer « le dessous moins apparent » et meilleur, à la beauté du dehors. C'est du moins ce que je crois avoir compris à la phrase amphigourique et parfaitement oiseuse dont Beaujoyeulx fait suivre les élucubrations de ses amis.

## CHAPITRE VI

### REPRÉSENTATION DE CIRCÉ OU BALLET DE LA REINE

Scènes, décors, machines, danses, acteurs et chanteurs.

Le dimanche 15 octobre, la reine donna son festin au Louvre, et après le festin, « le ballet de Circé et de ses nymphes, le plus beau, le mieux ordonné et exécuté qu'aucun d'auparavant. » C'est ainsi que L'Estoile s'exprime en parlant du *Ballet de la Reine*. Il est fâcheux qu'il n'ait donné aucun détail en sus de cette sèche indication ; ses jugements eussent pu être curieux à lire ; mais pour lui, homme de retraite et d'étude, le souvenir d'un ballet importait peu. Quant au festin, il dut se ressentir sans doute de la préoccupation inévitable des plaisirs du soir et des toilettes que chacun, acteur ou assistant, devait porter pour se faire remarquer.

La salle du Petit-Bourbon avait été assiégée dès la pointe du jour par des masses de curieux venus pour regarder les préparatifs de la luxueuse mise en scène dont tout le monde s'entretenait ; et le soir il y avait plus de dix mille personnes rassemblées, rien que pour apercevoir un peu des lumières, et considérer les grands seigneurs comme s'ils eussent été des bêtes curieuses.

La disposition de la salle et du théâtre était la suivante :

Au fond de la salle le théâtre légèrement élevé au-dessus du sol; à l'autre extrémité une estrade à deux pieds de terre, sur laquelle étaient placés les siéges pour le roi, la reine-mère et les princes et princesses. A droite et à gauche, sur le devant, étaient les places des ambassadeurs; derrière, on avait construit quarante escaliers de bois (gradins) se joignant aux balcons, avec accoudoirs dorés, que l'on avait disposés sur chaque côté de la salle un peu au-dessus du sol ; plus haut encore était, le long des murs latéraux, un second rang plus étroit de galeries.

Le décor était réparti moitié sur le théâtre, moitié dans la salle même. Le long du mur de droite, par rapport au roi, à peu près à mi-chemin de la scène, était un bocage verdoyant long de dix-huit pieds et large de douze, élevé environ d'un pied et demi de terre; c'était la demeure de Pan, « dieu des pasteurs; » autour, dessus et derrière ce bocage étaient des chênes plantés à deux pieds de distance les uns des autres, portant feuilles et glands; entre eux étaient des niches disposées pour faire asseoir les dryades. Le fond du bocage était formé par une grotte brillante comme des diamants, avec des fleurs des arbustes, au milieu desquels semblaient se jouer des lézards et des lièvres. Mais le bocage était caché par un rideau léger qui ne tomba que plus tard, et laissa voir Pan assis, en satyre, avec un mandillet de toile d'or, la couronne en tête, un bâton noueux à la main, et des pipeaux dorés près de lui. Derrière la grotte étaient cachées des orgues douces, et aux branches des arbres pendaient des lampes brillantes en or et en forme de petits navires.

A gauche du roi, vis-à-vis le bocage de Pan, était une voûte de bois, longue de dix-huit pieds, large de neuf; le dehors en était bouillonné de gros nuages peints; le dedans était doré, et des lampes, disposées exprès, donnaient une teinte azurée à la partie extérieure que les nuages laissaient par places à découvert; dans cette voûte étaient dix concerts divers. C'était la « voûte dorée, » splendide comme couleurs et comme sons, « si douce, si belle, qu'elle répétoit comme Écho et exprimoit l'harmonie platonique du ciel. »

Entre la voûte dorée et le bocage de Pan, au milieu, en l'air, était une grosse nuée pleine d'étoiles lumineuses, destinée à faire descendre du ciel Mercure et Jupiter.

En face du roi, sur la scène, élevée d'un pied sur le devant et de trois par derrière pour donner la pente nécessaire, était un jardin artificiel, celui de Circé; il avait trois toises de longueur et une profondeur de douze pieds (la pente était donc de deux pouces par pied!); les balustrades des terrasses étaient en argent doré, et deux allées vertes, se coupant à angle droit, avaient des bordures de lavande, d'aspic, de sauge et de romarin; l'intérieur des carrés du jardin était rempli de fleurs, fraises, concombres, melons et « petits fruits à terre. » C'était à la fois ce qu'on appelle un jardin de curé et une exposition florale; on voyait aussi des orangers, des grenadiers, des citronniers, des pommiers, avec leurs fruits, mais tout cela contrefait, en or, argent, soie, plumes et couleurs. Une treille avec des raisins, aussi imités, fermait le parterre, tandis qu'au-dessus un grand soleil d'or projetait ses rayons dorés sur les fruits du jardin. Derrière ce jardin étaient deux grosses tours, crénelées, pavoisées de banderolles; les pierres taillées en pointes de diamants. Entre les tours était le château avec ses créneaux et ses défenses; la porte était une voûte en forme « de conque, » percée de trous colorés, illuminés par des lampes; on y voyait, non, comme on dit, dix mille chandelles, mais cent mille couleurs, tant cette porte était dorée et peinte de tons brillants : « c'était un éblouissement. »

Par-dessus le château on apercevait la campagne et une ville placée sur une montagne; cette toile de fond devait ressembler à ces paysages aux lignes pures peut-être, mais à l'aspect maigre et sec, qui forment les fonds des tableaux peints par les premiers grands maîtres.

A droite et à gauche de la scène étaient deux grandes et hautes treilles voûtées de vingt-quatre pieds de haut sur quinze pieds de large, par lesquelles passaient les intermèdes. Le fond de la salle semblait donc former trois vastes arceaux, deux pour les treilles, un pour la scène. Un léger rideau, comme celui du bocage de Pan, était tendu devant le château de Circé; et celle-ci, assise devant sa porte, comme un bon bourgeois campagnard humant l'air du soir, portait une robe d'or de deux couleurs, avec houppes d'or et de soie, et des crêpés d'argent; sa tête, son cou, ses bras, étaient couverts de pierreries et de perles; sa main tenait une baguette d'or de cinq pieds.

Circé, dont le splendide costume commence la série de ces toilettes qu'on dirait rêvées et issues des *Mille et une Nuits*, tant il y est question de diamants, perles et pierreries, était représentée par mademoiselle de Sainte-Mesme.

Cent flambeaux de cire blanche éclairaient le jardin, et la lumière était répandue partout à telle profusion, que c'était à faire honte, « au plus beau jour de l'année. » Exagération bien à sa place, qui sera accompagnée de bien d'autres; c'est à croire que déjà l'on a affaire à un capitan matamore de la comédie italienne.

A dix heures du soir un orchestre, caché derrière le château de Circé, fit entendre une harmonie de hautbois, cornets et sacquebutes (hautbois, cors et trombones); c'était l'ouverture; et cet orchestre, pour lequel la partition n'indique aucune musique, dut cependant être entendu plusieurs fois dans la soirée, pendant que les musiciens des intermèdes et de la voûte dorée se taisaient.

Un gentilhomme, échappé de chez Circé, se précipita au milieu de la salle, vêtu de toile d'argent et brodé de pierreries; il semblait fort ému; il s'essuya le front avec un linge brodé d'or, reprit haleine, et se dirigea vers le roi. Ce rôle du gentilhomme était joué par le sieur de La Roche, gentilhomme servant de la reine-mère. Au fur et à mesure que le ballet se développera, on pourra remarquer le mélange des artistes de profession et des courtisans. Aujourd'hui, quand des amateurs jouent la comédie de société, ils ne se risquent guère à placer près d'eux des comédiens habitués au théâtre; mais il s'agit ici d'un spectacle de cour, et la comparaison n'est pas tout à fait directe; ce qui empêche de conclure pour les amateurs ou les artistes.

### *Harangue du gentilhomme fugitif.*

Cette scène est une sorte de prologue. Le fugitif débute par une pensée philosophique sur la vanité qu'il y a à espérer le bonheur; il voulait être le premier à annoncer le règne de la Paix et de l'Abondance, mais, en venant vers le roi, il a rencontré non une femme, plus ou moins, Circé, qui lui a parlé ainsi :

> Arrête, chevalier, ne crains point et t'approche,
> Et si tu n'as le cœur fait de bois ou de roche,
> Cède sans résister, cède aux lois de ce dieu,
> De cet archer ailé qui domine en tout lieu,
> A qui (peut-être) en vain tu ferois résistance;
> Car il dompte les dieux sujets à sa puissance,
> Ainsi que maintenant ses traits aigus je sens,
> Et de tes yeux vaincue à toi seul je me rends.

Elle lui a décrit son château, ses nymphes, les plaisirs dont il jouirait près d'elle : elle lui disait :

> Viens posséder mes biens, use de mes richesses,
> Et tout ainsi que moi sers-toi de ces déesses.

Et il la suivait, bien entendu, car l'offre était tentante, et il n'est

> ..... De plus puissant lien
> Que l'appréhension des plaisirs et du bien.

Mais Circé le changea en lion; puis, adoucie, elle lui rendit sa première forme. Il a pu fuir pendant que sa geôlière est montée à sa tour pour surveiller ses nymphes et voir si elles n'accourent pas auprès du roi,

> Dans un temple, en France, avec les autres dieux,
> Qui le siècle doré font retourner des cieux!

On voit que, comme dans la préface, le roi est le but de la flatterie d'où qu'elle vienne, et si un but unique est une des lois du beau dans une œuvre dramatique, cette loi est ici parfaitement remplie.

Circé n'est plus à craindre, elle a peur, comme l'aspic poursuivi par le berger; mais il tremble cependant, et il vient demander au roi, qui courbe tout sous ses lois, de le défendre contre Circé; puis, en terminant, il vient s'agenouiller devant Henri III.

En ce moment Circé sort de son jardin avec sa baguette d'or, vient dans la salle et cherche en vain le gentilhomme que le prestige du roi l'empêche d'apercevoir; elle lève les yeux au ciel, et se plaint en ces termes « avec douleur et grâce. »

*Complainte de Circé ayant perdu un gentilhomme.*

Elle regrette d'avoir rendu la forme humaine à son captif; elle s'accuse et se gourmande :

> En vain.....
> Tu les changes..... par murmures magiques.

> Puisque tu es muable et puisque la pitié
> Et rigueur ont de toi chacun une moitié.
> Folle et folle trois fois, Circé, folle et légère,
> Qui croit qu'un qui reprend sa figure première,
> Te veuille aimer après et se laisse abuser
> Des plaisirs, quand il peut de la raison user...

Elle revient à ses mauvais penchants, elle prend la résolution de s'armer le cœur de serpents et de rage; elle termine en disant :

> Que nul que tu auras de ta verge frappé,
> Se vante d'être, après, de ton joug échappé.

Circé rentre dans son jardin, et l'assemblée reste « émerveillée. » L'auteur ne dit pas si c'est de la pièce ou du luxe déployé.

Le costume du sieur de La Roche peut servir de modèle pour ceux de ces fêtes brillantes, et témoigne des dépenses exagérées faites pour étaler un luxe de pierreries incroyable. Il faut aller rechercher dans Rabelais la description des habits des religieux de Thélème pour trouver pareil étalage de soieries, or, argent et pierres précieuses. Tout n'était pas imagination dans ces détails de Rabelais, et les costumes qu'il donne à ses hermites sont tout à fait de circonstance pour le *Ballet de la Reine*. « Les hommes portoient des chausses escarlates, migraines (couleur rose-pâle), blanc, noir, d'estamet; des manteaux en velours de mêmes nuances. Les pourpoints étoient de drap d'or, d'argent, de velours, satin, damas, taffetas, brodés, déchiquetés; des aiguillettes d'or pendoient aux épaules; leurs robes longues étoient aussi précieuses que celles des dames. Ils portoient ceinture de soie, épée à poignée dorée, fourreau en velours assorti aux costumes avec bouton d'or; le bonnet étoit en velours avec bagues et boutons d'or, orné de pierreries et de plumes blanches.

« Les dames portoient chausses d'escarlate, ou de migraine, et passoient les dites chausses le genoul au-dessus, par trois doigts justement. Et ceste lisière etoit de quelques belles broderies et descoupeures. Les jartières estoient de la couleur de leur bracelletz, et comprenoient le genoul au dessus et dessous. Les souliers, escarpins et pantouffles de velours cramoysi rouge ou violet, deschiquetées à barbe d'escrevisses. Au dessus de la chemise vestoient la belle vasquine, de quelque beau camelot de soie : sus icelle vestoient la verdugale de tafetas blanc, rouge, tanné, gris, etc. Au dessus, la cotte de tafetas d'argent, fait à broderies de fin or et à l'agueille, entortillé, ou... de satin, damas, velours-orangé, tanné, verd, cendré, bleu, jaune-clair, rouge-cramoysi, blanc, drap d'or, toille d'argent, de canetille, de brodeure, selon les festes. Les robes selon la saison, de toille d'or à frizure d'argent, de satin rouge couvert de canetille d'or, de tafetas blanc, bleu, noir, tanné, sarge de soye, camelot de soye, velours, drap d'argent, toille d'argent, or traict, velours ou satin porfilé d'or en diverses portraictures. »

Rabelais peignait là les costumes qu'il avait devant les yeux à la cour du roi Henri II; or, il est facile de juger d'après cela de ce que devaient être ceux des noces du duc de Joyeuse, car le luxe avait encore beaucoup augmenté depuis les règnes de Charles IX et de Henri III, et chacun, dans cette circonstance, tenait à se surpasser en tout.

Voici encore, tirés du *Cabinet du roi de France*, quelques vers amusants sur les costumes des courtisans qui suivaient la mode avec le soin que doivent y apporter les ultra-élégants de toutes les époques.

. . . . . . . . .
Leur parler et leur vestement
Se voit tel, qu'une honneste femme
Auroit peur de recevoir blasme
S'habillant si lascivement :
Leur col ne se tourne à leur aise
Dans le long reply de leur fraise,
Desja le froment n'est plus bon
Pour l'empoix blanc de leur chemise :
Il faut pour façon plus exquise
Faire de ris leur amidon.
Leur poil est tondu par compas,
Mais non d'une façon pareille :
Car en avant depuis l'aureille,
Il est long, et derrière bas :
Il se tient droit par artifice,
Car une gomme le hérisse,
Ou retord ses plis refrisez,
Et dessus leur teste légère
Un petit bonnet par derrière
Les monstre encore plus desguisez.

### PREMIER INTERMÈDE

## Les Sirènes et les Tritons.

Après la retraite de Circé, on vit sortir de l'une des treilles latérales « trois sirènes et un triton, ayant leurs queues retroussées sur leurs bras, faites à écailles d'or et d'argent bruni, et les queues, barbeaux et ailerons qui pendoient, d'or bruni : leurs corps et leurs cheveux étoient entremêlés de fils d'or, pendants jusqu'à la ceinture, et tous portoient un miroir d'or aux mains. » Certes, si les costumes n'étaient pas exacts ils étaient riches et les cheveux dorés ne sont pas une invention qui a attendu le dix-neuvième siècle pour se produire.

Les sirènes étaient souvent mises en scène à cette époque; elles forment un des mythes les plus heureusement trouvés de l'antiquité; on y a fait de tout temps les allusions les plus fréquentes. On a beaucoup discuté pour savoir si les sirènes étaient purement d'invention poétique ou recelaient, sous leur légende, un fait positif très-dénaturé par l'imagination. On a été jusqu'à admettre qu'elles ne seraient que la personnification embellie des courtisanes de l'antique Sicile, qui retenaient par leurs charmes et la vie facile les commerçants de l'ancien monde, et leur faisaient dépenser en cadeaux et festins délicats tout l'argent dont ils étaient porteurs, si bien que ces braves négociants, dévorés jusqu'aux os, n'avaient plus d'autre ressource que de se précipiter à la mer. Le goût inné de la féerie dans l'esprit humain a fait préférer la tradition la plus poétique et voir dans les sirènes des êtres surnaturels possédant au plus haut degré la puissance de la musique par la voix humaine. Une symphonie est, selon moi, de beaucoup supérieure comme expression à un chœur de femmes, mais tout le monde ne partage pas cette opinion, et les anciens moins que tous autres; aussi regardaient-ils le chant comme la musique par excellence; Ovide conseille aux femmes de chanter pour se faire aimer; sous ce point de vue la danse paraît avoir de beaucoup remplacé le chant dans les sociétés modernes. Toutefois l'idée des anciens a été transmise au moyen âge; les sirènes étaient très-aimées dans cette dernière époque et on les représentait portant en mains les instruments les plus variés, depuis le psaltérion jusqu'à la sacquebute. En somme, il y a toujours eu tendance universelle à personnifier dans un type poétique et généralement féminin, la puissance des sons musicaux; c'était une superstition douce plutôt que terrible. Orphée, Amphion, David attirant les animaux et les pierres, rendant la raison aux fous — les Houris et les Apsarasas de l'Orient et de l'Inde, les anges eux-mêmes chantant les cantiques, sont des créations prises dans le même ordre d'idées que les sirènes; la superstition populaire a continué et a inventé les Korigans bretons et les Willis qui font danser jusqu'à ce que mort s'ensuive. Le Wassermann, Loveley, Mélusine, dont les chants attirent au fond des étangs et des fleuves, les Oiseaux parlants des *Mille et une Nuits*, l'Oiseau bleu des contes des fées, sont encore un écho de l'esprit qui avait créé les Sirènes.

L'idée de faire figurer ces dernières dans un défilé devant le roi avait déjà été employée sous Charles IX, lors de la fête donnée à Fontainebleau sur le grand canal; les flatteries débitées à propos du *Ballet de la Reine* avaient aussi été prononcées; les infortunées sirènes de Fontainebleau sortaient pour la première fois depuis bien longtemps de leurs retraites, et comme les divinités des bois, elles ne se risquaient au jour que parce que le roi avait pu, seulement depuis son avénement, rétablir la tranquillité perdue au milieu des guerres civiles. Depuis bien longs jours, disaient-elles :

> N'avions au ciel monstré nos tresses blondes :
> Sinon ce jour de long temps attendu,
> Où Charles Roy, de Henry descendu,
> Vray héritier des vertus de son père
> De sur son peuple a maintenaint pouvoir :
> Et c'est pourquoi nous venons ici voir
> Ce jeune prince en qui la France espère.

C'était faire peu de cas du roi François II, et dire qu'il n'avait guère compté ; mais s'il avait été là, on l'eût exalté comme son frère et on eût fait peu de cas des absents. Non contentes de ces flatteries, les sirènes avaient prédit l'avenir ; entre autres choses elles avaient dit :

> Non-seulement pacifiras
> Du tout la France discordante,
> Mais plus que jamais la feras
> De biens et d'honneurs abondante.
>
> . . . . . . . . . .
> Sous toy la malice mourra,
> L'erreur, la fraude et l'impudence,
> Et le mensonge ne pourra
> Résister devant ta prudence.
> Puis ayant vescu comme il faut,
> Despouilleras le mortel voile,
> Et près de ton père là-haut
> Tu seras une belle estoile.

Heureuse prédiction ! Pourquoi tant parler, quand il serait si aisé de se taire !

En entrant dans la salle, les sirènes et les tritons de Circé chantaient un chœur à quatre parties divisé en couplets; après chaque couplet, la voûte dorée répondait « toute à voix. » Bien que ces derniers mots semblent indiquer que c'étaient des chœurs pour voix seules, il est probable que quelques instruments soutenaient les chanteurs.

### LES SIRÈNES

Océan, père chenu,
Père des dieux reconnu,
Jà le vieil Triton attelle
Son char qui va sans repos,
Irons-nous sortant des flots,
Où ce Triton nous appelle ?

### RÉPONSE DE LA VOUTE DORÉE

Allez, filles d'Achéloüs,
Suivez Triton qui vous appelle,
A sa trompe accordez vos voix
Pour chanter d'un grand roi
La louange immortelle.

### LES SIRÈNES

On voit de la mer sortir
Et avec Thétys partir
Le chœur des sœurs Néréides ;
Doris d'un soing diligent
De Thétys aux pieds d'argent
Peigne les cheveux humides.

### RÉPONSE DE LA VOUTE DORÉE

Allez, filles d'Achéloüs,
Suivez Triton. . . . . . .

Jupiter n'est seul aux cieux,
La mer loge mille dieux :

Un roy seul en France habite.
Henry, grand roy des Français
En peuple, en justice, en loix,
Rien aux autres dieux ne quitte.

Allez, filles d'Achéloüs...

Le lys blanchissant en fleur
Est d'un beau jardin l'honneur,
Le pin est roy du bocage :
Sur les autres roys aussi
Ce grand roy paroist ainsi
En bonheur et en courage.

Allez, filles d'Achéloüs...

. . . . . . . .

Thétys s'arrête à la voix
De Glauque, qui de ses doigts
Touche les nerfs d'une lyre :
Allons son chant écouter,
Il me semble lamenter,
Et que son Dauphin soupire.

Allez, filles d'Achéloüs...

Ce dernier couplet des sirènes a trait à la suite de l'intermède.

Les tritons et les sirènes avaient, tout en chantant, fait un tour complet de la salle ; leur dernier couplet annonçait la fontaine de Glauque, machine qui entrait dans la salle en ce moment et devant laquelle les tritons et les sirènes se trouvaient lors qu'ils s'approchèrent de la treille de sortie.

## LA FONTAINE DE GLAUQUE

Cette fontaine était, on peut dire avec vérité, « la plus belle en façon et art superbe, et magnifique en enrichissement, qui jamais ait été vue, ainsi que la description en fera juger. »

Cette description de Baltazarini est assez confusément faite et la vue de la figure qu'il joint au texte n'est pas de trop pour éclaircir les explications qu'il en donne. Je vais m'efforcer de ne pas tomber dans la même obscurité que lui.

Cette machine était de dimensions colossales, d'un poids excessif, et portait de nombreux personnages; le mécanisme devait être fort adroitement disposé pour pouvoir traîner sans accident, au milieu de la salle, une masse aussi considérable.

La fontaine de Glauque se composait de deux parties : l'une à terre, en forme de flots, prolongée en avant; l'autre élevée sur cette sorte de sol aquatique, et formant la fontaine proprement dite. Cette dernière était toute décorée en or fin, et les vagues qui semblaient la soutenir étaient en argent bruni.

Le bas de la fontaine, ce qui représentait le bassin posé sur le sol, était à douze faces ou pans, assez larges pour contenir chacun deux tritons et deux néréides portant des instruments de musique; cette première partie était supportée par une balustrade en saillie régnant tout autour. Au milieu trois gros dauphins soutenaient, la tête en bas et la queue en l'air, la première vasque de la fontaine, qui avait un diamètre de douze pieds et était élevée au-dessus du premier bassin de plus de sept pieds; cette vasque était, symétriquement avec le dessous, partagée en douze chaires ou stalles avec balustres d'or dessinés en forme de queues de dauphins; au milieu de cette vasque trois dauphins, la queue en l'air comme ceux du dessous, soutenaient la deuxième vasque, de huit pieds de largeur, et décorée de reliefs dorés; trois dauphins pyramidant, comme ceux des deux rangs au-dessous, portaient une troisième vasque de quatre pieds de largeur; et, tout en haut, portée encore sur les queues de trois dauphins plus petits, était une boule de cinq pieds de tour avec six masques d'enfant en or bruni; ces masques jetaient des gouttes d'eau de senteur, qui tombaient et ricochaient sur les naïades placées dans la grande vasque du premier étage. Il y avait donc ainsi, outre le bassin placé sur les flots, trois bassins superposés, allant en diminuant, portés par des dauphins accolés; tout cet édifice pyramidant était terminé par la boule d'eau de senteur.

Dans la grande vasque de douze pieds de largeur étaient assises douze naïades représentées par la reine de France « divine immortelle, » la princesse de Lorraine, les duchesses de Mercœur, de Guise, de Nevers, d'Aumale, de Joyeuse, de Retz, de l'Archant, et les demoiselles de Pons, de Bourdeille, de Cypierre. Elles étaient assises dans les chaires dorées; leur costume de naïades était en toile d'argent, recouverte de crêpés d'argent et incarnats, bouillonnés sur les flancs et tout le corps; il était de plus semé partout de petites houppes d'or et de soie incarnat. Elles portaient sur la tête de petits triangles de diamants, perles, émeraudes et rubis ; au cou des colliers et des bracelets, et des pierreries parsemaient çà et là tout leur costume.

Sur l'accoudoir du siége de la reine, deux petits dauphins élevaient avec leurs queues une couronne d'or. On « n'avoit jamais rien vu de si beau. » Je recommande au reste ces costumes aux chercheurs de travestissements pour les bals masqués ; en y jetant adroitement une certaine somme d'indiscrétion, on en ferait, ce me semble, quelque chose de fort galant.

La partie de la fontaine figurant la mer s'étendait en avant ; sur les vagues étaient d'abord trois chevaux marins que l'auteur appelle hippopotames ; ils avaient six pieds de longueur et paraissaient traîner la machine ; des tritons les tenaient par la bride et nageaient à l'entour. Derrière, un peu en avant du bassin, étaient assis sur deux chaires le dieu Glaucus et la déesse Thétys, joués par « le sieur de Beaulieu et la demoiselle de Beaulieu, son épouse. » Thétys portait un luth dont elle accompagnait ses chants. Tous deux étaient vêtus de satin blanc passementé d'argent, avec manteaux en toile d'or violette, doublés de clinquant ; leurs têtes étaient coiffées comme celles des naïades.

De chaque côté de la fontaine, un peu en avant, étaient huit tritons à longues queues, avec des écailles d'or et d'argent, des barbes et des perruques mêlées de fils d'or. C'étaient les chantres de la chambre du roi ; ils portaient chacun un trident, et des instruments tels que lyre, luth, harpes et flûtes. Un peu en arrière venaient douze pages vêtus de satin blanc brodé d'or, portant chacun deux flambeaux de cire blanche. En outre, sur les accoudoirs des naïades, sur les bancs des dauphins, partout, étaient répartis cent flambeaux de cire blanche de deux pieds; ces lumières répandaient une grande et joyeuse clarté qui éblouissait tous les yeux.

Les sirènes et les tritons se joignirent au cortége et aux chœurs qui accompagnaient la fontaine; celle-ci fit le tour de la salle et s'arrêta ensuite vis-à-vis du roi. Pendant le défilé on entendait un concert de voix et d'instruments à cinq parties :

### CHŒUR DES TRITONS

>Allons, compagnes fidèles,
>Avec des feuilles nouvelles
>De mauves, blanches de fleurs,
>Que chacune d'allégresse
>Une couronne se tresse
>Au chef parfumé d'odeurs.
>Voici Thétys qui chemine
>Dans une conque marine
>En lieu de son char d'argent :
>Elle a sa couronne prise
>Pour la donner à Louise,
>Son grand char et son trident.

. . . . . . . . . .

« Dès que cette belle compagnie » eut comparu devant Sa Majesté, aussitôt la musique cessa, et Glaucus et Thétys se mirent à chanter seuls le dialogue placé ci-dessous; après chaque couplet de ce dialogue, toute la musique des tritons répondait en reprenant les deux derniers vers.

Glauque et Thétys commencent alors une sorte de duo avec chœur; leurs phrases sont plutôt déclamées que chantées; Thétys devait accompagner ses réponses avec un luth, mais rien n'indique quel était l'instrument que Glauque employait pour soutenir sa voix. Le dernier couplet est le seul qui se chante d'une manière « interlocutoire; » il présente un singulier luxe de fioritures et de vocalises qui devaient attirer aux artistes de chaleureux applaudissements; car il est probable que déjà à cette époque le public dilettante préférait, comme il le fit plus tard, les effets brillants des solistes aux effets les mieux ménagés des masses harmoniques.

GLAUQUE

Mais que me sert, Thétys, cette écaille nouvelle,
Que je suis d'un pêcheur en dieu marin formé ?
Je voudrois n'être dieu, et de Scylle être aimé
Pour ne brûler en vain d'une flamme cruelle.

THÉTYS

L'arc d'amour est victorieux
Contre les hommes et les dieux,
Et de ses traits la blessure à chacun
Qui la reçoit apporte un mal commun.

(*Le chœur reprend les deux derniers vers.*)

GLAUQUE

Moi qui fus immortel ayant mangé d'une herbe,
Des herbes j'éprouvai la force et le pouvoir :
Pensant quelque secours en amour recevoir,
Je m'en allai vers Circé envieuse et superbe.

THÉTYS

Le cœur des flammes surmonté
N'est point jamais tant irrité
Qu'il est alors qu'en vain il s'est offert,
Et qu'une fois, honteux, il a souffert.

Ces paroles et d'autres qui suivent ne se rattachent guère, il semble, à l'action ; mais bientôt Glauque explique qu'il adore Scylla que Circé a changée en monstre marin ; il veut envoyer son dauphin chercher son amante :

Sus, dauphin, car je veux aller Scylle chercher,
Pitoyable dauphin, coupe les flots et nage.

Il implore Thétys ; mais celle-ci ne peut rien à son malheur ; une nymphe seule peut le protéger, c'est celle à qui Thétys a laissé tout son pouvoir sur les eaux, et la dernière stance, adressée à la reine Louise, relie alors cet épisode à l'action commune dirigée contre Circé, que la famille royale seule peut vaincre ; c'est cette dernière stance qui se chantait d'une façon « interlocutoire » entre Glauque et Thétys, avec une abondance très-curieuse de vocalises :

GLAUQUE

Et qui est cette nymphe ? Est-ce une néréide ?

THÉTYS

Non, car la mer n'a point telle nymphe conçue !

GLAUQUE

Je sais bien, c'est Vénus !

THÉTYS

Tu es encor déçu :
Elle a chassé Vénus dans les jardins de Gnide.

GLAUQUE

C'est donc Junon ?

THÉTYS

Ce n'est Junon :
C'est Louise, et son nom
Passe en pouvoir tous les noms de Junon.

Le duo terminé, la fontaine se remet doucement en route et disparaît par la treille qui lui avait donné passage, pendant que les tritons reprennent le chœur d'entrée :

Allons, compagnes fidèles,
Avec des feuilles nouvelles...

Ensuite a lieu la première entrée de ballet.

*Première entrée de ballet.*

Les naïades, descendues de la fontaine, entrent dans la salle par les deux treilles du fond ; mais elles sont d'abord précédées par dix violons placés sur deux rangs cinq par cinq ; ils sont habillés de satin blanc, brodés d'or, empanachés avec plumes et aigrettes. Ce sont ces costumes qu'avait payés le roi, et suivant au reste l'usage de costumer d'une manière uniforme les musiciens qui jouaient dans les fêtes ; les tableaux du temps font foi de cette habitude qui fut conservée longtemps (et dure au reste encore dans les grands bals masqués) ; Da Ponte, dans *Don Juan*, n'a pas manqué d'habiller en dominos les trois orchestres de la fin du premier acte.

Après les violons vinrent douze pages, six par six; puis les douze naïades qui se mirent en place sur la première partie de l'entrée jouée par les violons; puis, sur la deuxième partie, elles se dirigèrent vers le roi et développèrent les figures du ballet.

Pour commencer les danses dessinées sur la musique, les naïades s'avancèrent rangées sur trois lignes avec la reine en tête et en pointe : trois derrière, puis six au milieu, puis trois, puis la reine au-devant.

A partir de cette position première, les mouvements les plus variés se succédèrent sur les reprises à volonté de l'air que jouaient les violons; Baltazarini indique surtout comme ayant été fort bien exécutés par les nobles danseuses le limaçon droit et le limaçon au rebours, après lesquels chacune reprenait sa place avec une précision remarquable.

Il fallait qu'il y eût à cette époque des danseuses habiles, car les pas étaient vifs, et ici il ne s'agissait pas de danses ordinaires où les difficultés pouvaient être escamotées, il fallait que chacune des danseuses fît consciencieusement sa partie dans l'ensemble. Les airs de ballet devinrent très-lents sous Louis XIII, si lents que sous Louis XIV, pour secouer l'inertie majestueuse qui avait envahi tous les ballets, Lulli dut parfois, en écrivant des airs de danse, indiquer au-dessus de la musique les pas rapides qui devaient être exécutés par les danseurs, et que les maîtres de ballet, opposés à ses idées de rénovation, ne voulaient pas montrer de bonne volonté. Mais, sous les Valois, les danseuses en eussent remontré à leurs professeurs ; on se trémoussait, et rapidement. Les dames de la cour attachaient parfois tant d'importance à figurer dans les bals que Tallemant des Réaux cite l'exemple de mademoiselle de Vitry (dont il est ci-après question) qui vint à un bal après avoir fait le matin même une fausse couche et dans un état à en mourir.

Le premier ballet de Circé se composait de douze figures géométriques, dont malheureusement Beaujoyeulx n'a laissé ni les dessins, ni la désignation, comme il a fait pour l'ordre d'entrée de la reine et des naïades. Au moment où la dernière figure se terminait, Circé furieuse sortait de son jardin et frappait les nymphes de sa baguette. Les nymphes étaient alors rangées en croissant, et c'est la seule indication que l'on trouve sur les douze figures indiquées.

L'air de danse sur lequel Circé sort de son palais et s'élance sur les naïades est appelé par Beaujoyeulx le « Son de la Clochette. » A cette époque, on ne disait pas « air, » on disait « son ; » *aria* n'était pas encore le mot employé dans la musique. Le verbe *sonner* s'entendait de tous ou de presque tous les instruments ; on disait *sonner* du clavecin, *sonner* de la viole.

Circé, après avoir touché de sa baguette les nymphes, qui s'arrêtent immobiles et comme pétrifiées, en fait autant aux violons, qui cessent de se faire entendre ; elle rentre alors triomphante dans son jardin.

*Entrée de Mercure.*

Mais à ce moment dans la nuée suspendue en haut de la salle le tonnerre se fait entendre; il était imité, dès lors, par une feuille de tôle agitée bruyamment; la nuée descend, et Mercure apparaît, envoyé par Jupiter pour rompre le charme de Circé et délivrer les naïades captives et enchantées.

Mercure est habillé *comme disent les poëtes.*

Robe de satin incarnadin d'Espagne, passementée d'or; brodequins dorés avec ailes aux talons; chapeau à ailes dorées, doré lui-même; manteau de toile d'or violette; à la main le caducée « avec quoi il endormit Argus. » Le sieur du Pont, gentilhomme servant du roi, portait ce brillant costume.

Cette représentation de l'antique nous fait sourire, et nous ne nous figurons que difficilement un Mercure habillé de satin incarnat et d'un manteau de toile d'or; ce costume était cependant affirmé comme étant le seul vrai par les classiques archéologues du règne de Henri III; ils se seraient fâchés si on leur eût dit qu'ils se trompaient, et n'eussent pas manqué de répliquer par ces grosses épigrammes latines si fort en honneur chez les pédants de ce temps. Et cependant, sommes-nous bien certains de ne pas nous tromper quand nous habillons Mercure à notre guise? Dans combien de restaurations antiques, artistiques ou littéraires, n'habillons-nous pas aussi des Mercures avec du satin d'Espagne! Toutefois on a trouvé un excellent moyen pour ne pas commettre d'erreur sur le costume de Mercure : sauf son caducée et ses ailes obligées, on l'a fait nu comme la main.

La nuée mécanique descend à mi-chemin du plafond; Mercure chante une sorte de récit dans lequel, comme tous les personnages du ballet, il annonce qui il est et ce qu'il vient faire (1).

Mercure chante donc :

> Je suis de tous les dieux le commun messager,
> Ailé par les talons, variable et léger,
> Qui, de ce caducée, à la Parque fatale
> Dans l'abîme profond vais ravir les esprits
> Pour les faire revivre; or quand ils ont repris
> Naissance, après encor là-bas je les dévale.

Cet air de Mercure est le plus joli de la partition; ce n'est pas encore un morceau ayant la coupe de ce que nous appelons un air d'opéra; il tient le milieu entre la mélodie et le récitatif expressif; la mesure indiquée est à trois temps, mais elle est mal observée dans le rhythme; l'harmonie de ce chant est la partie la plus curieuse, au point de vue de l'expression dramatique, et les compositeurs modernes en ont plus d'une fois, intentionnellement ou sans le savoir, imité les effets.

Après avoir chanté, Mercure, revenant au simple récit poétique, fait une leçon de mythologie; il vante son pou-

---

(1) En faisant ainsi parler ses personnages, Baltazarini se conformait à une habitude antique, poétique, mais devenue pour nous une simple formule qui fait sourire; c'est même un des côtés de l'antiquité spirituellement mis en relief de nos jours dans les bouffonneries qui ont eu tant de succès aux dépens des héros de la Grèce et des dieux de l'Olympe.

voir, son art, son éloquence, et il apporte, dit-il, la racine du moly :

> Par elle je gardai qu'Ulysse, qui parvint
> Aux bords de l'Italie, un pourceau ne devint,
> Enchanté par les arts de Circé la sorcière,
> Qui dedans un château qu'en France elle a bâti,
> En divers animaux maint homme a converti.

Était-ce naïveté ou raillerie que ce dernier vers? Mercure continue en disant que Cupidon n'est pas plus dangereux que l'enchanteresse ; elle dompte tout, elle s'empare des nymphes ; mais, de même que pour les dieux, elle ne peut les changer en bêtes ; elles sont, comme lui, d'une nature immuable, et elle ne peut seulement que les rendre immobiles :

#### MERCURE

> De ses illusions je veux l'art déceler ;
> J'ai fait en eau d'oubli le moly distiller,
> Et par mon art plus fort je veux le sien défaire
> Je sais combien elle a de force et de vigueur ;
> Mais un bien grand péril plaît après au vainqueur,
> Qui s'honore du nom d'un puissant adversaire.

Mercure prend alors une fiole d'or et en verse le contenu sur les naïades et les violons. Qu'était-ce que le *moly?* Sans doute une plante magique de la famille de la mandragore qui crie et pleure quand on la cueille et qu'on ne peut arracher qu'à minuit, sous une potence, avec un bout de la corde qui a étranglé le cadavre se balançant au vent au-dessus de la plante. Le moly était la sagesse en bouteille.

A l'attouchement de la liqueur divine, les violons reprennent l'entrée de la clochette, les danseuses repartent, et le ballet recommence. Mais Circé bondit hors de son jardin, se précipite sur la danse, et avec sa baguette immobilise une seconde fois les naïades et la musique. Puis elle « recule de quatre pas, » et comme elle éprouve le besoin de placer une longue pièce de vers qu'elle a longuement étudiée, elle commence son récit, sans plus s'occuper de Mercure, qui reste là sur son nuage pour la scène suivante.

Ici se renouvelle la singulière intervention des idées philosophiques que nous avons remarquées déjà dans les premières scènes :

« L'homme est insatiable ;
« L'âge d'or était le bonheur ;
« Saturne a été banni du ciel ;
« L'homme trouve sa nourriture comme les bêtes ;
« Jupiter chasse la Paresse du cœur de l'homme ;
« Lors la nécessité apprit le labourage ;
« L'ambition créa les vices. »

Tels sont les principaux points sur lesquels insiste Circé en traitant de l'origine des arts usuels et des mœurs ; à propos des vices, elle dit :

..... Du nom de vertus on appelle les mœurs,
Et les façons des vieux qu'on estime meilleurs,
Comme si les saisons et les siècles muables
N'étaient en changement l'un à l'autre semblables.
..................................................
Et l'action qui plaît et s'exerce en commun
Sert de règle de vie et de lois à chacun

C'est assez bien dit; on a toujours prôné le temps passé d'une part, et souvent une passion, même nuisible à l'humanité, quand elle devient impérieuse, est organisée par une loi qui se moule plus ou moins sur la nécessité qui la réclame. L'amour et le besoin de reproduire la race humaine ont amené le mariage; le besoin des narcotiques a fait trouver dans sa satisfaction les sources les plus sérieuses des impôts chez les nations modernes.

Quant au temps passé, à quoi bon toujours blâmer à son profit le temps présent; rien change-t-il? et le temps ne coule-t-il pas sans cesse d'une manière uniforme? Le père de Circé, le Soleil

> ... Fait tout seul ces âges varier,
> Et les tristes mortels, par vœux ni par prières,
> Ne sauraient impétrer des trois sœurs filandières
> D'avancer ou tarder l'ouvrage de leurs mains,
> Où avecque le sort des dieux et des humains,
> Elles filent aussi la trame des années,
> Qui volent de bonheur ou de mal empennées.

La manière dont Circé s'étend sur son discours prouve que, bien que ce personnage soit comme qui dirait le traître du drame, il était sympathique au public; une enchanteresse, habile à charmer, et chez qui on menait si douce vie, était chère au cœur de chacun, et Baltazarini lui a donné parfois, avec le langage du plaisir, celui de la raison.

Elle a déjà immobilisé les nymphes qui avaient la prétention de faire venir en France l'âge d'or, malgré sa volonté; elle va emprisonner Mercure, qui a cru, dans son inexpérience, faire comme Ulysse; mais Ulysse était protégé non-seulement par le moly, mais par Pallas, la seule à craindre; sans Pallas, Mercure ne peut rien. C'est ici l'allégorie triomphante de toute part, l'allégorie qui a duré si longtemps et qui est si pernicieuse à l'art.

Circé touche Mercure de sa baguette; le nuage descend jusqu'à terre et remonte vide au ciel; Mercure se dirige machinalement vers le jardin; les nymphes, poussées par un pouvoir supérieur, suivent deux à deux; elles disparaissent toutes pendant que les violons ou l'orchestre accompagnent leur marche.

Puis alors la toile qui couvrait le jardin tombe (c'était un changement à vue); le jardin apparaît illuminé, peut-être par des flammes de Bengale; Circé, debout devant son château, est triomphante, et Mercure est à ses pieds, étendu immobile.

Un grand cerf passe alors devant Circé, puis viennent à la file un chien, un éléphant, un lion, un tigre, un pourceau et d'autres bêtes. Pour accompagner ce défilé, l'harmonie de flûtes, cornets et sacquebutes, placée derrière le théâtre, devait faire entendre des fanfares.

C'était un tableau final, une sorte d'intermède qui terminait bien cette première partie du ballet. Les animaux étaient fort à la mode dans les fêtes de cette époque; souvent même le théâtre se ressentait des anciens mystères, et le spectacle se passait dans la rue, aux yeux de tous. En 1549, on en eut un exemple remarquable. Philippe II d'Espagne avait été de Madrid à Bruxelles à la rencontre de son père. Dans cette dernière ville, le dimanche de l'Octave de l'Ascension, on fit une procession en l'honneur de la Vierge miraculeuse dite du Sablon.

Plusieurs chars triomphaux figuraient dans le cortége, qui est une preuve du luxe de ces sortes de promenades, dans lesquelles on exhibait non-seulement des animaux, mais aussi des groupes pittoresques, et où se mêlaient étrangement les idées profanes et les idées saintes. On y voyait : 1° L'arbre de Jessé, portant la généalogie de la Vierge, avec le serpent roulé au pied ; 2° la Nativité, avec la crèche et les animaux de la légende. Venaient ensuite six chars, représentant la Circoncision, l'Adoration des Rois, la Purification, la Résurrection, l'Ascension, la Descente du Saint-Esprit ; puis enfin une estrade énorme roulante, avec l'Assomption de la Vierge mise en action ; des anges jouant des instruments entouraient les chars ; puis, à côté de ces choses saintes, comme opposition sans doute, on voyait un taureau jetant du feu par les narines ; sur son dos était un diable en forme de loup ; saint Michel le suivait avec une épée flamboyante, les pieds sur le dragon ; sur un grand char était un orgue dont des chats faisaient les notes ; leurs queues, saisies par un ressort et pincées plus ou moins étroitement, les faisaient crier sur un ton bas ou élevé ; la musique ne devait guère en être agréable ! Un ours, assis auprès, touchait le clavier qui correspondait aux bêtes infortunées, fixées dans la caisse de l'orgue ; autour dansaient des singes ; et pour finir, sur un théâtre roulant, des enfants déguisés en bêtes jouaient une pièce dont Circé était le sujet, pendant que deux vrais singes soufflaient dans des cornemuses.

Il n'y avait pas de bonnes fêtes sans une exhibition de bêtes, et la *Circé* de Beaujoyeulx se conformait au goût du public. On cite vers cette époque la singulière idée qu'eut un amateur patient d'organiser une fanfare avec quatre ânes qui donnaient les notes *ut, mi, sol, ut ;* pour engager ses animaux à faire entendre leur accord parfait en entier ou par fragments, il employait un moyen assez original, mais peu convenable, et dont la *Magia universalis* de G. Schott donna, un siècle plus tard, la facétieuse explication.

Dans le *Ballet de la Reine*, les animaux féroces qui apparaissaient dans le triomphe de Circé étaient sans doute faux ; parfois, dans ces fêtes du XVIe siècle, on faisait paraître des lions, des ours, des tigres véritables, mais l'on prenait des précautions pour qu'ils ne blessassent pas les acteurs qui les approchaient. Dans l'antiquité, que l'on cherchait tant à imiter, il n'en était pas ainsi ; les Romains, gens positifs en fait de plaisirs, poussaient l'exactitude jusqu'au bout ; les bêtes féroces étaient mises réellement en jeu avec les acteurs, et ceux-ci couraient de vrais dangers, non-seulement dans des cirques, mais dans des représentations théâtrales. Souvent des condamnés à mort remplissaient les rôles sacrifiés, et l'on vit, dit-on, jouer ainsi Prométhée dévoré par un vautour, — Orphée déchiré par les bacchantes et les tigres, — Dédale étouffé par un ours. L'*Ane d'or* d'Apulée suppose un exemple bizarre de ces exhibitions scéniques, dans lequel l'âne lui-même, qui raconte ses aventures, doit être un des deux acteurs principaux.

A l'époque du *Ballet de la Reine*, non-seulement on faisait apparaître, passer et sauter devant les assistants des lions, des ours, etc., mais on dessinait des intermèdes où des poissons, des écrevisses dansaient des pas séparés et réalisaient, eux aussi, des figures géométriques; on alla plus loin : on fit danser des quilles, des cartes à jouer et des pièces de monnaie. Le ballet des Écrevisses! le ballet des Quilles! le ballet des Cartes! le ballet des Monnaies! au XVI<sup>e</sup> siècle! On voit bien qu'il n'y a rien de nouveau sous le soleil!

Après l'illumination splendide du jardin de Circé, le changement subit qui avait fait apparaître son palais et le triomphe final de la magicienne, il me paraît probable que le public de la cour reposa quelques moments ses yeux éblouis, et qu'il y eut alors ce que nous appelons un entr'acte; cependant Beaujoyeulx n'en parle pas, et immédiatement après avoir représenté Circé debout, triomphante, avec Mercure à ses pieds, il passe au deuxième intermède.

## DEUXIÈME INTERMÈDE

### *Entrée des satyres.*

Huit satyres, conduits par le sieur de Saint-Laurens, chantre de la chambre du roi, entrèrent dans la salle. Cet intermède fit le plus grand plaisir au roi et aux princes et princesses « par l'ordonnance de la marche et par la musique nouvelle et gaie qui l'accompagnoit. » La gravure qui est placée dans le ballet prouverait, si le dessin est exact, que nos ancêtres n'avaient pas sur la décence les mêmes idées que nous; les satyres sont copiés exactement sur l'antique, si exactement qu'on les dirait échappés d'un musée secret de Pompeï. Malgré la conscience apportée dans le dessin des costumes, il y eut loin de cette entrée des satyres à certaine fête où ils figuraient au temps de Messaline; c'est un exemple, entre bien d'autres, de l'amélioration des mœurs et du progrès de l'humanité.

Pendant que l'empereur Claude était à Ostie, Messaline célébra son mariage avec Silius, son amant, et fit représenter, pour ses noces, la *Fête des Bacchanales*, où ils étaient tous deux à la fois spectateurs et acteurs, Silius en Bacchus, elle en bacchante. La cour était déguisée, les hommes en satyres, les femmes en bacchantes; des ruisseaux de vin doux coulaient des cuves dorées qui simulaient les vendanges, au milieu de bosquets où des satyres, des faunes et des nymphes des bois jouaient des cymbales et de la flûte (orchestre un peu maigre). Mais quelqu'un troubla la fête trop complète. Claude, averti, revenait avec sa garde; Messaline, poursuivie jusque dans les jardins de Lucullus, y fut tuée d'un coup d'épée, pendant que Claude se mettait simplement à table pour satisfaire l'appétit qu'il avait gagné dans sa promenade d'Ostie à Rome.

Pâle imitation de leurs devanciers romains, les satyres du *Ballet de la Reine* firent le tour de la salle en chantant; après chacun de leurs couplets, la voûte dorée répondait, en répétant un même chœur, dont la musique et les paroles ne variaient pas; ces dernières paraissent même concorder assez mal avec ce que disent les satyres.

Jamais n'a été si vrai le mot de Figaro : « Ce qui ne vaut pas la peine d'être dit, on le chante. »

Les satyres racontent que Diane s'est retirée des bois devant le pouvoir de Circé; les bocages sont sans fête, et le seul chant qui plaise à la déesse est celui qui célèbre le roi Henri III.

. . . . . . . . . .
Le chant qui frappe l'oreille
La (Diane) réjouit à merveille
S'il publie la vertu
D'un roy, grave de justice,
Qui par ses mœurs a le vice,
Non par force combattu.

Ce dernier vers contient une des plus colossales flatteries de la soirée ; Henri III combattant le vice non par des lois, mais par l'exemple de ses mœurs! Ou le roi a été étrangement calomnié, ou bien par le mot « vice » le chœur veut peut-être entendre autre chose que nous, par exemple la religion protestante; dans ce cas, le compliment tomberait juste.

Au moment où les satyres vont se retirer, ils voient entrer le bosquet de dryades.

### Entrée du bois des Dryades.

Cette machine, imitant un bosquet, avait douze pieds de diamètre et trois pieds de hauteur; sa forme était celle d'une grosse motte de terre. Autour étaient plantés quatre rangs d'arbres verdoyants; au milieu, un rocher soutenait un buisson dont les rameaux venaient s'unir à ceux des arbres plantés plus bas. Ces arbres étaient des chênes avec glands dorés; le sol était couvert de gazon et de fleurettes, sur lesquels étaient couchés des lézards et des serpenteaux.

Autour du buisson, sous les chênes, étaient assises quatre dryades. Elles portaient une robe de toile d'or verte, semée de bouquets d'or et tissée de soie d'Italie; les manches de dessus, relevées jusqu'aux épaules, étaient larges et faites de crêpe d'or et de soie; les manches du dessous étaient pareilles à la robe. Leurs parures étaient de celles qui « conviennent à des nymphes, » soit des guirlandes de feuilles de chêne et d'églantier, avec perles et pierreries. Elles étaient entourées d'un nuage de crêpe d'or et de soie, portaient sur la tête un bouquet de feuilles de chêne en or; derrière leur épaule gauche pendait un carquois d'or bruni plein de flèches, et de la main droite elles tenaient un arc tendu. Elles avaient ainsi « le port de hardies et pudiques chasseresses (1). »

En apercevant le bois rouler vers eux, les satyres en-

---

(1) Ces costumes étaient beaux, mais non comparables toutefois à celui d'une Diane chasseresse lors d'un bal que la ville de Lyon offrit à Henri II et à Diane de Poitiers. Voici comment Brantôme décrit cette toilette :

« Diane étoit vêtue à l'antique, comme on sait, avec arc turquois et carquois... Son corps étoit vêtu avec un demi-bas à six grands lambeaux ronds de toile d'or noire, semés d'étoiles d'argent, les manches et le demeurant de satin cramoisi avec profilures d'or, troussée jusqu'à mi-jambe, découvrant sa belle jambe et grève, et ses bottines à l'antique de satin cramoisi, couvertes de perles ou broderies; ses cheveux étoient entrelacés de gros cordons de riches perles, avec quantité de pierreries et joyaux de grandeur; et au-dessus du front un petit croissant d'argent, brillant de menus diamants; car d'or ne fût été si beau ni si bien représentant le croissant naturel qui est clair et argentin. »

tonnèrent un autre chœur ; comme pour le premier, la voûte dorée répondait, mais toujours avec la même musique et les mêmes paroles, dont la morale banale semble encore mise dans le seul but de remplir le dessous des lignes de la musique.

Les satyres se félicitent du retour des nymphes qui, à leurs accents, sont sorties de leurs retraites, sans faire attention au déplaisir de Diane, leur reine. Celle-ci s'est éloignée,

> D'une écharpe de cuir blanc
> Elle a ceint dessus le flanc
> Sa trousse, et dans un bocage
> Va chasser un cerf sauvage.

— Malgré son absence, allez, dit le chœur,

> Allez, ô nymphes des bois,
> Devers l'honneur des Valois,
> De qui la grandeur royale
> A celle des dieux s'égale.

Si le roi Henri III, après le *Ballet de la Reine*, n'a pas été persuadé qu'il était le plus illustre des monarques, l'égal des dieux, le maître de la terre, c'est qu'il avait l'oreille bien dure ou le bon sens fort développé.

Le dernier couplet des satyres indiquait un discours qui menaçait le roi ; le bois s'arrêta devant lui, avec les quatre nymphes que recélait le feuillage, et qui étaient mesdemoiselles de Vitry, de Surgères, de Lavernay et d'Estavay la jeune, demoiselles de la reine.

Mademoiselle de Vitry, debout, porta la parole.

« Elle étoit inconnue, dit Beaujoyeulx, et montra vivacité et esprit capable de toutes choses hautes, sciences et disciplines. »

Mademoiselle de Vitry est la première des figurantes du ballet sur laquelle Baltazarini donne ces détails; tous les mémoires du temps font l'éloge de la beauté, de l'esprit, de la gentillesse de cette demoiselle de la reine; était-elle inconnue réellement à la cour et débutait-elle ce jour-là? A en croire Brantôme et Tallemant des Réaux, son esprit et sa beauté la mirent fort à la mode, et elle brilla aux premiers rangs des héroïnes galantes de cette époque. Voici quelques détails sur elle d'après les *médisances* des deux auteurs ci-dessus.

Louise de l'Hospital-Vitry était fille d'honneur de la reine-mère; elle était « fille d'esprit et hardie, galante, agréable et spirituelle ; » elle se fit un jour remarquer par son enthousiasme pour le duc de Guise, qu'elle acclama hautement dans les rues de Paris, lors de la rentrée du duc avant les Barricades; elle devint madame de Simiers, et le mariage paraît l'avoir fait rentrer dans l'obscurité. Elle aurait eu une fille de Desportes, alors qu'elle était encore chez la reine. ... « On dit qu'elle alla accoucher un matin au faubourg Saint-Germain, et que le soir elle se trouva au bal au Louvre, où même elle dansa... » Son état de faiblesse l'obligea cependant à se retirer.

Elle avait eu promesse de mariage de la part du jeune Randan; mais comme il ne voulut plus l'épouser après, pour se dégager de sa parole, il lui donna une somme de six mille francs, argent qu'elle employa à acheter une superbe robe ornée partout de plumes d'oiseaux rares; en venant au Louvre, elle raconta, sans faire attention devant qui elle parlait, que « l'oiseau s'était envolé, mais qu'il y avait laissé des plumes. » La mère du jeune Randan, qui était présente, lui répliqua qu'en tous cas, si c'était là des plumes de son fils, elle ne les lui avait pas arrachées sur la tête. Tallemant des Réaux ne dit pas ce que la jeune demoiselle répondit à pareille riposte.

Revenons au *Ballet de la Reine* et au récit de la nymphe Opis, représentée par mademoiselle de Vitry.

### *Discours de la nymphe Opis.*

Ce discours n'est encore autre chose qu'un cours de mythologie; Opis explique ce que c'est que des dryades; elle raconte que Circé a changé ses prisonniers en bêtes et que Mercure est captif : deux choses fort inutiles à dire, puisque le public a été témoin des faits. Qui ne suit pas la nature innocente, est pris par les sorcières, dit-elle en mêlant les superstitions du Nord avec les traditions de l'antiquité. Puis elle termine par où les autres ont commencé; elle dit qu'elle est la nymphe Opis, qui a la charge de mettre des flèches dans le carquois de Diane, « adversaire d'amour, de jeux et de paresse. » Toutes les quatre veulent voir Pan pour implorer son secours.

Le bosquet des dryades fait alors un tour devant le roi, puis se dirige vers le bocage du dieu Pan. Le rideau qui couvrait ce dernier tombe, et Pan apparaît, comme il est dit dans la description du décor, avant le commencement du ballet; les arbres sont chargés de lampes ardentes, à deux mèches comme celles des théâtres et faites en forme de nefs; en outre, il y a cent flambeaux de cire qui répandent une clarté digne du jour. Pan, assis devant la grotte émaillée, est représenté par le sieur de Juvigny, écuyer du roi, « gentilhomme favori des Muses et de Mars; » il s'empresse, en apercevant les nymphes, de jouer une ritournelle sur un « flageolet » dont il est inventeur.

Quel était cet instrument que Beaujoyeulx ne décrit pas? Le sieur de Juvigny, favori des Muses et de Mars, avait-il inventé réellement une espèce de flûte, ou perfectionné la flûte à Pan? Ce qui ferait croire que cette dernière supposition est la vraie, c'est que la gravure du ballet le représente jouant de la flûte bien connue, consacrée au dieu Pan. Cette manière de témoigner sa joie paraissant insuffisante, une harmonie d'orgues se fait entendre dans la grotte émaillée; puis la nymphe Opis, qui paraît médiocrement satisfaite du concert que Pan lui a offert, adresse la parole au dieu :

### Discours de la dryade Opis au dieu Pan.

Pan, qui d'un ferme accord tes satyres retiens,
. . . . . . . . . . . . . . .
Toi qui fais tout changer sans changer de nature,
Donnant incessamment aux choses nourriture,
Toy qui par ordre sais l'univers disposer,
Et à qui nul des dieux n'oseroit s'opposer,
Des nymphes gardien.......

Il n'est plus temps de jouer de la flûte; il faut secourir les dryades et Mercure contre la détestable Circé; Mercure gémit d'être esclave, car

. . . . . . . . Cette servitude,
Qu'on rend à un indigne est plus vile et plus rude.

Le dieu Pan répond assez froidement qu'il va rassembler ses frères des bois Circé : éprouvera sa colère. Mais, pour que Pan se dérange, il faudra encore l'intervention de Minerve ; le repos et la solitude sont choses bonnes, et le dieu champêtre tient à ne se remuer et à agir qu'au dernier moment.

Les dryades abandonnent leur bosquet et vont se placer, sur le bocage de Pan, dans les quatre niches qui leur avaient été préparées; les huit satyres se couchent à leurs pieds et recommencent le deuxième chœur, celui de l'entrée des nymphes :

> Les nymphes à notre voix
> Sortent maintenant des bois.

La voûte dorée répond, et pendant cette « harmonie bocagère » le bois disparaît; aussitôt, par la treille opposée, sort un nouvel intermède. Cette insistance que Beaujoyeulx met à ne pas laisser reposer les spectateurs et à bien faire remarquer qu'à l'instant où une troupe sort par une treille, une autre troupe entre par l'autre, fait penser à ces joujoux mécaniques où une souris disparait à droite pour ressortir immédiatement à gauche, ou encore à ces horloges compliquées de Berne et de Strasbourg, dans lesquelles le cortège de l'heure présente se montre à une porte alors que celui de l'heure passée n'a pas encore tout à fait disparu.

## TROISIÈME INTERMÈDE

*Entrée des quatre Vertus.*

C'est, selon moi, la plus faible de toutes les entrées comme invention et comme costumes; les quatre Vertus mettent en action une allégorie tendant à prouver que ceux qui suivent leurs conseils arrivent à la perfection. C'est louable, mais peu récréatif; et il fallait, pour faire accepter cet intermède, le goût des assistants pour les mélanges singuliers de masques, de philosophie, de ballets et de religion. Les quatre Vertus portaient, la première une balance, la seconde un serpent, la troisième un calice, la quatrième un pilier, emblèmes de la justice, de la prudence, de la charité et de la foi robuste; mais ce dernier accessoire, un pilier, énorme sur la gravure qui représente les Vertus, devait horriblement gêner celle qui le portait, d'autant qu'en outre elle jouait encore du luth.

Les robes longues, chargées d'étoiles d'or, étaient de forme disgracieuse; les coiffures, faites de torsades d'or et de soie, étaient surmontées par trois grandes étoiles reluisantes. Ces costumes longs tranchaient sur tant d'autres qui brillaient par le peu de longueur des jupes et par la coquetterie de la coupe; ils devaient notamment paraître assez maussades aux convives du festin du Plessis, dont j'ai parlé plus haut.

Des quatre Vertus, deux jouaient du luth et deux chantaient; la voûte dorée répondait, comme toujours, mais cette fois avec une musique de douze instruments sans voix. Quant aux couplets des quatre Vertus, interrompus par cette musique, ils sont écrits pour deux voix, un soprano et une basse, ce qui ferait supposer qu'une des quatre Vertus au moins était représentée par un homme habillé en femme; peut-être était-ce lui qui portait la colonne de la Foi? Cette répartition des voix devait occasionner des vides extraordinaires dans l'harmonie des parties ainsi écrites à une distance énorme; mais c'était peut-être un effet goûté. La musique du XVI$^e$ siècle est pleine de mystères pour nous; ainsi, dans ce morceau, il n'y pas d'accompagnement : il faut donc supposer que les deux luths, portés par deux des Vertus, accompagnaient chacun une partie en la doublant simplement.

Cette musique fit au reste grand plaisir, avec « les douces voix. » En serait-il de même aujourd'hui? c'est douteux. Je renvoie au volume de Baltazarini les lecteurs qui seraient curieux de juger par eux-mêmes de ce qu'était cette musique.

### *Chant des Vertus.*

Dieux! de qui les filles nous sommes,
O Dieux! les protecteurs des hommes,
Du ciel avec nous descendez !
Dieux puissants suivez à la trace
Les vertus qui sont votre race,
En la France que vous gardez.

Les mortels m'appellent Prudence,
De l'esprit très-sûre défense,
Qui prenoit les choses par moi.
Quand du ciel je suis descendue,

Hôtesse je me suis rendue
De la raison de ce grand roy.

Moy, Tempérance moderne,
Reine de la saison dorée,
Je l'ai en naissant allaité ;
. . . . . . . . .

Et moy j'ay sa poitrine empreinte
Du sage mépris de la crainte,
Dès lors que ma main le berça.
. . . . . . . . .

Il tient pour le droit et le vice
Egaux le loyer et supplice
Dedans sa balance de poix.
. . . . . . . . .

Il arme jà sa main sévère
Contre cette indigne sorcière
Qui charme du peuple les yeux :
Descends, Pallas, et ne dédaigne
D'être la fidèle compaigne
De ce prince victorieux.

Beaujoyeulx continue son système ; rien de nouveau, si ce n'est la forme ; au fond, flatterie, toujours : les quatre Vertus se trouvaient ainsi réunies de leur propre aveu dans la personne du roi.

Quant à Beaulieu, l'auteur de la musique, il eut, à partir de cet air des Vertus, une idée heureuse et qu'il mit parfaitement en œuvre : il fit en sorte que la musique de la voûte dorée, commençant ici sans instruments, allât toujours graduant ses effets jusqu'à la fin du ballet; des ressources nouvelles viennent s'y adjoindre peu à peu, d'abord comme voix, puis comme masse d'exécutants. Je ne sais si l'effet répondait à l'idée, mais cette

idée est assez nettement indiquée pour en reconnaître le
mérite à une époque où la progression musicale scénique
était dans l'enfance; de notre temps, certains compositeurs n'ont absolument pas d'autre moyen de succès que
celui-là; ils vivent sur ce moyen matériel, sans y mêler
parfois la plus petite idée musicale.

Les Vertus font le tour de la salle, et, répondant à
l'invocation de leur dernier couplet, Pallas se montre à
elles au moment, comme toujours, où elles vont sortir
par la treille du fond.

Pallas est sur un char magnifique, machine triomphale,
la dernière du ballet, et dont la splendeur devait éclipser
tout ce qui avait été vu jusqu'à ce moment. En voici la
description.

### *Entrée du char de Pallas.*

Ce « chariot » avait une base allongée d'environ vingt-
cinq pieds de longueur sur dix de largeur; en avant, et
paraissant le traîner, était un « serpent » fantastique,
c'est-à-dire un griffon, une sorte de chimère, animal
héraldique et fabuleux, un dragon à langue rouge, aux
pattes repliées, à la queue relevée et aux ailes énormes
battant l'air; ses proportions étaient calculées d'après
celles du char. Celui-ci avait trois étages distincts: le
premier, par devant, était haut de quatre pieds; le
deuxième, au milieu, était haut de huit pieds; et la plate-
forme du troisième étage, placée à l'arrière, était à la
hauteur de dix-huit pieds. Le dehors du chariot était
doré, orné de masques en relief, et revêtu de larges et

riches trophées d'armes, de livres et d'instruments de musique.

Sur le haut de cette machine était posée mademoiselle de Chaumont, représentant Minerve ; elle portait une robe de toile d'or, un corselet de toile d'argent, décoré par derrière et par devant d'une tête de Méduse en or bruni ; la « salade » qui couvrait sa tête était faite de toile d'argent couverte de pierreries et de perles « d'une valeur inestimable, » et derrière le timbre flottait un panache fait de plumes d'aigrette. Minerve tenait de plus, dans sa main droite, une lance dorée, et dans sa gauche un écu dont le relief présentait la tête de la Gorgone en or et en argent. On voit que si le costume était riche comme ceux que l'on a vu auparavant, il péchait autant qu'eux sous le rapport du style antique, tel que nous le comprenons.

Mais l'allusion offerte à la perspicacité de la cour par la présence de Minerve était toujours bien reçue. La reine-mère avait déjà plusieurs fois été comparée à Pallas, par exemple lorsqu'elle conduisait François II et Marie Stuart à Chenonceaux. Baltazarini, dans sa préface, ne manque pas de dire : « Cette Pallas de reine mère. » C'est que Catherine de Médicis était arrivée à cet âge où Pallas est une ressource providentielle pour les poëtes de cour. La série des comparaisons est la suivante : Quand une princesse est jeune, c'est Vénus ; lorsque les années lui donnent un peu d'embonpoint et de majesté, elle devient Junon ; lorsqu'enfin les enfants sont tout à fait grands, que les rides ne peuvent plus se cacher, le nom de Pallas succède aux deux autres.

Vénus, Junon, Pallas, marquaient les trois étapes de la vie d'une reine, et, mieux que son miroir, les vers de ses poëtes lui annonçaient impitoyablement les ravages du temps.

Autour du char on portait des flambeaux, d'autres étaient fixés sur la machine elle-même ; en tout il y avait cent lumières de cire blanche du plus bel éclat. Beaujoyeulx insiste beaucoup sur ces flambeaux de cire blanche, et il a bien soin d'indiquer quand on emploie des lampes à leur place. C'est qu'à cette époque, et longtemps après, le théâtre se servait de deux sortes de luminaires : les lampes à une ou deux mèches, ces dernières en forme de petits vaisseaux, et les bougies de cire employées soit séparément, soit réunies sur des appareils. Les bougies de cire donnaient une lumière très-blanche, surtout en la comparant à la lueur rouge et souvent fumeuse produite par les lampes à mèches.

L'éclat du chariot était surprenant, mais ce n'était rien, ajoute galamment l'auteur, « auprès de la grâce de mademoiselle de Chaumont, qui était un riche et rare trésor. »

Les quatre Vertus se placèrent deux à droite, deux à gauche, et suivirent le char, qui se dirigea, traîné par son dragon, vers le trône du roi. La musique de la voûte dorée accompagnait le cortége, et cette fois les voix se joignirent aux instruments ; la sonorité commençait à gagner en intensité ; la douceur de l'harmonie était telle, « qu'on eût dit qu'elle venait des cieux. » On ne peut en dire autant des paroles du chœur, elles sont d'une obscurité prétentieuse qui fait songer aux réponses des oracles antiques ou des somnambules modernes.

Philosophie, invocation à la vertu, physiologie naturelle, il y a de tout cela dans les quelques lignes du chœur de la voûte dorée ; il est probable que pour ces morceaux le bruit des instruments couvrait, comme il arrive fréquemment, les paroles des chanteurs.

### *Discours de Pallas au roi.*

Quand le chœur de la voûte dorée eut pris fin, Pallas, s'adressant au roi, lui fait ainsi un cours de mythologie :

« Je suis née, lui dit-elle longuement, de la tête de Jupiter ; on me conduisit à l'Olympe et on me remit entre les mains de Mercure, en partage je reçus la raison, comme il avait reçu les sens :

> Incertains comme lui, aimables et volages,
> Qui poussent çà et là le désir des courages,
> D'imaginations menant la volonté,
> Tantôt à la vertu, tantôt à volupté.

« Ceux qui obéissent à mes lois trouvent le bonheur ; ceux qui, au contraire, ne s'en rapportent qu'aux sens, succombent, et ce sont ceux-là dont s'empare Circé. Mercure imprudent est venu sans moi, et

> ..... Lui-même déçu dans sa vaine prudence,
> Voit que sans la raison bien peu sert l'éloquence...

Après avoir ainsi légèrement divagué pendant quelques instants, Pallas s'adresse au roi, et lui montrant qu'il n'y a plus en France d'autre ennemi à combattre que Circé, elle lui demande un secours qu'il accordera certainement, et dont la magicienne doit trembler à l'avance. Dans cette dernière partie de sa harangue, Pallas rappelle, bien entendu, à Henri III qu'il est « issu du sang des dieux... Dardanienne race. » Dardanus, le fondateur de Troie, passe pour avoir inventé le palladium, statuette de Minerve soi-disant tombée du ciel. Avec le palladium aucun revers n'était à craindre, et, depuis quelques années, Henri III avait dû s'apercevoir qu'il avait égaré le précieux fétiche de son arrière-ancêtre ; au milieu des désastres qui l'assiégeaient de toute part, je ne sais trop si cette allusion à un pouvoir surhumain et certain ne renouvela pas quelques regrets chez lui.

Après avoir parlé au roi, Minerve fit le tour de la salle, toujours montée sur son char, puis elle invoqua Jupiter avec une « triste et hautaine contenance. »

### *Discours de Pallas à Jupiter.*

> Descends, père, ici-bas, qui nages dans les flots
> De la nue argentée, où je te vois enclos
> Regarder les mortels ; fais, père, qu'elle s'ouvre,
> Et flamboyant d'éclairs ton visage découvre.
> . . . . . . . . . . . .
> Tu as de l'univers toi seul pris la défense,
> Et celui commettrait indignement offense,
> Présomptueux d'orgueil, qui te voudrait aider,
> Comme si tu n'étais puissant pour le garder.

Aussi Pallas ne se servira-t-elle pas de la tête de Méduse, la force de Jupiter suffira : que Jupiter seulement fasse rouler son tonnerre !

En réponse à Pallas, la foudre roule longuement, et la nuée s'abaisse du plafond de la salle.

### *Entrée de Jupiter.*

Cette machine en forme de nuage se développe cette fois beaucoup plus majestueusement que pour la descente de Mercure; semblable à une « fumée, » la nuée s'étend, et roule vers le sol comme un vaste escalier, portant le roi de l'Olympe (1).

En l'honneur de Jupiter, la musique de la voûte dorée redouble d'efforts; cette fois, quarante musiciens, voix et instruments, s'y font entendre et célèbrent la sagesse du roi, qui a su ramener pour toujours, en France, les bienfaits de la paix. Si ces chants étaient sincères, la guerre civile dut rapidement faire cesser les illusions des poëtes.

Ce chœur de la descente de Jupiter est le morceau le plus développé de la partition; ce devait évidemment être le chœur à sensation de la soirée, mais il est écrit trop dans le système de la musique liturgique du temps, et son harmonie ne présente que des effets qui n'ont plus pour nos oreilles le moindre intérêt.

---

(1) Cette sorte d'appareil nuageux eut un immense succès et fut très-longtemps en usage. On trouve des mécanismes analogues sous le règne de Louis XIV, et souvent les nuées, se développant avec des personnages nombreux, venaient, malgré leur poids, se dérouler jusqu'au milieu du public.

Ce concert de la voûte dorée laissait le temps nécessaire à Jupiter pour apparaître dans toute sa splendeur : robe de toile d'or, brodequins de cuir doré, manteau de satin jaune chamarré et frangé d'or, doublure en camelot d'or, sceptre d'or, foudre d'or, couronne d'or, écharpe dorée brodée de perles et de pierreries montées en or, — tels étaient les vêtements et les accessoires qui faisaient du sieur Savornin, « excellent chanteur et compositeur appartenant au roi, » un Jupiter scintillant, rutilant, à la majesté duquel un gros aigle en or, placé entre ses jambes, ajoutait encore. Superbe costume ! mais qu'il devait être lourd ! et combien le sieur Savornin devait être gêné, pour maintenir dignement en ordre sa foudre, son aigle, sa couronne et son sceptre ! Cette exubérance de richesses dans la tenue des dieux et des héros fabuleux fut longtemps en usage dans le théâtre français; les costumes des tragédies de Corneille, de Racine et de Voltaire, surtout ceux dessinés au milieu du XVIIIe siècle, en font foi ; d'anciens amateurs racontent même avoir vu Lafon, contemporain et rival de Talma, jouer le rôle d'Agamemnon avec une riche cuirasse dorée et des brodequins de satin rouge à franges d'or. Sur les observations qu'on lui faisait (car on était revenu à des idées plus vraies), il répondait familièrement : « Voulez-vous pas que je joue le roi des rois comme un c..... ! » Il ne faut donc pas s'étonner de voir Baltazarini chercher à exprimer la grandeur du roi des dieux selon des idées qui ont eu si longtemps cours.

Aussitôt arrivé près de terre, Jupiter déclama un récit

modulé. Bien que moins original que l'air de Mercure, ce morceau chanté par Jupiter était charmant ; il y a là une mélodie simple et bien rhythmée qui accuse une tendance dramatique très-habile. On reconnaît que la main qui a écrit cet air de Jupiter a dû écrire celui de Mercure ; mais ce n'est certes pas la même qui a lourdement développé les chœurs de la voûte dorée.

Voici les paroles de Jupiter ; je regrette de ne pouvoir les relever un peu par l'air sur lequel le dieu de l'Olympe les chantait :

> En ta faveur je viens ici des cieux,
> Je suis du monde, ô Pallas, soucieux.
> D'un œil vaillant dessus tous je regarde,
> Dessus les dieux, dedans le ciel enclos,
> Sur les mortels qui vivent sans repos,
> Et sur l'enfer dont Pluton a la garde.

Puis il rassure Pallas ; car tout change et revit, et ceux que Circé a métamorphosés reprendront aussi une forme nouvelle :

> Chère Pallas, fille, regarde-moi,
> Demeure ici, tu es sœur de ce roi,
> Ce roi, mon fils, fleur du sceptre de France ;
> Fais des regards de Méduse changer
> Ses ennemis, et son peuple ranger
> Sous sa loi juste, humble d'obéissance.

Et comme un *Deus ex machiná* ne peut rester longtemps suspendu dans les airs, Jupiter descend se mêler parmi les mortels, pendant que la machine nébuleuse sort de la salle. Pallas et son père se dirigent alors vers le bocage de Pan, qui, joyeux, se met à jouer de son

« flageolet à sept tuyaux. » — Cette phrase de Beaujoyeulx prouve que c'était bien une flûte à Pan que ce flageolet, et que l'usage de cet instrument était, pour ce dieu champêtre, la manière de témoigner l'épanouissement de sa joie; en même temps les orgues se font entendre derrière la grotte.

Pallas fait alors honte à Pan de ne pas encore avoir bougé pour aller délivrer Mercure. Elle lui dit :

> Ce dieu, qui fut berger, reposait au coupeau
> Du haut mont de Cyllêne, et paissait un troupeau
> De grands moutons cornus lainés d'or sur la crope,
> Quand seule il aperçut l'Orcade Driope,
> Qui de jaunes cheveux avait le chef doré,
> D'elle tout aussitôt il fut enamouré :
> Driope te conçut de Mercure ton père.

Elle lui fait honte de ne pas secourir son père et ajoute en vers guillemetés :

> Les actes violents d'une chaude jeunesse
> Ne sont point estimés pour vertu ni prouesse :
> C'est du temps à venir l'espoir vert qui fleurit,
> Et flétrit, si le temps en fruit ne le mûrit.

Pan n'accepte pas les reproches de Pallas ; sa bravoure est connue, il a combattu les géants ; mais il a trouvé inutile de s'exposer à une perte certaine : il a vu Circé et ne pouvait rien pour Mercure sans avoir l'appui de Pallas. A présent qu'elle est là, il pourrait dire, comme Hernani :

> De ta suite, *Pallas*, de ta suite, j'en suis.

Alors, il sort de son bois avec les huit satyres armés

de gros bâtons; tous saluent le roi en passant devant lui, et le cortége divin s'avance vers le jardin de Circé : Pan et ses satyres en tête, Minerve avec les quatre Vertus au second rang; Jupiter, suivi des quatre Dryades, ferme la marche.

A cette vue, Circé lève sa baguette, sonne une cloche, et de tous les côtés lui répond un fracas épouvantable; au bruit se mêlent les aboiements et les hurlements des chiens, des loups, des ours et des lions, ses prisonniers. Puis Circé, à son tour, vient implorer les dieux; c'est heureusement la dernière tirade de la pièce.

Elle ne craint rien; elle a pour elle le Soleil, à qui elle s'adresse en ces termes :

> Ce dieu au char doré de qui le front reluit
> Couronné de rayons, et par ordre conduit
> Le bal perpétuel des étoiles rangées,
> Qui fait couler les ans par les saisons changées,
> Qui fait de son flambeau au ciel tout s'allumer,
> Et peut de Jupiter les flammes consommer;
> Ce soleil tout-puissant que Nature révère,
> Qui meut cet univers, Soleil, qui est mon père,
> Et au monde qui vit donnes l'âme et vigueur,
> Ne me fais point jeter la crainte dans le cœur.

Que ne peut-elle pas d'ailleurs? Elle change le cours des fleuves, elle fait descendre la lune sur la terre, elle a vaincu les astres; c'est elle qui a changé Jupiter en aigle, en taureau, en satyre, en cygne, pour complaire à ses passions; elle sait, en un mot, son métier de sorcière sur le bout du doigt. S'il faut donc qu'elle soit battue, ce ne sera pas à l'honneur de Jupiter qui se met contre elle, et vient prêter son aide au seul ennemi qu'elle ait à redouter, au roi de France. Son père le Soleil devra, si elle est battue, céder à Henri III le ciel qu'il possède, comme elle, Circé, devra lui rendre les captifs qu'elle retient.

On peut voir combien la gradation dans les flatteries adressées au roi a été habilement observée : d'abord il est l'égal des plus grands rois de France, et encore par une pensée d'indulgence toute en faveur de ces derniers; ensuite, c'est le tour des demi-dieux, Thésée et Hercule ne viennent pas à la cheville de Henri III; un peu plus tard, les dieux ordinaires doivent céder le pas, puis Jupiter lui-même; enfin voilà le Soleil qui se retire tout simplement devant le dernier des Valois. Après cela il fallait tirer l'échelle et le ballet devait finir, non faute de combattants, mais faute d'illustres objets auxquels on pût comparer le roi.

Pan et les satyres attaquent le château de Circé, Jupiter la menace de la foudre, les dryades lui décochent leurs flèches. La verge enchantée de Circé voit peu à peu ses efforts anéantis par l'influence de Minerve; celle-ci entre, Jupiter touche la magicienne avec sa foudre, et Circé tombe à ses pieds. Indulgent au fond, et peut-être un peu froissé de se voir placé à un rang secondaire, Jupiter relève Circé, et le drame se termine sans la mort de la coupable. N'est-ce pas l'histoire de toutes les féeries bonnes ou mauvaises, où les baguettes enchantées entrent en lutte, et qui se terminent d'ordinaire par une réconciliation générale?

Pallas prend Circé par la main,
Jupiter prend le bras de Mercure,

Pan, les satyres et les dryades suivent par derrière; et le cortége, après avoir fait le tour de la salle, vient s'arrêter devant le roi. Mercure lui offre la baguette enchantée de Circé, et celle-ci s'asseoit à ses pieds. Jupiter présente au roi ses deux enfants, Mercure et Minerve, qui s'agenouillent pour montrer leur infériorité; ils rendent hommage aussi à la reine-mère, « grande par la puissance, la sagesse, l'éloquence, et encore plus par son fils qu'elle a engendré »; puis Pallas le cède aussi à la reine de France en pudicité, industrie et gravité, à cette épouse du « Jupiter roi » qu'elle seconde en faisant l'admiration de tous.

Ce moment du ballet devait être imposant; mais pour nous, il perd beaucoup de sa majesté, non pas à cause des flagorneries comparées avec la réalité, mais ces personnages légendaires et divins se rendant en visite chez la famille royale de France, — ce Jupiter qui, en bon courtisan, présente à Henri III ses enfants et fait avec eux successivement des compliments à toute la famille et l'assure de son dévouement; — tout cela pour nous, qui avons vu des parodies plus ou moins justes et spirituelles du monde mythologique, tout cela perd son caractère scénique véritable. Les Valois, qui avaient bien vu d'autres corruptions, mais n'avaient pas l'idée de ce travestissement, n'apercevaient que le côté grandiose des antiques religions.

Après les compliments échangés, les quatre dryades remontent dans leurs arcades de verdure, Pan et les satyres dans leur bois, le cortége se reforme, et machines et personnages, tout disparaît par les treilles du jardin.

La salle reste vide quelques instants, puis commence le dernier ballet.

## Deuxième entrée de ballet.

Les violons sonnent cette seconde entrée.

Les dryades sortent en ligne du jardin de Circé pendant que les naïades, échappées aux enchantements qui les retenaient, apparaissent de tous les côtés, surgissant de terre, tombant du ciel ; les trappes et les apparitions venant de bas en haut étaient déjà inventées, et le fond de la salle du Petit-Bourbon avait été machiné de manière à produire quelques-uns de ces effets.

Toutes les danseuses du ballet se rendent alors au milieu de la salle, marchant deux par deux.

Au premier rang venaient : la reine et la princesse de Lorraine, « héritière de la bonté, douceur de feue madame Claude de France, fille et sœur de nos rois, sa mère (1) ».

Les dryades et les naïades réunies commencèrent alors la petite entrée du grand ballet, composé de quinze passages ou figures de danse, « après chacun desquels elles se trouvaient le visage tourné vis-à-vis le roi » ; à

---

(1) La reine ne dérogeait pas en figurant ainsi dans les ballets et les fêtes : d'illustres personnages avaient donné l'exemple; Charles VI se déguisa en sauvage et paya d'une partie de sa raison une tentative de mascarade; Élisabeth de France, femme de Philippe II, lors de ses fiançailles avec don Carlos qu'elle devait d'abord épouser, représenta le personnage de Minerve dans un ballet en son honneur, et non une perle, comme dans l'opéra de Verdi ; une perle eût été comparaison trop familière.

la fin des quinze figures, elles avaient parcouru la longueur de la salle et étaient arrivées tout près de Sa Majesté. Ce fut alors seulement que commença le grand ballet, divisé en quarante passages ou figures géométriques « justes et considérées en leur diamètre, tantôt en carré, en rond, en diverses façons, en triangles avec un petit carré » Les figures étaient marquées d'abord par les douze naïades vêtues de blanc; parmi elles, les quatre dryades, vêtues de vert, servaient de points de repère, tout en brisant les lignes pour le coup d'œil. Aussitôt une figure fixée et bien vue, une autre était immédiatement composée. Les danseuses étaient au nombre de seize; elles pouvaient exécuter de nombreuses figures géométriques.

Les trois premières de ces figures sont indiquées par le texte de Baltazarini; on peut avoir une idée de ce qu'étaient les autres par les dessins que donne le P. Ménétrier dans son *Histoire des carrousels*. Au reste, ces danses ou figures géométriques se réalisaient selon le caprice des danseurs; on en inventait chaque jour de nouvelles; on dessinait des pas comme les jardiniers taillaient les parterres, et l'on traçait avec des groupes (comme eux avec des plantes) des chiffres, des emblèmes, souvent même les lettres qui formaient les noms des mariés, quand le ballet servait de divertissement à un mariage. Après chaque lettre, les danseurs restaient immobiles pendant quelques instants pour la faire bien comprendre, puis ils en réalisaient une autre. Dans les figures du ballet de Beaujoyeulx, la différence des costumes des naïades et des dryades, et les deux nuances blanche et verte, servaient encore à varier les passages, même en conservant les mêmes lignes.

A moitié du ballet, les danseuses firent « une chaine, composée de quatre entrelacements différents » et tournant sur eux-mêmes ; l'auteur la compare à une bataille rangée, tant les dames qui l'exécutaient conservèrent bien leur rang et observèrent bien la cadence dans cet exercice difficile. « Archimède n'eût pas mieux fait. » Je crois même qu'Archimède, peut-être fort habile à tracer les figures d'un ballet, eût été fort disgracieux en les dansant.

La salle de bal présentait alors un coup d'œil féerique ; Ronsard a fait pour les noces de Marguerite de Valois des vers qui peuvent trouver leur place ici :

>.........
> Il estoit nuict, et les humides voiles
> L'air espoissi de toutes parts avoient,
> Quand pour baller les dames arrivoient,
> Qui de clarté paraissoient des estoiles.
> Robes d'argent et d'or laborieuses
> Comme à l'envy flambantes esclattoient :
> Vives en l'air les lumières montoient,
> Attraits brillans des pierres précieuses.

Pour un aussi beau coup d'œil, pour d'aussi charmantes danseuses, il fallait des « sons graves, gais, en triple, doux et variés. » — « Je les ai exprimés ainsi, » dit Beaujoyeulx.

Cette phrase indique que la musique du grand ballet et celle de la première entrée (qui est certainement de la même main) ont été composées par Baltazarini, et que Beaulieu a fait seulement les chœurs et le récit de Circé ;

comme c'étaient les violons de Baltazarini qui sonnaient le bal, rien d'étonnant à ce que leur chef en écrivît la musique. Il est probable aussi que Baltazarini a composé les airs de Mercure et de Jupiter; si, contre mon appréciation, Beaulieu (ainsi qu'il est au reste indiqué) en était l'auteur, il faudrait en conclure chez ce compositeur français la présence de deux manières différentes, et en somme l'appréciation exacte d'une tendance nouvelle dans la musique de son temps, tendance à laquelle il n'osait encore se livrer tout entier.

La musique des divertissements est au reste vive et fort bien appropriée au sujet; le rhythme en est excellent et marque bien les points de repos. L'harmonie en est singulière; le ton semble peu fixé et oscille perpétuellement d'un ton à un autre; ces changements se font à des tons rapprochés; ils devraient donc nous paraître peu choquants; mais l'habitude de certaines formes est si puissante que nous acceptons moins volontiers ces modulations que des excursions auxquelles nos oreilles sont habituées, et qui mettent en rapport des tons beaucoup plus étrangers les uns aux autres que ceux employés par Baltazarini.

Lorsqu'on compare cette musique à celle de Palestrina, par exemple, qui vivait à la même époque, tout en tenant compte de la différence de l'ordre des idées qui ont inspiré ce dernier, on ne peut méconnaître qu'un abîme était déjà creusé entre la musique sacrée et la musique profane, sans qu'il eût été besoin, pour ce faire, de l'intervention de Monteverde et de l'accord de septième de la dominante; la tonalité moderne était puissante depuis bien longtemps; elle avait bouleversé déjà l'ancienne tonalité, et l'accord dissonant de septième de la dominante arriva non comme cause, mais comme produit d'un phénomène accompli.

### CADEAUX ET GRAND BAL

Suivant un usage assez répandu au XVIe siècle et au commencement du XVIIe, les personnes qui avaient figuré dans le ballet de Circé offrirent ensuite des cadeaux aux personnages importants qui assistaient au bal et auxquels elles désiraient faire honneur. C'était parfois la partie la plus significative d'une fête, et, dans les objets offerts, on pouvait cacher bien des pensées, faire bien des vœux, bien des allusions, accuser des préférences secrètes ou avouées, de même que les spectateurs y lisaient parfois mille choses qui n'existaient que dans leur imagination, et y supposaient encore plus d'intrigues qu'il n'y en avait en réalité.

Cet usage d'offrir des cadeaux dans les fêtes avait son origine dans ce qu'on appelait en Espagne et en Italie des *zapates*. C'était des cadeaux offerts généralement d'une manière comique ou ingénieuse; par exemple, on apportait de lourds paquets formés de plus petits qu'il fallait défaire avec patience; on trouvait sur le dessus mille petits cadeaux, les plus riches étaient au fond, mieux cachés, mieux empêtrés que les autres. Les souverains plaçaient dans les zapates des colliers d'ordres pour les hommes, des bijoux précieux pour les dames; tous ces cadeaux étaient accompagnés de devises. Les zapates se donnaient surtout à la saint Nicolas. Il fallait apporter dans ces offrandes de l'esprit, de l'adresse, inventer des appareils nouveaux pour cacher les objets que l'on envoyait ; c'étaient comme nos œufs de Pâques, mais en plus grand, en plus raffiné. Parfois un simple zapate devenait le prétexte de spectacles complets avec décors, surprises et ballets, et c'est par leur développement seul que les zapates rentrent dans le cadre de l'opéra.

Le mot *zapate* venait de l'espagnol *zapato*, qui veut dire soulier, et qui signifie aussi le morceau de cuir qui, dans les pauvres demeures, tient lieu de gonds aux portes. Saint Nicolas, passant un jour dans un village, entendit une mère se désoler de ne pas avoir de dots à donner à ses trois filles ; trois jours de suite, le saint jeta une bourse pleine d'or au travers de la porte, en s'aidant pour cette bonne action de la flexibilité du zapato qui la retenait.

Non-seulement le zapate ressemblait à nos œufs de Pâques, mais on voit qu'il avait une origine assez semblable à celle de nos présents de la Noël, où tous les petits enfants mettent soigneusement le soir leurs souliers dans la cheminée, afin d'y faire le lendemain matin la récolte des joujoux.

Peu à peu, en devenant plus fréquents, les zapates se dégagèrent des conditions de déguisement qui leur étaient primitivement imposées, et devinrent de simples cadeaux que les hôtes offraient à ceux qu'ils avaient reçus, ou se confondirent avec la fête elle-même qui en prit le nom.

Ainsi, lors du ballet des ambassadeurs polonais, dont j'ai parlé, Catherine de Médicis fit offrir à Henri III, comme nouveau roi de Pologne, des cartouches d'or gravés et décorés de devises. — Dans une fête que la reine de Hongrie donna en l'honneur de son frère Charles-Quint, Pomone offrit à l'empereur un rameau de victoire en or émaillé de vert, dont les branches étaient chargées de grosses perles et pierreries. — L'on voit encore, par un cartel de Desportes pour les *Chevaliers du Phénix*, que la reine Catherine de Médicis reçut de douze de ses filles d'honneur un soleil en or richement émaillé.

Le jour où le roi avait vidé ses coffres pour les noces du duc de Joyeuse, il fallait que les cadeaux offerts fussent dignes des circonstances, et se distinguassent par la matière et l'invention. Ils ne pouvaient pas à eux seuls constituer un spectacle, la splendeur de *Circé* s'y opposait; aussi, après le ballet, les naïades et les dryades firent une grande révérence au roi; la reine prit alors son époux par la main et lui offrit une grande médaille d'or sur laquelle était gravé un dauphin nageant en mer : « Augure assuré, dit Beaujoyeulx, de celui que Dieu leur donnera pour le bonheur de la France. » Les autres princesses, dames et demoiselles, chacune selon leur rang et degré, prirent les princes, seigneurs et gentilshommes que bon leur sembla; c'était le cotillon du temps, bien plus riche que le nôtre, où n'apparaissent guère que des bouquets et des bibelots de peu de valeur. Là, chacune des dames offrit à son cavalier une médaille d'or semblable à celle que la reine offrit au roi; mais comme toutes n'avaient pas le même vœu à faire, la figure gravée et la devise variaient, pour chaque offrande. Ces dessins, ou devises, avaient toutes un rapport avec la mer, car les naïades représentaient les nymphes des eaux. Les quatre dryades seules, Minerve et Circé, tout en offrant aussi des médailles semblables, en puisèrent les dessins et les devises dans un ordre d'idées non marines.

Les devises de ces ballets n'étaient pas chose aussi simples à trouver qu'on peut le croire, et on se livrait parfois à de grands efforts d'imagination pour accoucher de quelques lignes qui nous semblent des niaiseries. Les Français seraient, dit-on, les inventeurs de ces devises, et les Italiens les auraient, les premiers, employées dans les cadeaux et dans les livrées; non que les livrées et les devises n'existassent pas depuis longtemps, mais on voulut les rendre plus brillantes et plus significatives. C'était à Sienne pendant les guerres d'Italie; les officiers français y avaient organisé des veillées où chacun faisait assaut d'esprit et de distractions nouvelles; la rédaction des devises fut surtout très en honneur dans ces réunions. Lorsque l'armée française rentra en France, les Italiens qui recevaient les officiers, dérangés dans leurs habitudes prises, restèrent pendant quelques soirées sans savoir que faire. Les dames se moquèrent d'eux et leur dirent qu'ils semblaient *intronati* (foudroyés). Ils s'emparèrent du mot, et recommencèrent les distractions inaugurées par les Français en fondant une académie (on ne pouvait rien faire sans imiter l'antique), une académie dite des *Intronati*. Ce fut en 1525 qu'ils commencèrent leurs réunions; ils prirent comme emblème et devise une citrouille avec ces mots : *Meliora latent*, le meilleur est dedans : allusion à l'usage qu'avaient les paysans italiens de serrer leur sel dans des citrouilles ou des calebasses sèches. L'usage des devises se répandit donc fort vite en Italie, et lorsque Catherine de Médicis apporta en France les usages de son pays, les devises trouvèrent pour s'implanter en France un milieu tout préparé par le souvenir de la guerre italienne. Il n'y avait pas de bonnes fêtes sans théâtre, sans musique, sans ballet, sans cadeaux.

Voici la liste des cadeaux offerts lors du ballet de la reine, les noms des personnes qui les donnaient, ceux des personnes qui les recevaient, les devises et la traduction de quelques-unes de ces devises d'après le Père Ménétrier.

La reine offrit au roi un Dauphin avec ces mots :

*Delphinus ut Delphinum rependat,*
Je vous donne un dauphin, que j'en reçoive un autre.

La princesse de Lorraine offrit à M. de Mercœur une Sirène avec ces mots :

*Siren virtute haud blandior ulla est,*
En charmes, en vertu, nulle autre ne l'égale.

L'allusion s'adressait, ce me semble, ici plutôt à celle qui donnait qu'à celui qui recevait.

Madame de Mercœur offrit à Monsieur de Lorraine un Neptune, avec ces mots :

*Par mens invicta tridenti,*
C'est d'un air assuré qu'il soutient son trident.

Madame de Nevers offrit à M. de Guise un Cheval marin, avec ces mots :

*Adversus semper in hostem,*
Toujours prêt à combattre il cherche l'ennemi.

Madame de Guise offrit à M. de Genevois, Arion sur un Dauphin, avec ces mots :

*Populi superat prudentia fluctus,*
Le sage se sait mettre au-dessus des dangers.

Madame d'Aumale offrit à M. le marquis de Chaussin une Baleine, avec ces mots :

*Cui sat, nil ultrà,*
A qui suffit le sien, n'est rien à désirer.

La Baleine est curieuse comme dessin, elle porte des cornes courtes.

Madame de Joyeuse offrit au marquis de Pont un Monstre marin, avec ces mots :

*Sic famam adjungere famæ,*
Ainsi croître toujours en allant à la gloire.

Le Monstre marin est le physétère de Rabelais, cachalot jetant l'eau en deux jets au-dessus de sa tête.

Madame la maréchale de Retz offrit à M. d'Aumale un Triton, avec ces mots :

*Commovet et sedat,*
Il les meut comme il veut et sait les apaiser.

Madame de Larchant offrit à M. de Joyeuse une Branche de Corail, avec ces mots :

*Eadem natura remansit,*
Son cœur n'est pas changé pour changer de couleur.

A partir de cet endroit, la traduction des devises suivantes n'existe plus dans le Père Ménétrier ; je n'ose le remplacer, malgré ses licences et ses à peu près nécessaires à la confection de ses formules poétiques. Je continue donc à citer d'après Beaujoyeulx.

Madame de Pont offrit à M. d'Epernon l'Huître à l'écaille ; il faut croire que le donataire ne se formalisa pas et n'y vit aucune allusion ; la devise d'ailleurs, empruntée à l'académie des *Intronati*, corrigeait un peu l'allusion que l'esprit moderne, seul au reste, eût pu y voir :

*Intùs meliora recondit.*

Mademoiselle de Bourdeille offrit à M. de Nevers le « Poisson qui a l'épée au nez, » ou Xyphias, ou Espadon, avec ces mots :

*Sua sunt et mitibus arma.*

Mademoiselle de Cypierre offrit à M. de Luxembourg l'Ecrevisse sous la forme astronomique du Scorpion, avec ces mots :

*Vis non oblita suorum.*

Les quatre dryades offrirent de leur côté :

Mademoiselle de Vitry à M. Le Bastard un Hibou, avec ces mots :

*Artis vigilantia custos.*

Mademoiselle de Surgères au comte de Saux, un Chevreuil avec ces mots :

*Non tibi secura usquam.*

Mademoiselle de Lavernay au comte de Maulevrier, un Cerf avec ces mots :

*Non periit victus assueta novari.*

Mademoiselle de Stanay au comte de Bouchaigre, un Sanglier avec ces mots :

*Nusquam vis acrior urget.*

La Minerve offrit à la reine mère l'Apollon, avec ces mots :

*Linere et vincere suevi.*

La Circé offrit à M. le cardinal de Bourbon le Livre, avec ces mots :

*Fatorum arcana resignat.*

Cette devise cachait-elle une arrière-pensée politique? On sait qu'un moment le cardinal de Bourbon fut proclamé roi de France par le duc de Mayenne, chef de la

Ligue, après la mort du duc de Guise, lorsque Paris se souleva contre Henri III ; les mots latins inscrits sur la médaille offerte au cardinal faisaient-ils allusion à certaines idées de succession au trône, idées agitées à l'avance, et que, dit-on, la reine mère aurait partagées un moment, par antipathie pour le roi de Navare et le duc de Guise? Je ne sais ; j'incline plutôt à penser que, semblable à la plupart des devises ci-dessus, celle-ci ne veut rien dire du tout, et, comme la plupart de ses devancières encore, s'applique médiocrement au sujet gravé sur la plaque, et plus médiocrement encore au donataire.

J'ai dit que bien souvent un zapate servait de prétexte à une sorte de représentation dramatique, et qu'il se confondait avec elle. C'est ici le lieu de parler de la fête que j'ai citée dans le chapitre II, et que Bergonzo Botta, gentilhomme lombard, donna au XV⁰ siècle. C'était un zapate, et, en somme un essai encore inconscient d'opéra. Désirant offrir à Isabelle d'Aragon, femme de Galéas de Milan, qu'il recevait chez lui, un festin hors ligne, il inventa une mise en scène tout à fait nouvelle pour le repas qui constituait le zapate (1).

Le repas fut ainsi servi. Jason apporta la Toison d'or pour servir de nappe. — Mercure vint vanter son adresse qui lui avait fait dérober chez Admète un

---

(1) Cette fête se placerait vers 1490. Le Galéas dont il s'agit ne peut être que Jean-Galéas-Marie, qui, bien jeune à la mort de son père Galéas Marie, gouverna, de nom plutôt que de fait, de 1476 à 1494, au milieu des troubles et des guerres civiles, avec Ludovic le More son oncle ; ce dernier finit par le faire renfermer et l'empoisonner (c'est une mine à mélodrames que cette famille). Isabelle d'Aragon était fille d'Alphonse II, roi de Naples.

veau pour le rôti. — Diane offrit Actéon comme gibier. — Orphée chanta sur la lyre les charmes d'Eurydice ; sa voix attira des oiseaux, qu'il offrit à Isabelle, — Atalante apporta la hure du sanglier de Calydon. — Thésée offrit le reste de la bête. — Iris descendit du ciel dans un char traîné par des paons, et l'un de ces paons fut servi décoré de ses plumes. — Hébé apporta le nectar. — Apicius vint déposer sur la table les recherches gastronomiques de la fin du XVe siècle. — Pan, escorté de bergers arcadiens, apporta un fromage. — Vertumne et Pomone donnèrent les fruits. — Des Dieux marins et les Fleuves lombards avaient offert la marée salée et d'eau douce.

C'était la mise en action de toutes les périphrases dont se servaient les poëtes ; la musique et les récits accompagnaient les actions des personnages, et des pierreries et des bijoux furent offerts à Isabelle d'Aragon pour couronner le festin. Ensuite, pour compléter la fête, Orphée joua une ouverture et amena l'Hymen escorté d'une troupe d'Amours. Puis vinrent les trois Grâces, avec la Foi conjugale, qui descendit du ciel soutenue par Mercure et la Renommée. Médée, Sémiramis, Cléopâtre, Hélène, qui voulurent se mêler à la fête, furent chassées comme indignes par la Foi conjugale, et les Amours brûlèrent leurs voiles. En revanche, Lucrèce, Judith ! Thomiris, apportèrent les palmes de la Pudeur.

La dernière partie de la fête était moins réussie, moins originale que le festin, dont les surprises successives furent très-goûtées. La soirée se termina par l'entrée de Silène, ivre, monté sur un âne, et qui vint égayer les convives, tout comme les chanteurs de chansonnettes viennent, dans nos concerts, dérider les fronts assombris par les pianistes.

On voit par cet exemple que c'était la surprise, l'imprévu dans l'objet offert, qui, plus que la nature même de cet objet, constituait le zapate.

Après la distribution des cadeaux du *Ballet de la Reine,* les princesses, dames et demoiselles, conservant les cavaliers auxquels elles avaient offert des médailles d'or, se rendirent au grand bal ; le cortége parcourut la salle dans l'ordre indiqué pour les cadeaux, pendant que l'orchestre faisait entendre les pavanes d'usage. Après le grand bal, on se mit à danser « les bransles et autres danses usuelles, » et les « festins et éblouissements recommencèrent. »

Enfin, le roi et les reines se retirèrent, la nuit étant déjà très-avancée. Le ballet comique avait commencé à dix heures du soir, et avait duré à lui seul jusqu'à trois heures et demie du matin, sans que personne se fût aperçu de sa longueur.

Tous les assistants furent satisfaits, surtout « la si haute, excellente et grave souveraine qui avait fait tant d'honneur à ses sujets que de s'abaisser jusqu'à se rendre compagne des jeux faits pour la réjouir, et se présenter en public. »

Baltazarini semble ici partager cette opinion, qu'il est inutile de danser soi-même, quand on est assez riche et assez puissant pour faire danser les autres. Mais la reine a consenti à figurer dans le ballet « afin que tous connussent que nos rois et reines, comme ils commandent sur un peuple franc, aussi le traitent-ils franchement et avec toute douceur, franchise, communication et courtoisie. »

*Circé*, comme nos grands opéras modernes, dure donc cinq heures et demie, et sans entr'acte, sans repos aucun. Les assistants sont à la fois acteurs et public; ils ont festiné longuement auparavant, et ils trouvent encore la force, à trois heures et demie du matin, de se remettre en festins et de danser jusqu'au jour; et cette vie de divertissements durait depuis deux semaines.

A voir un pareil élan, on eût dit que dans cette cour heureuse il n'y eût que des jeunes hommes et des jeunes femmes, et que tous mettaient en pratique, au milieu des guerres civiles, ce joli sonnet de Ronsard et la morale qu'il y enseigne :

> Je vous envoye un bouquet que ma main
> Vient de trier de ces fleurs épanies.
> Qui ne les eust à ce vespre cueillies,
> Cheutes à terre elles fussent demain.
>
> Cela vous soit un exemple certain
> Que vos beautez, bien qu'elles soient fleuries,
> En peu de temps cherront toutes flétries,
> Et comme fleurs périront tout soudain.
>
> Le temps s'en va, le temps s'en va, Madame.
> Las! le temps non, mais nous nous en allons,
> Et tost serons estendus sous la lame ;
>
> Et des amours desquelles nous parlons,
> Quand serons morts, n'en sera plus nouvelle :
> Pour ce aimez moy, cependant qu'estes belle.

Dans cette vie facile, on comprend les regrets que Bussy est supposé exprimer à Laneuville dans *la Fortune de Cour* :

« Comment ne me souviendrois-je plus de tant de plaisirs que j'ai reçus en faisant la vie de courtisan, et principalement dans la conversation des dames! Comment pourrois-je oublier les beaux et savants discours de madame de Retz, les rencontres et vivacités de madame de Villeroy, la douceur et bonne grâce de madame de Sauve! Puis d'entre les filles, les subtils propos de Vitry, les folâtres dépits de Sienne, la bonne grâce de Savernay et les beaux yeux de Rostain! Choses charmantes, ajoute-t-il, à faire changer le caractère du plus mélancolique! » Et si on lui permettait de s'égayer làdessus, il ferait des descriptions merveilleuses des perfections de nos dames, et parlerait notamment de la « comédie des billets doux. »

Après une telle vie, il ne peut rien souhaiter, « sinon de mourir, afin de ne point diminuer ailleurs le comble d'une telle félicité. »

Ces regrets attendris ne sous-entendent-ils pas certains détails sur les dames figurant dans le ballet? Et faut-il prendre malignement les réticences du dialogue, les soupirs dont l'interlocuteur de Laneuville accompagne ses phrases, pour des allusions à certaines aventures vers lesquelles son esprit se reporte avec délices? Certes, avec la plus grande bienveillance pour le XVIe siècle, on ne peut se refuser à reconnaître que la vertu n'était pas précisément ce qui avait le plus de chances de réussir à la cour élégante des Valois. Ce n'est pas à ce moment que la sagesse proverbiale du bon vieux temps florissait, et à ce propos on se demande à quelle époque il faut la rechercher.

Je lis par hasard dans Bussy-Rabutin un passage qui a trait à cette vertu des vieux temps : c'est au sujet de mademoiselle de La Motte, dans le chapitre de mademoiselle de La Vallière. On croyait à certain moment que le roi, par dépit contre cette dernière, avait jeté ses regards sur mademoiselle de La Motte; aussitôt les parents d'intervenir et de prêcher à la jeune personne autre chose qu'une vertu sévère. La jeune fille résistant à ces conseils, les parents et les amis se réunirent, conférèrent, et cherchèrent à faire comprendre à la jeune entêtée que l'on n'était plus « dans la sotte simplicité de nos pères, » où une simple galanterie passait pour une injure, et où une fille n'entendait parler d'amour que le jour de ses noces; « aujourd'hui le monde est plus fin, ajoutaient-ils encore, le monde est plus fin et plus raisonnable, et, par une heureuse vicissitude, l'amour et la galanterie se sont introduits partout. »

A en juger par les mémoires du XVIe siècle, la « sotte simplicité de nos pères » n'existait pas encore sous Henri III; d'après Bussy-Rabutin, elle n'existait plus sous Louis XIV. Elle avait donc bien peu duré, si tant est que cette *sancta et honesta simplicitas* ait jamais existé quelque part.

# CHAPITRE VII

## MUSIQUE DE CIRCÉ

Étude sur les orchestres, l'harmonie et les instruments en usage à la fin du XVIe siècle.

La musique est affaire d'habitude : chaque époque musicale a besoin d'être étudiée pour être goûtée, surtout quand ses productions s'éloignent beaucoup, comme style, de la musique que l'on entend ou que l'on joue d'ordinaire. On a besoin de se faire à une musique ancienne comme à une musique nouvelle ; lorsque l'on a étudié Lully, les anciens maîtres italiens, puis l'époque de Palestrina, la musique de Beaulieu et de Baltazarini ne paraît pas étrange ; mais, pour l'apprécier, il faut pouvoir remonter par degré depuis notre temps jusqu'au XVIe siècle, sinon la transition paraît trop brusque. La qualité principale d'une partie des morceaux du ballet de *Circé* est le sentiment dramatique ; il y a une vie, un mouvement, qui, bien que très-élémentaires, font une opposition sensible avec la musique liturgique qui régnait encore en maîtresse à cette époque, et dont la théorie s'imposait toujours, même à ceux qui tentaient d'y échapper. Il y a quelques morceaux ennuyeux dans le *Ballet de la Reine*. L'ancienne tonalité en est la cause. Mais, à côté de ces morceaux, il y en a d'autres très-réussis et qui possèdent en plus pour nous la physionomie intéressante d'un temps disparu.

Il est peu commode de parler d'une partition sans la placer sous les yeux du lecteur; je dois donc me borner à quelques observations sommaires; et je compléterai cette partie en donnant quelques renseignements utiles sur les instruments du temps, et sur la musique gravée dans le livre de Baltazarini au XVI$^e$ siècle, pour faciliter la lecture du volume original aux personnes qui l'auraient entre les mains.

La musique de *Circé* est imprimée en caractères mobiles (1).

---

(1) Jusqu'au siècle dernier, ce système d'impression musicale fut pratiqué presque exclusivement; ce ne fut que peu à peu que la Gravure en creux sur métal prit sa place, et ce fait n'arriva que par suite des mauvaises impressions qui furent publiées. Il est cependant regrettable que l'impression en caractères mobiles n'ait pas été conservée et perfectionnée; elle eût permis de livrer la musique à un prix aussi modique que la typographie ordinaire. Aujourd'hui les deux systèmes de l'impression et de la gravure sont en présence, mais on ne peut dire en lutte, car la gravure sert à produire plus des neuf dixièmes de la musique publiée.

La gravure sur métal, sur étain (car on ne se sert guère du cuivre, qui est fort cher, ni du zinc, dont le grain est mauvais), coûte relativement bon marché pour l'exécution du poinçonnage, qui est assez rapide. Mais les corrections s'y font difficilement sans que la planche en souffre, si elles sont nombreuses ou importantes. Puis le tirage est plus coûteux que celui de la typographie, et le prix n'en diminue pas proportionnellement au nombre tiré. De plus, les planches s'usent peu à peu, et le commerce de musique est encombré

Les notes sont de la plus ancienne forme, qui se perpétua chez les Ballard jusqu'aux derniers opéras de Lully et jusque dans le premier tiers du XVIIIe siècle. Les mesures ne sont pas indiquées; les notes se suivent sans barres de séparation : souvent une ronde ou une blanche appartiennent à ce que nous appelons deux mesures, et doivent être transcrites en deux blanches ou deux noires liées ; si donc l'on marque les bâtons de mesure sur la musique originale, parfois ces bâtons doivent couper une note en deux ; comme on frappait la mesure *alla capella,* ceci n'avait aucun inconvénient pour les exécutants. Les mouvements ne sont pas indiqués, et il n'y a aucun signe d'expression. Dans les morceaux à plusieurs voix ou parties, les parties ne sont pas placées au-dessous les

---

de vieilles planches qui ne donnent plus que des épreuves pâles et défectueuses.

La composition en caractères mobiles coûte fort cher; mais on peut imprimer à l'infini, surtout en faisant des clichés résistants, et le tirage ne coûte pas plus cher que pour la typographie ordinaire; si l'on a un nombre considérable d'exemplaires à publier, les frais seront minimes. Le système des caractères mobiles a de plus pour lui le grand avantage de pouvoir être employé conjointement avec les caractères d'impression ordinaire, avec ou sans clichage, et de fournir des pages ou fragments de pages facilement intercalables au milieu de la composition ordinaire d'un livre, ce que ne peut donner la gravure sur métal. Si les frais de la composition en caractères mobiles pouvaient être abaissés, je ne doute pas qu'on ne vît rapidement disparaître la gravure musicale sur métal. Les vieux imprimeurs, notamment les Ballard, ont fait le plus grand tort au système des caractères mobiles, en se refusant à changer les anciens types qu'ils employaient; ils tinrent pour les notes longues, en carré, en losange, avec et sans queues, et les graveurs vinrent, qui se plièrent plus aisément qu'eux à la forme ronde, à laquelle nous sommes si parfaitement habitués que tous autres caractères rendent pour nous la lecture musicale difficile.

unes des autres, mais elles sont écrites sur des pages différentes et placées à la suite, de sorte que la lecture en commun, avec un seul exemplaire, en est matériellement impossible; la partition n'existe pas encore.

Le traité de musique pratique de J. Yssandon, in-folio publié en 1582 chez A. Le Roy et R. Ballard, donne les indications suivantes sur la valeur des notes : « Aujourd'hui, dit-il, beaucoup de musiciens nomment la brève un *temps*. » Il entend par le mot *brève* la note blanche sans queue, et comprend sous le mot de *temps* le levé et le frappé; la semi-brève est notre blanche.

Donc la brève vaut deux temps de notre système;

Et la semi-brève vaut un temps de même espèce.

Ces valeurs existent encore par tradition dans notre musique, et le C barré actuel s'écrit avec des valeurs doubles de ce qu'elles sont en réalité, puisqu'une mesure composée d'une ronde, deux blanches ou quatre noires, se bat à deux temps.

Yssandon dit aussi : « La noire et la croche sont ajoutées aujourd'hui pour les voix. » Mais on s'en servait peu, et la musique était blanche d'aspect; sa physionomie était des plus tranchées, comparée avec celle de la musique actuelle, et les formes typographiques des deux époques diffèrent autant que leurs théories musicales.

Voici, au reste, les valeurs employées par Yssandon :

> La double longue, qui vaut deux longues;
> La longue, qui vaut deux doubles brèves;
> La double brève, qui vaut deux brèves;
> La brève, qui vaut deux semi-brèves;

La semi-brève, qui vaut deux noires;
La noire, qui vaut deux croches.

Ceci est pour le rhythme binaire; dans le rhythme ternaire, la division se fait par trois. Une longue vaut trois brèves, etc., etc. Mais, dans ce temps, la division ternaire était dite la *division parfaite*, et la division binaire l'*imparfaite;* c'était l'ancienne influence du nombre trois.

Souvent, dans le **Ballet de la Reine,** on rencontre des longues et des brèves qui sont noircies; leur valeur alors change. Le noircissement ôte aux signes parfaits, aux signes de la division ternaire, un tiers de leur valeur, et aux signes imparfaits, aux signes de la division binaire, un quart de leur valeur. Ainsi, une brève noircie, dans la division ternaire, vaudra seulement deux semi-brèves au lieu de trois, et la semi-brève noircie, dans la division binaire, vaudra seulement une noire et une croche, et s'appellera une *minime*.

Le point mis après une note augmente, comme à présent, cette note de moitié de sa valeur; le noircissement était une sorte de contre-partie du point.

Ainsi, dans la division binaire, par exemple, une brève, qui vaut deux semi-brèves, quatre noires, huit croches, si elle est noircie, ne vaudra plus que trois noires ou six croches; pour compléter la brève noircie, il faudra donc une noire ou deux croches ou une valeur de silence équivalant à ces signes.

Cette influence du noircissement est très-importante à

connaître pour la lecture de la musique originale du ballet (1).

La coupe des morceaux n'est pas la même que dans la musique moderne, et la différence est surtout sensible dans les airs pour une voix seule, qui tiennent le milieu entre le récit et le chant; les chœurs, en revanche, sont régulièrement coupés. Le nombre des parties varie. Le chœur des Sirènes est à quatre voix (trois sopranos, un contralto). — Le chant des Vertus est à deux voix (un soprano, une basse). — Les chœurs des Satyres sont à quatre et cinq voix; ceux de la Voûte dorée à quatre, cinq et six voix, soit deux dessus, un contrà, un ténor, une basse, ou deux dessus, un contrà, deux ténors, une basse. Les uns sont indiqués avec instruments; les autres avec parties de chant seulement. Je pense cependant que tous, sauf indication contraire et précise, devaient être soutenus par un accompagnement quelconque. Dans tous ces morceaux, les cadences ne se font pas sentir harmoniquement aussi nettement que dans notre musique moderne; il en résulte une certaine incertitude pour l'oreille, incertitude encore augmentée par la multiplicité des accords parfaits mis en contact les uns avec les autres et qui viennent à chaque moment faire apparaître, pour les faire disparaître aussitôt, les tonalités les plus diverses.

L'harmonie était vague à cette époque de transition; on avait, d'après le système du plain-chant, des sympathies ou des antipathies bizarres pour ou contre certains

---

(1) Voir à l'Appendice, note D.

intervalles ; les quintes avaient été goûtées dans un temps ; on faisait des séries d'accords parfaits par mouvement semblable ; — en revanche, la sixte majeure, la sixte mineure, la quarte et sixte étaient des abominations. Yssandon donne les préceptes harmoniques de son temps ; ils sont en somme ceux de la musique liturgique d'alors, avec certaines tendances vers les principes de l'harmonie du XVIIe siècle ; à peu de chose près, ce qu'il expose pourrait encore se retrouver dans une partie de tous les traités d'harmonie faits depuis lors, car la théorie n'est pas, à proprement parler, l'exposition des nouvelles inventions musicales ; elle est plutôt la dépositaire de lois fixes, reconnues bonnes, mais qui souvent n'ont plus que l'apparence de la réalité à l'époque où le livre théorique est publié. Si le traité d'Yssandon me paraît, en quelques points, être en avance sur la théorie musicale religieuse de son temps, à son tour l'œuvre de Beaulieu et Baltazarini me semble fort en avance sur les principes d'Yssandon. Il y a dans le *Ballet de la Reine* certaines modulations, ou plutôt des tentatives de modulations, et des emplois d'accords dissonnants que l'ancien style n'admettait pas et devait regarder comme l'œuvre du diable musical. Dans quelques accompagnements, notamment dans ceux des récits modulés de Mercure, Jupiter, Glauque et Thétys, on sent qu'il devait y avoir des accords de septièmes ; nos oreilles y sont trop habituées pour pouvoir s'en passer, il est vrai, et peut-être la présence de ces accords ne serait-elle pas très-régulière ; mais ils n'étaient pas tout à fait inconnus à cette époque, et d'ailleurs l'ancienne musique les acceptait avec préparation ; or, dès l'instant que l'oreille eut accepté ces effets ainsi, il n'y avait qu'un pas à faire pour les accepter sans cette préparation, et ce pas fut fait rapidement.

L'accompagnement de cette époque était incertain, et n'est pas indiqué ; la plupart du temps les parties de chant étaient doublées par les instruments, chacun suivant son diapason ; les instruments aigus doublaient les sopranos, les instruments moyens, les contrà et les ténors, les instruments graves, les basses. La basse chiffrée, dont l'invention (fort discutée) remonterait à la fin du XVI$^e$ siècle ou au commencement du XVII$^e$, n'existait pas alors et l'on se trouve, à son égard, dans l'inconnu. Yssandon donne bien quelques préceptes d'accompagnement, mais ils ne s'appliquent qu'à un petit nombre des morceaux du ballet ; les voici néanmoins : on pourra les comparer avec le chant des quatre Vertus.

La première règle est que « si le discant (dessus) est mis à l'unisson de la teneur (ce qui revient à un chant à une seule partie), la basse se pourra mettre à la 3$^e$, 5$^e$, 10$^e$ et 12$^e$.

« Si le discant est à la 3$^e$ sur la teneur, la basse se mettra sous la teneur à la 3$^e$, 8$^e$, 10$^e$ et parfois à la 6$^e$, si la 6$^e$ est suivie de la 8$^e$.

« Si le discant est à la 5$^e$ sur la teneur, la basse pourra être à l'unisson de la teneur ou à la tierce sur la teneur. »

Le premier de ces paragraphes est le seul qui soit intéressant pour les récits chantés du ballet, écrits à une voix seule ou pour le chant des Vertus; les autres morceaux ont leur harmonie complète réalisée par les parties écrites.

Il y a dans la *Circé* de Beaulieu des exemples d'accords de 7e; mais tous ne sont pas employés sans préparation, et quand ils le sont, on voit que l'auteur n'avait pas l'intention d'en faire l'agent par excellence d'une modulation; de plus, le rhythme ne vient pas s'y joindre pour leur donner l'accent irrésistible que nous sommes habitués à leur reconnaître.

Je citerai, par exemple, le premier accord de la cinquième mesure du chœur des Sirènes : sol, fa, si bémol, ré, où la tierce est mineure; la dissonance n'est pas préparée, mais le sol monte au ré, et le fa ne se résout pas en descendant; — l'accord de la treizième mesure de la Réponse de la Voûte dorée aux Satyres : si naturel, sol, ré, sol, fa; sans préparation; il se résout sur l'accord parfait d'ut majeur, mais avec une marche singulière des parties; le fa descend au sol, le sol au mi, le ré à l'ut, le sol inférieur reste, et le si naturel monte à l'ut; cet accord est précédé de l'accord parfait d'ut mineur : ut, ut, mi bémol, sol, ut; c'est un des plus singuliers exemples de la partition, — l'accord du temps levé de la dixième mesure de la Réponse de la Voûte dorée aux Vertus : mi, la, do dièze, mi, sol; le sol a été entendu, puis l'accord, au lieu de se résoudre en ré mineur, s'échappe et tourne vers des effets étranges pour nous; — l'accord n° 2 de la quatrième mesure, premier chœur de la Voûte au char de Pallas : si naturel, sol, ré, mi, sol, ré; les deux ré ont été entendus; — puis la mesure vingtième du même chœur, qui offre une modulation en mi bémol au moyen de l'accord de septième de la dominante de ce dernier ton ; mais l'accord est mal résolu, et le ton de mi échappe immédiatement pour aller en si bémol. Presque tous ces exemples sont dans les parties de la Voûte dorée ; elle contenait sans doute les plus habiles exécutants ; les accords de septième étaient difficiles à attaquer, surtout à une époque où l'habitude ne les avait pas comme fixés dans l'oreille, et où une théorie vivace les proscrivait tant qu'elle pouvait. Les mouvements ne sont indiqués nulle part ; ils sont presque toujours *alla capella*; cependant le duo de Glauque et de Thétys gagne à être varié comme mouvement ; il en est de même des récits de Jupiter et Mercure.

Bien qu'à cette époque la division ternaire fût la bonne, et que le nombre trois fût parfait, presque tous les mouvements sont à deux temps et les rhythmes sont presque tous binaires. Le 6/8 même est très-rare, bien que, comme je l'ai dit, les barcarolles italiennes, qui devaient déjà exister à l'époque de la guerre d'Italie, eussent dû le mettre à la mode ; il est vrai que la vieille chanson gauloise était pleine de vie et qu'elle résistait à l'importation italienne, comme elle avait résisté au 12/4 de la musique religieuse.

Comme idées musicales importantes pour l'époque, il faut citer, outre le récit de Mercure et celui de Jupiter (qui, avec quelques modifications légères, peuvent devenir charmants), le duo de Glauque et Thétys entrecoupé de chœurs. La carrure seule manque à ce duo. L'opposition qui existe entre les rôles de Glauque, de Thétys et des

Tritons est bien rendue par la musique. La partie finale du duo, avec roulades, est des plus singulières, avec son incertitude de tonalité et d'accompagnement; c'était là une sorte de récit déclamé, peut-être sans aucun accord en dessous, et qui cependant pouvait produire de l'effet; Meyerbeer, dans la mélopée de Nélusko ordonnant, au deuxième acte de *l'Africaine*, de diriger le navire vers le nord, a écrit ainsi sans accompagnement, et ce morceau n'en n'est pas moins plein de vigueur et d'énergie. Quant aux roulades de Glauque et de Thétys, elles semblent être les ancêtres des notes longuement vocalisées que l'on rencontre, par exemple, dans le *Salomon* d'Hændel.

Il faut encore citer comme effet musical la gradation suivie dans le troisième acte, dans du moins ce que j'appelle le troisième acte ou troisième intermède, après le chant des Vertus. Ce chant est écrit pour deux voix sans accompagnement. Il est difficile de commencer plus simplement : la Voûte dorée répond par une harmonie pour douze instruments sans voix, et à partir de ce moment la progression sonore va toujours croître; le deuxième chœur de la Voûte sera complété par des voix, et enfin, le chœur qui accompagne la descente de Jupiter sera soutenu par quarante musiciens chanteurs et instrumentistes.

Baltazarini dit, en décrivant la salle du Petit-Bourbon, que la Voûte dorée renfermait dix concerts divers. Faut-il voir là une hyperbole, une expression de fantaisie, ou vraiment dix familles d'instruments? Cette dernière interprétation serait aisée à soutenir, et les dix familles seraient les suivantes : 1° violes et violons ; — 2° flûtes ; — 3° hautbois ; — 4° cromornes ; — 5° sacquebutes ; — 6° cornets ; — 7° trompettes ; — 8° harpes ; — 9° luths ; — 10° tambours et timbales. Les orgues et la flûte à Pan, en dehors, complétaient la collection. Seulement, les instrumentistes devaient être peu nombreux, car les dimensions données par Baltazarini pour la Voûte dorée ne sont pas des mesures géantes. Donc, plus tard, lors de la descente de Jupiter, on devait adjoindre d'autres instrumentistes et chanteurs à ceux de la Voûte dorée, pour atteindre le nombre de quarante exécutants. Si l'on cherche à disposer avec les matériaux ci-dessus un orchestre assez sonore et adapté aux chanteurs, on pourrait admettre les proportions suivantes :

Douze chanteurs.
Vingt-huit instrumentistes.

En laissant en dehors les dix violons de Beaujoyeulx, destinés à la danse, ce sont vingt-huit places qu'il faut distribuer aux dix familles d'instruments, soit :

Douze violes, basses, dessus et intermédiaires.
Deux flûtes.
Deux hautbois.
Un cromorne.
Deux sacquebutes.
Deux cornets.
Deux trompettes.
Une harpe.
Trois luths.
Un tambour.

On pourrait évidemment faire une distribution différente, mais celle-ci prouve qu'avec les instruments du temps on pouvait composer un orchestre fort acceptable comme puissance, sonorité et variété de timbres.

La question de l'orchestration à cette époque est au reste intéressante ; il y a malheureusement peu d'exemples de la manière dont les musiciens répartissaient les timbres ; on ne peut guère en juger que par analogie, et par l'importance, le développement et les ressources des instruments qui existaient au XVIe siècle. Ce sont ces points principaux : la formation des instruments, leur développement, leurs ressources et l'emploi qu'en ont fait quelques compositeurs ou artistes vivant vers la fin du XVIe siècle et le commencement du XVIIe, que je vais rapidement exposer ici ; c'est, au reste, la partie de la musique sur laquelle on trouve le moins de détails réunis.

Chez tous les peuples, dans tous les temps, on rencontre les mêmes éléments sonores, — objets vibrants par un choc, un frottement ou un souffle, et tous les instruments peuvent se résumer en instruments à cordes, en instruments soufflés et en instruments frappés. Chacune de ces divisions s'est subdivisée elle-même avec le temps, selon la manière dont on faisait vibrer les instruments, selon la matière dont ils étaient fabriqués ; mais au moment où la corde, le vent et le choc eurent produit chacun quelque chose méritant enfin le nom d'instrument, on dut voir apparaître, à un degré très-élémentaire, sous des noms variables et sous des formes plus variables encore : le monocorde, la flûte et le tambour. A part cette séparation tout à fait primitive des instruments, et si l'on regarde à toute époque plus avancée de civilisation musicale, il y a toujours confusion entre les espèces des instruments et doute sur la manière dont ils ont pu se perfectionner.

Les instruments les plus anciens ont tous laissé des traces dans notre langue; ainsi les vieux mots violer, tabourer, tromper, muser, piper, flûter, harper, corner, etc., accusent nettement l'ancienneté, en France, de la viole, du tambour, de la trompette, de la musette, des pipeaux, de la flûte, de la harpe et du cor; mais sous quelles formes? et à quel degré de perfectionnement à telle et telle époque? Voilà ce que la langue ne peut pas dire. Les vieux livres spéciaux sont rares, et les autres ne contiennent le plus souvent que des indications indirectes et inexactes. Resteraient les statues, bas-reliefs, tableaux et les miniatures surtout; on trouve là des renseignements précieux, non pour l'origine, mais pour l'existence d'un instrument à une époque donnée, celle du livre ou de l'œuvre d'art que l'on considère. La présence d'un instrument dans une miniature, une peinture, indique l'existence de cet instrument et sa forme, encore, plus ou moins exacte, mais rien de plus. Et même ce moyen d'information ne doit être employé qu'avec la plus grande réserve dès que l'on arrive à la Renaissance : il y a eu alors des réminiscences de l'antique, des tentatives de restaurations archéologiques, et il ne faut pas plus ajouter foi à la vérité de certains accessoires de cette époque qu'à la lyre dont on orne encore les statues des poëtes modernes et qui ne signifie nullement, comme nos descendants pourraient le croire, que la lyre faite avec une écaille de tortue est toujours en usage parmi nous.

Les orchestres primitifs durent se composer des instruments suivants (je ne parle que des premiers temps de la monarchie française, bien entendu ; car je ne veux pas m'occuper ici des instruments de l'antiquité).

Lyre. — Psaltérion. — Rote. — Harpe.
Chalumeau. — Flûte droite.
Cornet. — Trompette.
Tambourin.

Un peu plus tard, certains instruments ont été éliminés et d'autres perfectionnés, et l'on a pour orchestre encore bien faible la réunion de :

La viole et ses variétés.
La harpe.
Le chalumeau et le hautbois.
La flûte et ses dérivés.
Les cornets, trompettes, sacquebutes.
Les tambours, tambourins.

Au fond des orchestres les plus simples, partout on trouve toujours, à toutes les époques, un instrument à cordes et à archet, un instrument à vent en bois, un instrument à vent en métal. La harpe parfois vient s'y joindre. Les ménestrels jouaient de la harpe, — de la viole ; les ménétriers se promenaient avec des violes, des flûtes, des trompettes, ou avec des rebecs, des chalumeaux et des sacquebutes. Viole, flûte, trompette, ou leurs dérivés, ou leurs voisins, ont toujours, chez tous les peuples, été l'apanage des musiciens ambulants; Weber s'en est souvenu en orchestrant la marche villageoise du premier acte du *Freyschütz* pour un violoncelle, une trompette et une clarinette. Dans les cours des maisons parisiennes, ne sont-ce pas encore les anciens ménétriers qui viennent écorcher les oreilles des habitants avec la harpe, le violon, la clarinette et le trombone? Au fond, c'est toujours la même chose, la forme extérieure seule a légèrement varié.

Lorsque les musiciens se réunirent pour former les premiers orchestres et que ces orchestres commencèrent à mériter ce nom, voici les instruments qui étaient en usage :

Les violes à cinq, six, sept, huit et neuf cordes; leurs grandeurs variaient; il y avait les dessus de violes; les ténors de violes, qui se jouaient sur les genoux et avec l'archet renversé; les basses de violes, de huit et neuf pieds de hauteur, telles qu'on les voit dans *les Noces de Cana* de Véronèse.

Les clavecins, harpes, luths.

Les orgues.

Les flûtes à six, neuf, douze trous (flûtes droites et à bec) avec ou sans clefs.

Les trompettes droites et courbes.

Les cornets à bouquin à sept trous.

Les sacquebutes.

Les cromornes et leurs nombreux dérivés.

## MUSIQUE DE CIRCÉ

Après ces orchestres, déjà assez complets, vinrent ceux de la fin du XVIe siècle; pour donner l'idée de ce que devait être l'orchestre du *Ballet de la Reine*, voici la composition de celui de l'*Orfeo*, de Monteverde ; bien que cet opéra soit postérieur de vingt ans à celui de Baltazarini, la répartition des timbres peut servir comme renseignement.

- 2 clavecins.
- 2 basses de violes.
- 10 violes à bras.
- 2 petits violons à la française (à quatre cordes au lieu de cinq.)
- 1 harpe double.
- 2 grandes guitares ( ou plutôt des luths dits théorbes.)
- 2 orgues.
- 2 basses de jambe (*viola di gamba.*)
- 4 sacquebutes ou trombones.
- 1 jeu de régale (petit orgue.)
- 2 cornets.
- 1 petite flûte.
- 1 clairon.
- 3 trompettes.

Il n'y a là ni hautbois, ni flûtes, ni cromornes. Quant à la manière dont ces instruments étaient employés, on en trouvera l'explication au dernier chapitre de ce livre à propos de la musique de *l'Orphée*, de Monteverde.

Pour tous les instruments ci-dessus, la difficulté est

toujours la même de distinguer clairement leur origine et la part qui revient aux uns comme aux autres dans les remaniements successifs des instruments leurs voisins, les progrès d'un instrument obéissant toujours à des causes multiples. Je me suis borné à donner ci-après quelques renseignements sur les instruments qui sont cités dans le *Ballet de la Reine* ou sur ceux qui devaient, selon moi, composer les orchestres à la fin du XVIe siècle à la cour des Valois, où la musique avait été pendant longues années (pendant presque trois quarts de siècle) exceptionnellement protégée.

A cette époque l'orchestration n'était pas née encore; chaque instrument doublait les chœurs selon son diapason, et l'orchestre était le très-humble esclave des chanteurs.

Jusqu'au XVIe, XVIIe et même XVIIIe siècle, les instruments moins parfaits que les nôtres avaient tous un immense avantage; ils étaient distribués par familles; chacun se divisait au moins en discant, contrà, ténor et basse; il y avait des chœurs de flûtes, de violes, comme des chœurs de voix. Corneille, dans *le Menteur*, parle encore des concerts de flûtes et de luths. Nous sommes trop habitués à considérer, comme le type de l'orchestre, l'orchestre de la fin du XVIIIe siècle et du commencement du XIXe; il est peut-être plus parfait, mais beaucoup moins riche comme timbres que ces anciens orchestres du XVIe siècle. La sonorité a disparu avec l'abandon du système des instruments par familles; Lully a été le grand agent de cette modification importante; ses violons eurent tant de succès, que le violon a dominé complétement l'orchestre, a relégué les autres instruments au rôle d'accompagnateurs, de remplisseurs de l'harmonie, et beaucoup d'instruments sont devenus inutiles ; ils ont disparu, alors qu'ils ne pouvaient se résigner à boucher uniquement les vides de l'orchestration.

Je diviserai les instruments en :

1° Instruments à cordes pincées et frottées ;
2° Instruments à clavier ;
3° Instruments à vent, en bois et en métal ;
4° Instruments de percussion ;
5° Instruments secondaires.

Soit donc :

1° Violons et violes, luths, harpes ;
2° Orgues et clavecins ou épinettes ;
3° Flûtes, chalumeaux, hautbois, cromornes ;
4° Cors, trompettes, cornets, sacquebutes ;
5° Tambours, tambourins ;
6° Cornemuses, clochettes, claquebois, etc.

### LE VIOLON

Cet instrument a acquis une telle importance que l'on doit commencer par lui, bien qu'il n'eût pas, au XVI° siècle, le rôle dominateur que nous lui avons donné ; il a complétement fait oublier les violes et leurs nombreuses variétés, dont je parlerai ci-après ; et il les a contraintes à se modeler sur lui et à devenir ses humbles suivants.

D'où vient le violon ? Plusieurs opinions sont en présence.

On attribue son origine : 1° Au psaltérion ; 2° à la rote à archet ; 3° à la lyra ; 4° à la trompette marine ou monocorde ; 5° on lui a supposé une origine propre, indépendante de tout instrument précurseur ; enfin 6° on l'a rattaché à l'ancien rebec français, sans trop se demander si le rebec lui-même ne venait pas de la rote ou du monocorde, réduits à de petites proportions ; 7° de plus, le violon est-il antique ou moderne ? classique ou profane ? appartient-il à l'histoire grecque ou romaine, ou à celle des races indo-germaniques ou slaves ?

1° Le *psaltérion* est un instrument fort ancien et peu connu ; son type général était une caisse sonore, le plus souvent triangulaire, mais parfois carrée, trapézoïdale, verticale ou horizontale, avec un grand nombre ou un petit nombre de cordes, pincées avec les doigts, avec un plectre, ou frottées avec un archet ; mais l'archet n'aurait paru que tard. La caisse sonore avait des ouïes latérales, parfois une rosace centrale ; les cordes (ordinairement dix ou douze) atteignaient parfois le nombre de vingt-cinq. Le psaltérion serait la harpe du roi **David**, de Saül et de Salomon ; il serait l'ancêtre des violes, si celles-ci ne viennent pas du monocorde. Du psaltérion encore on a fait dériver le clavecin, en faisant agir le plectre d'une façon mécanique, avec un simple levier, au lieu de le manier avec les doigts. Peu d'instruments ont reçu des noms plus divers et plus mal appropriés ; on l'a nommé lyre, cithare, harpe ; c'était toujours le psaltérion, qui a peut-être été l'instrument le plus répandu dans l'antiquité non classique. On a placé la caisse sonore tantôt en haut, tantôt en bas. Le nom de cithare a causé surtout une certaine confusion; on appelait cithare la harpe; or, comme on appelait aussi cithare le psaltérion, on appela harpe ce même psaltérion, et c'est à ce moment, environ au XIIe siècle, que remonterait l'usage de placer une harpe dans les mains du roi David. Est-ce un effet de l'habitude prise? mais je préfère voir une harpe dans les mains du roi d'Israël plutôt qu'un psaltérion; d'ailleurs, les Hébreux pouvaient fort bien avoir apporté la harpe de leurs voyages en Égypte, où elle était connue; puis, le psaltérion, quelque probable que soit son authenticité, est d'une forme disgracieuse; les peintures de la cathédrale de Cologne représentent plusieurs anges jouant du psaltérion à archet; malgré le talent de l'artiste qui les a dessinés, cet instrument n'est pas d'une forme heureuse, et son profil en trapézoïde est beaucoup moins gracieux que celui de la harpe légendaire. Le psaltérion existe encore en Allemagne sous le nom de cythre : c'est une sorte de caisse plate, en forme de trapèze, avec de nombreuses cordes placées horizontalement, percée de trous découpés, et dont on joue soit avec un plectre, soit avec les doigts; les villageoises allemandes jouent encore beaucoup du cythre; tous les voyageurs en Suisse connaissent d'ailleurs cet instrument pour l'avoir entendu en descendant de la Vingernalp à Grindelwald; il y a toujours eu là trois vieilles femmes, dont l'une gratte son cythre; c'est là l'antique psaltérion.

2° La *rote*, *rota* ou *crout* gallois, venait évidemment tout directement du psaltérion. Le type de la rote était une caisse sonore oblongue, avec une table d'harmonie, des cordes supportées par un chevalet; puis, secondairement, la rote avait un manche et se jouait avec un archet. La rote primitive avait un chevalet posé obliquement, et des trous pour passer les doigts de la main gauche au travers de la boîte elle-même, qui se trouvait ainsi faire la fonction du manche, qui n'existait pas encore ; il n'y avait pas d'ouïes pour le son. De plus, cette rote avait le grand inconvénient que les faces latérales n'étant pas échancrées, le maniement de l'archet était difficile et présentait peu de ressources ; le doigté, au travers de la boîte, était aussi malaisé.

Vers le XIIe siècle la forme changea ; les côtés se cintrèrent en creux, et le manche sortit ; on obtint un maniement d'archet et un doigté plus faciles. La rote à manche, ainsi formée, se rapprochait de la lyra et ébauchait la viole. En même temps, existait la vielle à roue ou chifonie (notre vielle des Savoyards), à frottement circulaire ; aux XIIe, XIIIe siècles, on appelait la vielle, viole ; il y eut donc confusion encore entre la rote à manche et la vielle. Au reste, c'était toujours un instrument à cordes et à frottement, avec archet circulaire au lieu d'un archet droit comme dans la rote. Les premiers essais de la famille des violes se firent alors rapidement, les formes se modifièrent et se perfectionnèrent ; pendant longtemps les petites violes gardèrent le nom de vielles, et les grandes celui de rotes. Les violes se firent de toutes les formes et de toutes les grandeurs, et avec un nombre très-variable de cordes, pendant le XIIIe et le XIVe siècles ; à partir de 1400 environ, le nom de viole resta seul appliqué aux instruments à archet ; le nom de chifonie disparut, et celui de vielle fut conservé à la chifonie; il dure encore. Je reviendrai à la famille des violes.

3° A côté de la rote à archet et à manche existait la *lyra*, qui n'était nullement ce que le nom semble indiquer. La lyra avait à peu près la forme d'une mandoline; on en jouait en la tenant, comme le violon, contre sa poitrine, et on en poussait l'archet de la main droite; c'est, de tous les instruments à cordes anciens, sauf peut-être le rebec, le seul dont on jouât en le tenant de la sorte, et cette position constituerait un assez fort argument en faveur de ceux qui voient dans la lyra l'ancêtre direct du violon. La lyra serait originaire d'Orient; les croisades l'auraient fait pénétrer en France; sauf la manière de la tenir, au XIV$^e$ siècle, elle en était arrivée à ressembler tout à fait, comme nombre de cordes, à la rote à archet et se confondait avec elle; mais la lyra primitive n'avait que deux ou trois cordes.

4° Le *monocorde* (qui, placé plusieurs fois à côté de lui même et pincé par un mécanisme, devint le clavecin) est très-vieux, car l'enfance fait à chaque moment, sans y penser, des monocordes qui seraient jouables; on fit, avec le monocorde, des dicordes, des tricordes; mais le réel monocorde avec archet n'apparut que vers le XIII$^e$ ou le XIV$^e$ siècle. Il devint alors une longue pyramide triangulaire en bois, sonore; on en plaçait un bout à terre et l'autre sur la poitrine : c'était la trompette marine, qui eut une vogue énorme, et qui dura fort longtemps, puisque M. Jourdain, dans *le Bourgeois gentilhomme*, déclare qu'il aime beaucoup l'effet de la trompette marine; toutefois, à cette époque, cet instrument était déjà bien déchu. Il avait cinq pieds de longueur et ronflait considérablement ; c'était une raison pour que son succès durât longtemps : les classes populaires ont toujours adoré les instruments formant pédales, tels que le tambour, la cornemuse, les cloches. La trompette marine était simple, et le violon pourrait en procéder ; elle réunissait une table d'harmonie, un chevalet, des ouïes et un archet ; mais il est juste de dire qu'elle n'arriva ainsi à ce point de perfectionnement que sous l'influence de la viole et peut-être bien du violon lui-même. Le monocorde est, au reste, un instrument universel ; tous les peuples l'ont possédé, le possèdent et le posséderont ; on le trouve chez les Arabes comme chez les sauvages de l'Amérique.

6º Il me reste à parler du *rebec*, qui paraît avoir coexisté avec le monocorde et la rote à archet. Le rebec était une sorte de petite rote, ou de lyra, à deux cordes ; aigu de son, disent les uns, grave au contraire, disent les autres ; — les deux opinions peuvent être fort justes, car il y avait peut-être des rebecs de plusieurs grandeurs ; — le doigté était assez facile, mais on ne savait en tirer aucune ressource. Le rebec, vers le XVe siècle, eut trois cordes, mais le plus souvent il se borna à ses deux cordes primitives. C'était un des instruments les plus populaires ; il servait à faire danser, et était si répandu qu'il donna lieu à des dictons : « Sec comme rebec, visage de rebec ; » — dictons tirés des figures grimaçantes dont on décorait le manche. Le violon à deux cordes existe encore en Bretagne, où des ménétriers s'en servent pour faire danser aux noces. L'absence presque complète du doigté sur le rebec fait croire qu'il appartenait à une famille tout à fait distincte de celle du violon ; mais quand les ménétriers luttèrent avec les artistes véritables, ceux-ci eurent des violons, ceux-là des rebecs ; la vanité fit qu'on appela les rebecs des violons, et la confusion s'établit entre les deux instruments. Toutefois, chacun de ces deux instruments eut une destination bien différente : le rebec resta instrument de danse, le violon instrument de concert.

En résumé, le rebec viendrait du monocorde réduit à de petites dimensions ; — la viole viendrait de la rote, et, comme signe distinctif, elle garda les touches marquées sur le manche ; — le violon viendrait du violon seul, ou peut-être de la lyra indienne modifiée au travers des âges.

7° Si le violon ne vient ni de la rote, ni de la lyra, ni du monocorde, ou si, tout en subissant l'influence de ces instruments, il a été produit par une nationalité particulière, est-il antique ou moderne ? A coup sûr, il n'est pas de l'antiquité classique ; le violon est l'organe par excellence de l'expression musicale qu'on pourrait appeler l'expression romantique ; par sa nature il est antipathique à l'antiquité grecque et romaine, bien qu'on ait voulu faire venir son nom de *fides, fidicula*. Il pourrait être de l'antiquité orientale et venir du psaltérion ; mais le psaltérion primitif n'avait pas d'archet, et l'archet est un des éléments essentiels du violon. Je penserais plutôt que le violon est de création moderne ; il cadre trop bien avec les théories musicales, avec l'expression, l'accent de la tonalité moderne, pour ne pas avoir pris naissance et ne

14.

pas s'être développé avec elle. Il peut certainement, malgré cela, avoir coïncidé avec la rote, la viole, le monocorde, avoir influé sur eux ou avoir été modifié par eux; mais le violon doit venir des races du nord-est, des peuples slaves, bohémiens, et en remontant plus haut, de l'Inde antique, par les races indo-germaniques, opposées, comme mœurs et tendances, aux peuples que l'antiquité classique nous a fait connaître. Il est probable que le violon, très-imparfait encore, a longtemps dormi dans le nord-est de l'Europe, attendant le moment où les peuplades de ce côté se mêleraient à la vie occidentale; puis il a grandi, et rapidement il a métamorphosé l'orchestre, devenant l'agent principal de la mélodie ascendante et des harmonies chromatiques et enharmoniques, qui se sont irrésistiblement développées jusqu'à nos jours. Il est à remarquer que, depuis l'intervention du violon dans l'orchestre, les instruments sont de plus en plus arrivés à atteindre des notes élevées; ils n'ont fait en cela qu'obéir à cette tendance de nos races modernes, qui éprouvent, en harmonie, le besoin d'entasser tierces sur tierces dans la constitution des accords pour monter toujours plus haut, toujours plus haut. Deux faits prouveraient que le violon peut venir des races du nord-est de l'Europe : l'habileté sans pareille des Hongrois pour le maniement du violon, et l'existence d'un violon russe fort ancien, pratiqué par tous les paysans, et appelé *guddock* : il a trois cordes; on joue la mélodie sur la première, les deux autres accompagnent en quinte et se jouent à vide.

Malgré cette origine propre, le violon s'est modifié au

contact des instruments que j'ai cités et qui pouvaient avoir avec lui quelques points d'analogie ; il a avec eux des caractères communs, les cordes, la table d'harmonie, le chevalet, le manche, l'archet ; — il a ajouté ce qui lui est propre, l'absence des touches sur le manche, les ouïes régulières et bien déterminées, les échancrures profondes de ses côtés, et surtout son doigté libre et sans borne vers le haut.

Comment le violon vint-il en France ? Par l'est, peu à peu ? Par l'Italie, qui l'aurait reçu du nord ? En tous cas, il était connu en France au XVIe siècle, et dès le commencement ; mais le mécanisme des violonistes était détestable. Baltazarini perfectionna leur jeu ; il amena les violons à cinq cordes, qui ne purent cependant faire disparaître les violons français à quatre cordes, ancêtres des nôtres. Le violon slave avait quatre cordes, et cette analogie avec le violon français semblerait indiquer que le violon slave était parvenu en France sans passer par l'Italie. Pendant longtemps sa forme extérieure, les sculptures du manche, rapprochèrent le violon du rebec ; celui-ci avait cependant toujours son manche renversé en dehors, chose que n'eut jamais le violon ou qu'il n'eut du moins que dans les premiers temps. A l'époque de la Renaissance, on décorait beaucoup les instruments à cordes, le violon comme les autres, et il est regrettable qu'on ait renoncé à cet usage, qui faisait parfois du manche d'un violon un réel objet d'art ; l'organisation de l'industrie moderne a rendu cette fabrication artistique et personnelle presque impossible. Le goût de décorer les instruments avec des têtes d'animaux, des ornements, provient d'une sorte de besoin de l'homme; les nations asiatiques, avec leur soleil brillant et leur végétation vivace, possèdent cette tendance au plus haut degré; ils en font parfois une application bizarre, et on cite deux instruments birmans, une sorte de guitare et une sorte de harpe, qui s'appellent le crocodile et le chat. La guitare est le crocodile; l'animal, le ventre ouvert, forme la caisse; sa gueule retient les cordes, et sa queue sert de manche. La harpe est le chat; le corps de la bête forme la boîte sonore, et sur la queue relevée sont fixées les cordes.

Une chose extraordinaire dans l'histoire du violon, c'est que, malgré la difficulté de son mécanisme, il fut longtemps dédaigné et abandonné aux laquais et aux ménétriers. Un homme de qualité se fût cru déshonoré s'il eût joué du violon; le luth, le clavecin, occupaient son temps. Charles IX, qui, dit-on, jouait du violon, avait alors un goût bien roturier! Ce préjugé contre le violon était si répandu que Rabelais a grand soin de s'y conformer; en parlant de l'éducation de Pantagruel, il lui fait apprendre à jouer du luth, de l'épinette, de la harpe, de la flûte allemande (traversière), de la viole, de la sacquebute, mais il se garde bien de dire qu'il apprend à jouer du violon.

## LES VIOLES

Les violes, dont l'origine très-probable se trouve dans la rote à archet, eurent, comme je l'ai dit, les proportions les plus diverses, les dimensions les plus variées. Le type le plus ordinaire était celui-ci : forme ovale allongée, échancrures sur les côtés, touches marquées sur le manche, et au nombre de trois, quatre, cinq ou six ; le nombre des cordes variait ; les grandes violes avaient des ouïes, les petites n'en avaient pas ; le chevalet n'existait pas toujours. Bien que la forme ovale allongée fût la plus fréquente, on fit cependant des violes plates ou bombées, en forme de mandoline, de carré long, de soufflet et même de cœur.

Les formes se casèrent peu à peu et se réduisirent à quelques-unes principales ; l'influence du violon ne dut pas être étrangère à ces modifications ; mais les touches marquées sur le manche subsistèrent toujours dans toutes les violes comme signe caractéristique ; quant aux cordes, leur nombre varia souvent d'une époque à une autre.

La viole se tenait de plusieurs manières : la grande se plaçait comme notre contre-basse ; la moyenne était suspendue parfois au cou, comme font encore du violoncelle certains ménétriers allemands ; les petites se plaçaient verticalement sur le genou, comme dans le tableau des *Noces de Cana* ; les plus petites se posaient sur l'épaule, mais ne s'y appuyaient pas comme notre violon. L'*Apollon du Parnasse* de Raphaël tient une viole posée de cette manière.

Parmi les nombreux modèles de violes qui ont existé, on distingue surtout :

La *viola di gamba*, plus grande que notre violoncelle ; elle avait de cinq à sept cordes ; le son était plus nazillard que celui du violoncelle et le timbre en était moins perçant. Les jeux d'orgue en contiennent encore une imitation.

La *viola bastarda*, plus ancienne que la *viola di gamba*, était encore plus grande. Quant au nombre de ses cordes, il est difficile à fixer, et cette observation peut au reste s'appliquer à toutes les violes. Les indications imprimées sont rares, et les tableaux, miniatures, anciens dessins, où figurent ces instruments, indiquent bien la forme générale, mais rarement exactement le nombre des cordes.

La *viola di spala* tenait le milieu comme grandeur entre la *viola di gamba* et la viole d'amour; on la portait suspendue à l'épaule, et on en jouait comme de notre violoncelle. Les tableaux de l'école allemande moderne montrent parfois des noces cheminant encore au son d'un violoncelle ainsi porté. Le son de la *viola di spala* était perçant.

La viole d'amour était un peu plus grande que notre alto, et se posait verticalement sur la cuisse; elle avait sept cordes en boyaux; les quatre grosses étaient entourées de métal. En dessous du chevalet et du manche, il y avait un pareil nombre de cordes, sept, toutes métalliques, accordées à l'unisson ou à l'octave des premières; elles vibraient lors du jeu de l'artiste et donnaient à l'instrument une résonnance extraordinaire.

Le violet anglais, à six cordes, était un peu plus petit que la viole d'amour, et avait un son aigu.

Puis vinrent les dessus de viole, qui se confondirent avec les violons, du jour où ils consentirent à ôter les touches marquées sur leur manche.

Il y eut aussi deux autres instruments fort importants tirés de la famille des violes, mais qui ne vinrent que plus tard.

La *viola di bardone* ou baryton; le son en était doux, très-agréable, mais le mécanisme en était fort difficile. Elle était presque aussi grosse que la *viola di gamba* et portait sept cordes doubles. Des cordes en acier, montées sur chevilles et accordées comme la harpe, étaient, au nombre de seize à vingt, disposées sous le manche et le chevalet. Le manche était très-distant de la boîte de l'instrument. La main gauche touchait non-seulement les cordes ordinaires, mais un certain nombre de celles placées sous le manche; le petit doigt de la main droite tenant l'archet servait aussi à toucher les cordes de métal placées de son côté. Haydn a composé plus de cent cinquante morceaux, concertos, sonates, fantaisies, pour le prince Esterhazy, qui était d'une habileté extrême sur le baryton; ce prince fut un des derniers virtuoses sur la *viola di bardone*, et, malheureusement, toutes les œuvres d'Haydn écrites pour lui, inexécutables sur le violoncelle, gisent ignorées dans les collections de quelques amateurs, et renferment sans doute des trésors qu'on n'appréciera jamais.

La *viola pomposa*, inventée par Sébastien Bach, ne lui survécut guère; elle était un peu plus grande que la viole d'amour, et les sons en étaient très-doux et très-majestueux dans les mouvements lents.

La famille des violes eut des rejetons innombrables en France, en Italie, en Allemagne; la *viola di gamba*, la *viola di spala* et la viole d'amour furent les trois types principaux qui servirent à former les autres. Sous l'influence du violon, les violes réduisirent peu à peu leur nombre. D'abord il y eut la basse de viole, le ténor de viole, le contra et le dessus de viole, division copiée sur celle des voix. — C'est le quatuor à cordes qui figure dans les dessins de la Procession de la reine Louise, faite en 1584 pour aller poser la première pierre d'une maison de charité dans le faubourg Saint-Marceau (1).

---

(1) Cette Procession est reproduite à la Bibliothèque impériale par une série de dessins à la plume, collés sur carton. Le but de la fête et de la procession était exceptionnellement charitable.

Le cortége est montré quittant le Louvre; la cour, la magistrature y figurent, entourant de grands groupes portés comme des trophées; ces groupes représentent le roi et la reine de France priant aux pieds du Christ. Ces dessins montrent un trait nouveau et caractéristique de ce monde qui oscillait incertain entre le théâtre et l'église.

Les groupes se succèdent, passant au milieu de paysages et de décors, dans le style de la Renaissance; parfois charmants comme dispositions, ornements et perspective.

Lorsque tous les personnages sont entrés dans l'hospice, que l'artiste a supposé achevé, on voit les bâtiments remplis de petites figures accomplissant ce qu'y feront plus tard ceux qui y seront recueillis; ici, les travaux manuels, là, les occupations artistiques.

Deux groupes de cette dernière catégorie donnent des indications curieuses sur la manière dont on tenait les instruments et la musique.

Le premier groupe se compose de deux personnages; l'un chante en se servant d'un cahier de musique de forme oblongue; l'autre joue d'un luth court, ramassé, et qui paraît avoir quatre cordes seulement.

L'autre groupe, à droite, sur la planche II, est composé de quatre musiciens; trois ont le genou en terre et jouent des violes : c'est un vrai quatuor; le quatrième a une basse de viole (*viola bastarda?*) presque haute comme un homme; un des trois premiers joue de la *viola di gamba*; les deux autres jouent des violes, un peu plus petites que nos violoncelles; tous tiennent leurs instruments dans une position verticale.

Les plus grosses de ces violes paraissent avoir de quatre à cinq

Au siècle suivant, survint un quintette ainsi réparti : deux dessus de violes, une basse de viole, et deux parties intermédiaires dites de remplissage. — C'est le quintette à cordes de Lully, facilement réductible en quatuor par la suppression d'un des dessus.

Enfin le quatuor moderne apparut et se fixa définitivement avec l'orchestre d'Haydn, de Beethoven et de Mozart; mais on y retrouve encore l'ancien quatuor des violes : notre contre-basse est la *viola di gamba;* notre violoncelle est la *viola di spala* un peu agrandie ; notre alto est la viole d'amour diminuée, et le violon a pris la place du dessus de viole.

### LE LUTH

Peu d'instruments ont eu une vogue aussi longue et aussi grande que le luth et ses dérivés ; ils formaient à eux seuls une famille complète et composaient des orchestres entiers ; le luth était l'instrument chéri des belles dames et des galants des XVIe et XVIIe siècles ; pendant longues années il rejeta au second plan le clavecin et l'épinette, qui ne reprirent leur importance que plus tard, alors que des perfectionnements successifs eurent produit le piano.

Le luth vient, dit-on, de la lyre faite avec une petite écaille de tortue, dont on aurait de beaucoup allongé le manche. Je crois plus probable que le luth est venu de

---

cordes, les plus petites cinq, six et même sept cordes; toutes on des touches (environ cinq) marquées sur les manches.

l'Orient, où, encore à présent, il existe de nombreux instruments qui se rapprochent de son système ; apporté en Espagne par les Maures, il se répandit peu à peu dans le midi de l'Europe. Toutefois, il se partagea dès l'origine en deux types distincts : la guitare et le luth. La première est à fond plat et d'une forme lourde ; le luth est ovale, de forme élégante, plat sur le dessus, bombé en dessous ; il est petit ; une rose élégamment découpée occupe le centre de la table en dessous des cordes ; le manche est gradué, les cordes sont simples ou doubles et en nombre variable. Tel est le vrai luth du XVIe siècle, instrument charmant, souvent décoré d'incrustations fines en métaux précieux ou en ivoire.

Les dimensions du luth changèrent plusieurs fois. Il eut d'abord, au XVIe siècle, six rangs de cordes ; au XVIIe siècle, il eut jusqu'à vingt-quatre cordes sur treize rangs, onze rangs de deux cordes, deux rangs simples ; huit rangs étaient destinés à la basse. Cet instrument servait pour les sérénades, les bals, la musique de chambre ; il était très-répandu en Italie et en France. La première méthode pour le luth fut publiée à Venise en 1509, et elle eut un tel succès, les fabricants d'instruments eurent tant de commandes de luths, que le nom de luthiers qu'ils prirent alors leur fut conservé ; ils l'ont encore de nos jours, bien qu'on ne fabrique plus de luths. La musique du luth ne s'écrivait pas comme la musique ordinaire ; il avait, comme la guitare, ce qu'on appelle une tablature, soit une combinaison de lignes et de caractères.

La famille complète du luth était ainsi composée, en allant de bas en haut :

Le *théorbe*, dont l'archi-luth était une variété. Le théorbe était le luth-basse ; il avait deux manches et un grand nombre de cordes ; il servait à faire la basse continue dans les églises, au XVI<sup>e</sup> siècle, et il avait été inventé par l'Italien Bardella.

Le luth proprement dit, dont les variétés pouvaient être nombreuses, sans trop s'éloigner pourtant du type principal.

La *mandoline*, qui existe encore, était et est un instrument charmant, richement incrusté et découpé ; il avait quatre ou cinq rangs de cordes doubles, les unes en boyaux, les autres entourées de métal ; c'était l'instrument des sérénades et celui qui doit, dans ***Don Juan***, accompagner la sérénade du deuxième acte ; mais comme les musiciens modernes ne savent pas jouer de la mandoline, on remplace l'instrument indiqué par Mozart avec des *pizzicatos* de violons ; l'effet n'est pas du tout le même. Au-dessus de la mandoline était encore la *mandore*, plus aiguë, mais d'un usage restreint.

Il y avait aussi, dépendant de la famille des luths, le *colachon ;* c'était un luth dont le corps était gros à peine comme le poing et dont le manche était démesurément long. On trouve encore cet instrument entre les mains des Léandres et des Pierrots de la comédie italienne dans quelques tableaux du siècle dernier.

Sauf la mandoline, que l'on entend encore parfois en Italie, toute cette famille des luths a disparu et a été rejoindre dans l'oubli les violes, les sacquebutes et les cromornes.

## LA HARPE

La harpe a hérité chez les nations du Nord du prestige que la lyre possédait dans l'antiquité grecque. Cependant la harpe ne fut pas inconnue dans ces temps reculés ; les Égyptiens la connaissaient, les Hébreux aussi sans doute ; plus tard la Grèce dut la posséder à son tour, et la harpe se faisait entendre dans les fêtes des empereurs romains.

La harpe égyptienne, la harpe du Nord tirent toutes deux leur origine de l'Inde ; mais il faut remonter si haut pour retrouver le point de contact que je préfère supposer à la harpe du Nord une origine propre.

Les peuples scandinaves attribuent à Odin l'invention de la première harpe, qu'il aurait fabriquée avec du bois de bouleau et des cheveux blonds pris à une jeune fille ; — cette tradition est gracieuse, si elle n'est pas exacte, et plaît mieux que les intestins ou les tendons desséchés d'une tortue révélant à Orphée la première lyre.

Au reste, la harpe est la lyre du Nord ; elle eut une grande analogie avec le psaltérion triangulaire, vertical, dégagé de ses tables, et ne conservant qu'une caisse sonore placée en haut ou en bas.

Les formes de l'ancienne harpe ont beaucoup varié ; en général, elle fut triangulaire et possédait une caisse de résonnance plus ou moins vaste. La harpe bardique avait neuf ou douze cordes, parfois elle en eut jusqu'à 25 ; c'est cette harpe dont les poëtes du Nord ont tant abusé, et qu'ils ont placée dans les mains de tous leurs héros, tout comme les poëtes classiques accrochaient une lyre aux épaules des leurs ; la harpe, au Nord, pour les prêtres et les guerriers, — la flûte et la lyre, au Midi, pour les bergers et les poëtes, — ont été déconsidérées par l'emploi abusif qu'on en a fait.

A partir du VII<sup>e</sup> siècle, la harpe fut jouée par les seigneurs, surtout en Germanie ; Wagner n'a pas oublié ce trait de couleur locale dans la réunion au Wartburg du *Tannhaüser*. A la même époque, les troubadours et les ménétriers mendiants avaient de petites harpes portatives. Ces instruments se faisaient en bois, en métal, et leurs cordes étaient faites de boyaux ou aussi de métal ; on les appelait cithares.

Le plus souvent les harpes avaient neuf ou douze cordes. Au XIII<sup>e</sup> siècle, elles en eurent vingt-cinq ; au XV<sup>e</sup>, elles reçurent deux rangs de cordes. Toutes ces harpes étaient loin de la harpe moderne, mais celle-ci n'est pas plus aisément maniable que ses devancières.

Une variété curieuse de la harpe était ce qu'on appelait au XVI<sup>e</sup> siècle, en Italie, l'*arpanetta* ; c'était une harpe avec un fond vertical en bois, quelque chose comme un psaltérion géant monté d'un grand nombre de cordes ; on jouait de cet instrument soit avec les doigts, soit avec un plectre, soit avec un marteau. On a cru trouver dans l'arpanetta l'origine du piano droit.

Il n'existe, je crois, aucun instrument dont on ait construit plus de variétés que la harpe ; il y en eut toute une série, depuis les plus petites jusqu'aux plus grandes, depuis les petites harpes portatives des ménestrels jusqu'à la grande harpe double des Allemands, dite harpe du roi David, et qui n'était autre chose que deux arpanettas accolées. Les harpes éoliennes eurent aussi beaucoup de partisans; parmi les plus curieuses, on cite celle qu'un amateur italien aurait fait construire près le lac de Côme; attachées d'un côté à une haute tour et de l'autre au rocher, les cordes de cette harpe, mue par le vent, avaient jusqu'à cinquante mètres de longueur.

## L'ORGUE

L'orgue est l'instrument le plus compliqué de tous, le plus curieux et aussi le plus riche comme timbres et effets. Ses ressources sont infinies, et seraient encore plus précieuses si l'on cherchait à le débarrasser des résonnances harmoniques que les théories du moyen âge lui ont imposées dans quelques registres et qui sont antipathiques à notre système musical. Mais nous n'entreprendrons pas ici une étude développée de l'orgue. Nous voulons seulement en dire quelques mots, puisqu'il fait partie des orchestres du *Ballet de la Reine*.

L'origine de l'orgue remonte à la flûte de Pan; lorsque dans l'antiquité celle-ci prit des proportions trop grandes pour que les poumons humains pussent suffire à la faire vibrer, on y adapta un soufflet. Ce fut le principe du système, qui se compose d'un réservoir à air rempli de diverses manières, et mettant en jeu des tuyaux munis ou non d'anches. A Rome, il y eut les orgues hydrauliques, c'est-à-dire mues par l'eau, qui servait, non à faire vibrer les tuyaux, mais à mettre en mouvement le mécanisme fournissant l'air à ces tuyaux; on ajouta à ces instruments des tiges mobiles pour aider à faire lever les soupapes donnant passage à l'air; ce fut l'origine du clavier.

Les orgues étaient connues à Jérusalem au temps du Christ, dit-on. — Les empereurs grecs de Constantinople en possédaient à leur cour; et au VIII<sup>e</sup> siècle, l'empereur Copronyme envoya un orgue en cadeau à Pépin le Bref.

En France, dès le IV<sup>e</sup> siècle, il y avait des orgues portatives que les ménestrels portaient suspendues au cou; lorsque ces orgues devinrent un peu plus grandes, on dut les placer sur un meuble, et elles prirent le nom d'orgue positif. Le positif était, à cette époque, une caisse avec cinq, six, sept ou huit tuyaux ouverts; elle renfermait un petit soufflet par derrière, et en avant un petit clavier de quelques touches. L'orgue positif a disparu, mais son nom a été conservé au petit clavier des grandes orgues et retrace ainsi toute une série de registres oubliés.

Le positif perfectionné, avec des tuyaux plus nombreux, s'appelait *régale*, parce qu'on le donnait en cadeau aux rois et aux grands personnages; le régale était renfermé dans une grande caisse plate, les tuyaux étaient courts, leur son rauque et dur.

Le *Ballet de la Reine* avait un jeu régale, et il dut en

être de même de l'*Orfeo* de Monteverde ; mais la fabrication des orgues ayant fait de grands progrès, il est probable que le régale à cette époque n'était plus régale que de nom, et que ses timbres et sa sonorité avaient été fort améliorés. Les jeux de l'orgue à cette époque étaient fort nombreux, et les petites orgues avaient dû se ressentir des progrès accomplis pour les grandes : les pédales, par exemple, remontent au XV$^e$ siècle. Rien ne vient donc démentir cette opinion : que l'orgue du *Ballet de la Reine* pouvait être un chef-d'œuvre de douceur.

Souvent, vers cette époque, les premiers opéras ont, dans leur orchestre, un régale et un orgue plus riche. L'idée de faire soutenir les instruments par l'orgue était excellente ; on y a renoncé de nos jours en France et à tort. En modérant le ronflement de certains registres, on peut obtenir de l'orgue les effets de plénitude les plus remarquables ; les *oratorios* exécutés ainsi gagnent extraordinairement en ampleur ; les Allemands le savent bien, et les *oratorios* d'Haydn, de Beethoven, de Mendelsohn, contiennent généralement une partie, *ad libitum*, écrite pour l'orgue en basse chiffrée, et que l'organiste doit savoir exécuter avec tact et mesure.

## L'ÉPINETTE

Le monocorde étant donné, on en réunit plusieurs, et l'on fit ainsi le petit monocorde ou plutôt le petit polycorde, mis en jeu par un clavier ; on le suspendait au cou comme l'orguette, dont il était le pendant; le nom définitif qu'on lui donna fut celui de clavicorde.

Le clavicorde, du temps de Guy d'Arezzo, avait déjà vingt-cinq cordes; il en eut peu après trente-cinq, qui étaient pincées par des plumes. Ce système de prise des cordes donna naissance à trois espèces d'instruments, différant par la forme seule :

Le *clavicymbalum*, dont la forme était celle du piano à queue;

L'*épinette*, qui était carrée;

Le *clavicorde*, qui était triangulaire.

Mais cette origine de l'épinette est-elle aussi simple? L'influence de la harpe n'y a-t-elle été pour rien? Et celle du psaltérion?

Il y avait le psaltérion horizontal, que l'on frappait avec des baguettes ou que l'on pinçait avec les doigts. Ce psaltérion, qui était triangulaire, se frappait aussi et se frappe encore en Orient avec de petites baguettes de bois dur (le même, pincé avec le plectre, a donné le cythre allemand, et n'est autre que le kinnor hébreu ou la harpe du roi David); il avait dix, quinze cordes et plus aux XIV$^e$ et XV$^e$ siècles. Ce psaltérion, auquel on ajouta des leviers pour pincer les cordes, devint le tympanon, chef lui-même d'une famille nombreuse.

Le tympanon, avec sautereaux en cuir ou en bois, fut le clavecin élémentaire; avec des plumes, au lieu de sautereaux en cuir, il prit le nom d'épinette et se confondit avec l'épinette venue du clavicorde. Il ne faut pas s'étonner du fréquent emploi du clavier au moyen âge; le mécanisme du levier est un des plus élémentaires et a été connu de tout temps.

L'épinette, qu'on l'appelle, en faisant abstraction de certaines différences de forme et de mécanisme, clavecin, virginelle, etc., l'épinette, ancêtre du piano, peut donc venir indifféremment du monocorde par le clavicorde, et du psaltérion par le tympanon.

## LA FLUTE

La flûte, telle que nous la connaissons aujourd'hui, n'est pas un instrument qui prête à la physionomie un aspect imposant ni charmant; il ne viendra jamais à l'idée d'un amoureux, par exemple, de jouer de la flûte devant sa belle pour conquérir son cœur, et pourtant, c'est, dit-on, avec la flûte que, pendant des siècles, l'humanité a été charmée et ravie.

La flûte est l'instrument à vent le plus ancien et le plus simple; les enfants font des flûtes avec l'écorce des arbres, avec les tubes de quelques plantes herbacées. L'homme, alors qu'il habitait les cavernes, se fabriqua des flûtes avec les os des animaux; plus tard, les roseaux, abondants dans les pays méridionaux, fournirent à tous des flûtes presque toutes prêtes; la flûte à Pan, qui remonte à la plus haute antiquité, accuse déjà l'énorme progrès de cette idée : mettre plusieurs instruments à côté les uns des autres et dans des proportions fixées.

La flûte simple, droite, ouverte aux deux bouts, avec

un biseau pour couper l'air, était fort répandue dans les temps classiques ; les hellénistes et les latinistes, très versés dans l'archéologie, prétendent qu'il existait plus de deux cents espèces différentes de flûtes grecques ou romaines. Je voudrais tenir là un de ces chercheurs, et lui demander d'exposer les caractères qui distinguaient ces deux cents variétés de flûtes, de manière à les classer nettement! Quoi qu'il en soit de ce nombre colossal de flûtes dont il faudrait bien rabattre, la plus curieuse flûte était la flûte double, dont les peintures antiques ont conservé le modèle ; elle avait un double corps et une seule embouchure commune qui venait s'appliquer sur la bouche de l'exécutant. Quant à la flûte des bergers, tous les lecteurs de pastorales, tous les traducteurs d'églogues la connaissent, ou pour mieux dire ne la connaissent pas du tout ; il sera toujours impossible de bien l'expliquer, pour la bonne raison que les bergers n'ont jamais joué de la flûte, sinon ils en joueraient encore, et si l'on trouve bien un berger qui joue d'un instrument appartenant à la famille des chalumeaux, je crois extrêmement difficile qu'on en trouve un qui joue d'un instrument appartenant à la famille des flûtes. Malgré cela, il est convenu que tout berger antique ne se promenait jamais sans flûte ; c'est un accessoire obligé comme la musette et les rubans roses pour les bergeries du XVIII<sup>e</sup> siècle.

Lorsqu'avec le temps la flûte devint un instrument méritant ce nom, et n'oscillant plus entre le sifflet et le chalumeau, la forme droite se produisit la première et continua à subsister longtemps ; la flûte droite (que l'on tient verticalement) avait un bec et des trous plus ou moins nombreux; sous Philippe le Bel, il y avait un roi des flûteurs; à mesure que le mécanisme progressa, les flûteurs changèrent de nom et s'intitulèrent flûtistes : peut-être cette dernière terminaison a-t-elle paru moins roturière que la première? La flûte profita aussi de cette disposition ambitieuse pour grandir à son tour; elle s'allongea considérablement. Aux XIV<sup>e</sup>, XV<sup>e</sup> et XVI<sup>e</sup> siècles, elle avait ordinairement trois trous : deux en dessus et trois en dessous; elle servait à accompagner le tambourin; la main gauche la tenait et la manœuvrait, le pouce bouchant ou découvrant le trou du dessous, et l'index et le quatrième doigt se servant des trous du dessus; le médium restait ordinairement en l'air, et le petit doigt, opposé au pouce et aidé de ci de là par le reste de la main, devait retenir l'instrument. La main droite frappait le tambourin. En plus des notes ainsi obtenues sur la flûte, le souffle faisait quinter et octavier.

J'ai encore vu dans mon enfance des montreurs d'ours et de marionnettes jouant ainsi de la flûte et du tambourin, seulement leur flûte était devenue un vulgaire flageolet et leur tambourin un tambour ordinaire. Charlet a conservé dans ses lithographies des types de ces montreurs de marionnettes qu'ils agitaient avec leur jambe au-dessus d'une planchette longue et étroite.

Les trous atteignirent assez rapidement le nombre de six; puis le calibre grandit encore et devint à peu près semblable à la flûte ou plutôt au chalumeau de la *piva* emmanchée dans la cornemuse; dès lors, le son de la flûte droite, qui depuis quelques années coexistait avec la flûte traversière, s'altéra peu à peu ; de tâtonnement en tâtonnement, d'un mélange inconscient avec le chalumeau, on créa la clarinette, produit bâtard et inattendu de la flûte, du hautbois et du cromorne. Mais cette invention de la clarinette ne se produisit que plus d'un siècle après le *Ballet de la Reine*.

La flûte droite avait une famille très-complète.

Le dessus était le flageolet.

Le deuxième dessus ou contrà était la flûte douce.

Le ténor était la flûte dite chalumeau (qu'il ne faut pas confondre avec le chalumeau à anche).

La basse s'appelait le laridon.

Au XIVe siècle, la flûte traversière, dite aussi flûte allemande parce qu'elle venait de ce pays (dérivée peut-être de la vulgaire flûte à l'oignon), avait fait son apparition en France ; elle n'avait pas de famille comme la flûte droite ; son mécanisme et sa soufflerie étaient beaucoup plus difficiles ; aussi resta-t-elle longtemps sans porter atteinte à l'autorité et au succès de la flûte droite. La flûte traversière, très-perfectionnée, est la flûte de nos orchestres modernes. De même que la flûte droite avait produit un petit dérivé, le flageolet, de même la flûte allemande en produisit un aussi, le fifre, ou arigot, ou larigot. Ceux qui soufflaient dans cet instrument avaient, à ce qu'il paraît, besoin pour soutenir leur verve et leurs poumons de se désaltérer souvent, et de cette habitude est venu le dicton « boire à tire l'arigot, » dicton qui n'est peut-être pas plus exact que celui de « boire comme un sonneur. » Mais s'il est une chose singulière, c'est la croyance populaire si répandue, que tous les musiciens sont des ivrognes. Elle a pu être justifiée à certains égards, en raison de ce qui se passait dans les réunions populaires ou dans les noces, et pour certains musiciens; dans ces occasions, on versait à boire à qui mieux mieux au ménétrier, au *sonneur*, et le pauvre diable, bon gré mal gré, finissait toujours par ne plus pouvoir se tenir sur ses jambes.

La flûte droite dura donc longtemps après l'introduction de la flûte traversière. Dans le ***Ballet de la Reine*** ce sont des flûtes droites à becs et à trous; elles étaient rangées par famille comme les violes, division logique appliquée aux instruments comme aux voix : un ou deux supérius, contrà, ténor, basse.

Il a existé aussi au moyen âge un petit diminutif de la flûte : c'est le sifflet, dont l'usage était répandu partout à cette époque où il n'y avait pas de sonnettes. Bien des crimes, au fond des vieux châteaux, n'eussent pas été commis si les sonnettes eussent existé; car un sifflet s'égarait aisément, et l'on ne pouvait appeler au secours. Victor Hugo, dans *Notre-Dame de Paris*, a compris l'importance du sifflet dans la scène nocturne entre Claude Frollo et Esméralda.

### LE HAUTBOIS

Le chalumeau, duquel est sorti le hautbois, est presque aussi ancien que la flûte; il se distingue d'elle par la présence d'une anche. Le type du chalumeau est un corps allongé percé de trous; l'embouchure est mince, et une anche vibrante est enfermée dans une boîte ronde ou carrée placée à la partie supérieure de l'instrument. Le chalumeau avait parfois des clefs; on y soufflait, fort et le son en était aigu.

Le chalumeau, appelé hautbois, était aussi populaire que le rebec, et encore plus que la flûte, pendant le moyen âge. Un hautbois, un tambourin, une viole, composaient alors un excellent orchestre de danse.

Il y avait plusieurs espèces de chalumeaux; les deux principales étaient les hautbois, en France, et les bombardi, en Italie. La famille des bombardi, dont le timbre n'était sans doute pas très-doux, était très-complète; en allant de haut en bas, voici quels étaient ses membres :

1° La bombarde pastorale, qui montait aisément au *ré* supérieur de la clef de *sol*, et plus haut, si l'on forçait le vent;

2° La bombarde petite ;

3° La bombarde nicolo;

4° La bombarde ténor ;

5° La bombarde ;

6° La bombarde contrebasse ou le bombardone, haut de dix pieds, et qui descendait jusqu'au contre-*fa*, une octave plus bas que le *fa* placé au-dessous des portées de la clef de *fa*.

L'ensemble de ces instruments comprenait donc au moins une étendue de quatre octaves. Tous avaient ordinairement six trous et des clefs.

En France, les hautbois étaient moins nombreux, mais fort bien rangés en famille suffisante; ils composaient à eux seuls, parfois, une harmonie entière; ils avaient en général une clef et six trous, et au XVIe siècle, par exemple, il y avait :

Le hautbois soprano ou supérior ;
Le hautbois haute-contre ou contrà ;
Le hautbois taille ou ténor ;
Le hautbois basse.

Le hautbois ordinaire était appelé hautbois de Poitou, et le branle de Poitou se dansait au son des hautbois.

Pendant longtemps le hautbois fut regardé comme un instrument guerrier. Presque tous les instruments, au reste, sauf ceux à cordes frottées avec l'archet, ont été employés comme instruments belliqueux ; quelques-uns ont perdu ce caractère dans les temps modernes ; le hautbois est du nombre, et, bien que Mozart l'ait encore employé, notamment dans *Idoménée*, pour exprimer des sentiments qui ne sont certes pas pastoraux, nous sommes habitués à regarder le son de cet instrument comme servant à l'expression des idées tendres. La harpe, la lyre, ont excité au combat les hommes du Nord et les anciens Grecs, la flûte était guerrière sous les Romains, mais les instruments de cuivre et de peau ont conservé le privilége, dans tous les temps, d'exciter chez l'homme les passions guerrières ; au reste, nous nous étonnons que la flûte ait été un instrument militaire, sans faire attention que le fifre accompagne nos tambours, et que les clarinettes ont formé pendant longtemps le milieu résistant de nos musiques militaires ; il n'y a pas si loin de la flûte à la clarinette, et nous ne sommes guère portés à considérer sérieusement ce dernier instrument quand il n'est pas en masse. D'alleurs encore les Écossais ont conservé, comme instrument militaire, la cornemuse, qui a le son du hautbois, et, dans l'armée française, les turcos ont un certain nombre de hautbois sauvages et criards qu'ils ont apportés avec leurs usages africains ; le son de ces hautbois primitifs n'est pas désagréable quand il se mêle à celui des clairons.

Au XVIe siècle, il y eut les gros hautbois recourbés, qui contribuèrent à former le basson ; ce dernier était remplacé par les gros hautbois appelés cromornes ou tournebouts, parce que le bout, le pavillon, était légèrement recourbé et relevé. Ils avaient deux ou trois clefs et six à dix trous. C'étaient des instruments fort utiles, bien répartis par famille ; les grands formaient une basse aux hautbois qui ne descendaient pas comme les bombardes. Leur son tenait à la fois du hautbois et du trombone, et ils remplaçaient souvent ces derniers instruments, que l'on appelaient sacquebutes ; ils aidaient, par cette ressemblance de timbre, à la transition entre les instruments à vent en bois et ceux à vent en métal. La trompe des Alpes est encore un exemple du cromorne primitif, que l'on trouve aussi chez les sauvages.

Le basson proprement dit eut une origine particulière ; son nom primitif de fagot, *fagotto*, remonte au XVIe siècle ; vers 1540, Afranio, chanoine de Pavie, perfectionna les flûtes à bec et obtint un timbre tout particulier ; il y mit des anches, en réunit plusieurs et en fit une espèce de fagot ; le nom resta ; le vent était donné par une vessie attachée au-dessous. Vers 1580, ce fagot, réduit à un seul corps et débarrassé de la vessie ou de la peau de chèvre qui y était attachée, devint le basson, dont la forme fut modifiée ultérieurement. Il pouvait donc y avoir des bassons au *Ballet de la Reine.*

Une chose singulière, c'est que le hautbois se perfectionna peu ; il est encore à présent ce qu'il fut aux XVIe et XVIIe siècles. Il eut des dérivés nombreux ; les plus courts étaient appelés courtauts ou cervelas.

Le dérivé le plus important fut le clarinet, qui se féminisa, et qui, fondu avec les flûtes droites et les chalumeaux perfectionnés, forma la clarinette moderne.

Le chalumeau primitif existe encore dans le midi de la France, en Italie, dans le Tyrol et en Bretagne, où il est connu sous le nom de *biniou*, instrument qu'il ne faut pas confondre avec la cornemuse. Le galoubet est le biniou du Midi. C'est là la vraie flûte des bergers; instrument discordant, horrible, aigre, dont les bergers ont dû toujours jouer, dans l'ancien monde comme dans le nouveau, car ils n'ont jamais dû avoir l'oreille plus musicale à une époque qu'à une autre. La *piva*, la *zampogna* italiennes ne sont pas autre chose que le chalumeau primitif, grossi et emmanché, pour le rendre plus vigoureusement désagréable, au-dessus d'un réservoir d'air formé d'une peau de chèvre.

Au XVIe siècle, les hautbois étaient non-seulement rangés par famille, mais ils se mêlaient peu aux autres instruments; ils marchaient seuls et formaient des orchestres séparés; leur son plein, nasillard, mais bien fourni, et leur timbre tout à fait particulier, étaient aimés pour les tournois et les carrousels; ils faisaient danser les bêtes et les hommes; on exerçait les chevaux aux évolutions des manéges avec des hautbois plus qu'avec des trompettes, et le concert des grands hautbois, fait pour le ballet des chevaux lors des noces du duc de Joyeuse et conservé par Philidor l'aîné, en est la preuve.

### LA TROMPETTE, LE COR ET LA SACQUEBUTE

Moins primitifs que les instruments en chaume, en bois ou en peau, les cuivres devinrent aussi populaires. L'habitude de désigner ces instruments sous le nom de « cuivres » n'est pas toujours justifiée, car, dans l'origine, on employa, pour fabriquer la trompette et le cor, des matériaux autres que le métal, et lorsqu'on eut commencé à employer le métal, ce ne fut pas toujours le cuivre qui servit à faire ces instruments. Ainsi, en Égypte, les trompettes étaient parfois de terre; elles furent de plomb chez les anciens Gaulois; elles étaient de corne chez les Germains; plus tard, les cors ou cornets furent fabriqués en ivoire. Mais peu à peu le cuivre a si bien fait disparaître ses prédécesseurs dans la fabrication, qu'on a fini par appeler ces instruments simplement les cuivres. Je ne m'occuperai ici que des trompettes, cors, et de leurs dérivés, en métal.

Deux formes très-anciennes sont en présence, la forme droite et la forme courbe. Tous ces instruments ont une embouchure concave, à bords ronds, mobile ou non, et un pavillon à l'extrémité opposée à l'embouchure. La forme courbe varie depuis la courbe à peine indiquée jusqu'à la pliure brusque du tube sur lui-même. C'est de la direction du tube, de ses angles plus ou moins brusques, combinés avec la coupe de ce tube et sa longueur, que proviennent les différences du son et surtout du timbre. C'est par l'étude de certains principes appliqués à ces éléments que notre temps est arrivé à produire cette magnifique famille des cuivres qui, comme étendue, ressources, douceur de son, variété de timbres et facilité de mécanisme, constitue une des plus précieuses ressources de la musique actuelle.

La trompette aurait son origine dans le coquillage appelé buccin. Tyrrhène, fils d'Hercule, se promenant un jour sur le bord de la mer, ramassa un buccin, et la trompette naquit. Comme poésie c'est charmant; le buccin dans la main d'un triton est un attribut élégant, beaucoup plus élégant qu'un clairon par exemple, mais, au point de vue musical, c'est parfaitement faux. La flûte droite, dont on changea la matière, devint la trompette droite en métal; on peut remarquer, au reste, qu'entre la flûte droite en bois, sans trou, avec pavillon et embouchure, et la trompette droite en terre, il ne devait pas y avoir grande différence; il a fallu le temps et le travail pour diversifier complétement les deux timbres.

La tompette droite est donc la plus ancienne en date. Moïse aurait le premier, dit-on, fabriqué en Égypte des trompettes en argent; mais de temps immémorial les instruments en métal étaient déjà connus des Égyptiens; la trompette romaine (la *tuba*), la trompette grecque (la *salpynx*), étaient droites. Jusqu'aux XIIe et XIIIe siècles, la trompette droite varia beaucoup comme calibre et comme longueur; tantôt mince et longue, tantôt courte et large, sa forme fut plus ou moins écrasée. Cette forme droite subsista toujours à côté de la forme recourbée, et ce n'est que relativement fort près de nous qu'elle disparut complétement; encore fabriqua-t-on des trompettes longues et droites pour le retour des cendres de l'empereur Napoléon Ier, trompettes qui figurèrent ensuite à l'Opéra dans *la Reine de Chypre* d'Halévy.

Parmi les trompettes droites les plus célèbres, on peut citer les trompettes un peu imaginaires dont Josué se servit pour prendre Jéricho, et dont le son devait être bien mordant et bien déchirant, et celles du XIVe siècle, en France, qui atteignirent jusqu'à cinq et six pieds de longueur; elles étaient devenues impossibles à manœuvrer, et alors on eut l'idée de les plier doucement. On s'aperçut que le timbre ne variait pas lorsque la courbe se conformait à certaines conditions; c'est de ce moment que datent les premières trompettes repliées sur elles-mêmes.

Toutes les trompettes droites, au XVIe siècle, avaient des proportions raisonnables; elles formaient une famille, étaient munies de trous et de clefs, et s'employaient dans les harmonies diatoniques et chromatiques. La trompette à clefs moderne ne constitue donc qu'un retour à un ancien usage.

Le type de l'instrument de cuivre courbé doucement et régulièrement est le cor, non pas ce que nous appelons le cor d'harmonie, mais le cor tel qu'il existe encore entre les mains des cantonniers de chemin de fer. C'était la forme des oliphants, du cor d'Hernani, de celui de

Roland, qui était, dit-on, en ivoire. Le cor de cette espèce était parfois fort riche comme ciselure et monture; il fallait y souffler avec vigueur; c'était un instrument ingrat, dont la difficulté faisait enfler les veines du cou, et Roland a fort bien pu se rompre le gosier en y soufflant avec énergie. Il faut à présent dix fois moins d'effort pour faire résonner dans toute sa puissance le plus colossal des instruments de Sax qu'il n'en fallait pour tirer un son rauque et désagréable du petit cor primitif. On trouve de nombreux dessins de cet ancien cor dans les vieilles tapisseries de chasse; c'était d'ailleurs l'instrument des légendes; les immenses forêts de ces époques du moyen âge prêtaient de la douceur à son éclat et le rendaient mystérieux. Le cor du Chasseur noir, qui menait la chasse infernale, — celui de Roland, qui s'entendait à dix lieues, — celui d'Obéron, qui faisait forcément danser tous ceux qui l'écoutaient, — celui d'Astolphe, que personne ne pouvait entendre, ami ou ennemi, sans être saisi d'une terreur panique, — sont des preuves de la fréquence du cor et du rôle que l'imagination de ce temps lui donnait dans les poëmes.

Le cor resta instrument de chasse et devint le huchet.

Le cornet à bouquin, à peu près de la même forme (il existe encore de nom, si ce n'est de fait), était au contraire un instrument de concert et avait des trous.

Mais, en même temps que le cor, existait une trompette courbée aussi comme lui; elle venait, croit-on, du nord, où elle aurait été fabriquée en métal d'après la forme de la corne du bœuf. On pourrait trouver ailleurs la trace de ces trompettes courbes, avant que la longueur des droites ne contraignît à les replier sur elles-mêmes. Ainsi on dit que les prêtres de Cybèle avaient des trompettes courbes en bronze ; les anciens Gaulois avaient une grande trompette courbée en plomb, dont le son était terrifiant ; les Romains en avaient une du même genre en bronze, dont le pavillon revenait en avant au-dessus de la tête.

On croit que les premières trompettes courbées en forme de cornes de buffle, et que l'on appela bugles, et aussi buccines, existaient en France dès le VIII<sup>e</sup> siècle ; leur timbre les séparait tout à fait des cors et des cornets. Aux XII<sup>e</sup> et XIII<sup>e</sup> siècles, le cor de Roland était seulement un instrument de décor, et le cor et le cornet de métal étaient répandus partout, surtout avec de petites proportions, et l'on en faisait un fréquent usage dans la vie ordinaire.

Le bugle ou la buccine disparut peu à peu dans la trompette et le clairon ; cependant, comme souvenir des anciens temps, il exista longtemps dans la musique militaire un instrument de cuivre recourbé appelé buccin ; le pavillon était décoré d'une tête de dragon peinte, dont la vue amusait beaucoup les enfants.

Les cuivres, aux XIV<sup>e</sup>, XV<sup>e</sup> et XVI<sup>e</sup> siècles, étaient donc désignés sous des noms très-divers, qui faisaient parfois confusion. Il y avait les mots : bugle, tube, buccine, clairon, trompe, trompette, cor, cornet, huchet (ce dernier était surtout réservé à la corne de chasse). Mais deux types surnagent dans le nombre, bien distincts : les cors et cornets, — les trompes et trompettes.

Les cors étaient percés de trous ou non percés ; dans

ce dernier cas, ils acquéraient parfois des proportions très-grandes et étaient quelquefois tournés en forme d's ou ondulés. Percés de trous et devenus cornets, ils étaient divisés par famille, en supérius, contrà, ténor et basse; ils avaient six trous et souvent des clefs. A Ferrare, lors de la fête que l'on offrit à Philippe III lors de son mariage avec Marie d'Autriche, on fit une ovation à un cornet qui avait transporté l'auditoire; dans le même concert, un violoniste habile obtint à peine quelques bravos.

Le serpent, qui n'est qu'un grand cor ondulé fait en bois et recouvert de peau, fut inventé vers 1590 par Edme Guillaume, chanoine d'Auxerre. Cet instrument ne pouvait figurer au Ballet de la Reine, ce dont on n'aurait pu que féliciter les auditeurs, car le serpent, dont il existe encore quelques rares survivants de son espèce, avec ses notes rudes et ses registres mal réunis, est un des plus désagréables instruments que l'on ait inventés.

Il y avait donc en tout, comme divisions principales :
Les cuivres droits, — trompettes avec ou sans trous.
Les cuivres droits et repliés, — trompettes et bugles.
Les cuivres courbés doucement, — cors et cornets.

A côté de ces derniers se plaçait aussi le petit cornet de chasse de forme pentagonale, et dont Charles IX arrondit les angles; ce fut l'ancêtre du cor d'harmonie et de la trompe de chasse.

Les cuivres à courbures brusques, à pliures à angles droits, revenant sur elles-mêmes, d'un timbre particulier, avaient formé la famille des sacquebutes, qui suit.

Des angles plus droits que ceux de la trompette courbe, répétés, — des tiges plus longues revenant sur elles-mêmes, avaient aidé à former, vers le X⁰ siècle, une variété de la buccine qui prit le nom de sacquebute. Sa forme était à peu près celle de nos trombones ; son timbre était tout différent de ceux de la trompette et du cor, et provenait de la forme des angles employés, combinée avec l'allongement des tiges ; il est probable que le hasard seul amena cette disposition, car la fabrication raisonnée des instruments à vent est tout à fait moderne. Le son se produisait-il au moyen de trous ou au moyen d'un corps rentrant et sortant, pareil à celui que possède notre trombone? Ce corps rentrant est-il d'invention ancienne ? Je ne sais, mais je penche pour l'affirmative, car le nom de *sacquebute*, formé de deux vieux mots, *sacquer* et *bouter*, « donner secousse sur secousse, entrer et sortir avec saccades », s'applique bien à la manière de jouer du trombone ; le nom de *sacquebute* doit donc venir du maniement de ce corps rentrant, qui a fait supposer un jour à des sauvages qu'un artiste jouant du trombone avalait du cuivre.

La sacquebute servait à la danse, associé au hautbois et au tambourin ; c'était aussi un instrument de dame, quelque étrange que cela puisse paraître ; il figure souvent dans les mains des sirènes sculptées au moyen âge. Au reste, de nos jours, dans certains couvents allemands, les religieuses qui forment les orchestres jouent encore fort bien les parties de trombones qui sont écrites dans la musique sacrée ou symphonique qu'elles exécutent.

## LE TAMBOUR

Le tambour a existé et existe chez tous les peuples, qu'ils soient ou non civilisés. Chez les sauvages, l'écorce d'un arbre et une peau, parfois, dit-on, celle de l'ennemi mort, en font les frais.

Au moyen âge cependant, en France, et avant les Croisades, le tambour paraît inconnu, bien que les Scythes, les Juifs et les Romains aient souvent employé la peau tendue sur du bois ou du métal pour obtenir un effet de sonorité. Les Scythes marchaient à la guerre précédés de tambours; les filles de Juda allèrent au-devant de David en jouant du tambourin, et les danseuses romaines se servaient souvent de tambours de basque. Il est vrai que, dans tous ces exemples, il n'est pas question réellement de ce que nous avons appelé tambour : soit un cylindre de bois ou de métal, au moins aussi haut que large, si ce n'est plus, et garni à ses deux extrémités d'une peau tendue.

Au XII$^e$ et au XIII$^e$ siècles, le tambour apparaît porté en bandouillère. — Aux XV$^e$ et XVI$^e$ siècles, il y avait deux sortes de tambours, le gros et le petit, tous deux avec cylindre en bois; car le cylindre en cuivre n'apparut que beaucoup plus tard, et même quand il fut venu, le tambour avec caisse en bois demeura longtemps le tambour d'orchestre.

Le gros tambour était appelé bedon, nom qui est resté dans la langue de Polichinelle et de Guignol pour exprimer un gros ventre. Le petit tambour était le tambour des Suisses, que l'on appelait colin-tampon, par onomatopée de sa batterie. Ce petit tambour était aussi appelé tambourin, et il était accompagné par la flûte à bec ou le flageolet. Le fifre accompagnait au contraire le gros tambour français. Le tambourin était très-recherché pour les noces : « Arriver comme tambourin à noces, » était un proverbe du temps de Rabelais ; les plus grandes dames dansaient au son du tambourin et souvent en chantant les danses ; la pavane, que j'ai citée au commencement de ce volume, en est la preuve. En Allemagne, au lieu de la flûte et du fifre, le tambourin se faisait accompagner par le hautbois.

Tabourot a donné de curieux exemples du rhythme du tambour dans son *Orchésographie*. Rien qu'avec la batterie du tambour français, scrupuleusement observée comme ordre de notes et de silences, mais en avançant d'un degré, soit à droite, soit à gauche, le commencement de cette batterie, Tabourot obtient soixante-dix-sept combinaisons différentes. Il n'emploie que la division binaire ; le nombre des combinaisons serait inépuisable s'il employait la division ternaire ou le mélange des deux rhythmes. A trois cents ans de distance, Tabourot posait ainsi un des principes les plus curieux du rhythme, et étudiait les changements d'allure que pouvait produire, dans un même type de mesure, le déplacement progressif des temps forts d'une phrase musicale conservée semblable à elle-même ; cette étude du rhythme semble avoir dormi depuis le XVIe siècle jusqu'au XIXe, époque à laquelle les grands compositeurs l'ont approfondie et ont su en tirer, Beethoven et

Meyerbeer entre autres, les effets les plus puissants.

Les Croisades avaient fait importer en France les nacaires ou petites timbales hémisphériques, mais il ne paraît pas qu'il en soit question dans le *Ballet de la Reine*.

Le tambour se relie donc d'un côté, par le métal dont sa caisse est faite, aux timbales et aux nacaires, et de l'autre, par la peau qui le couvre, aux tambourins et aux tambours dits de basque; ces derniers ne diffèrent que par un cylindre plus large que haut et par la suppression d'une peau. Ce qui caractérisa le tambour, gros et petit, fut le timbre, ou la corde tendue en travers de la peau inférieure; le timbre fut appliqué pour la première fois vers le XIV$^e$ siècle, et donna la possibilité d'accorder le tambour jusqu'à un certain point.

Donc, du petit au grand, voici la série qui existait :

Le tambour à main, connu de tout temps; il figure dans les peintures antiques; toute la population romaine s'en sert encore; le Directoire essaya de le remettre à la mode. Cet instrument peut être gracieux dans la main d'une jolie personne, mais les danseurs et danseuses espagnols l'ont rendu ridicule, ou, au moins, banal.

Le tambourin, qui ne se jouait jamais seul.

Le tambour, qui plus tard forma la caisse roulante en bois, la caisse en cuivre et la grosse caisse.

Entre ces trois divisions principales existaient de nombreuses variétés de tambours et tambourins, qui les reliaient entre elles.

J'ai parlé ci-dessus du tambour français et du tambour suisse ; chacun avait sa batterie particulière.

Le tambour français avait sa batterie composée de huit valeurs égales appelées minimes, et partagées ainsi : cinq frappés, trois silences. Le pied gauche se posait à terre sur le premier frappé, le pied droit sur le cinquième.

Le tambour suisse avait aussi sa batterie composée de huit valeurs égales appelées minimes, mais partagées ainsi : trois frappés, un silence, un frappé, trois silences. Le pied gauche se posait à terre sur le premier frappé, le pied droit sur le quatrième frappé, après le premier silence.

Dans cette batterie suisse on trouva, un peu arbitrairement, l'onomatopée Colin Tampon, et le nom en resta aux soldats suisses ; peut-être le proverbe : « Je m'en moque comme de Colin Tampon, » remonte-t-il à quelques querelles engagées entre les soldats nationaux et les Suisses mercenaires, ou au dédain que les calvinistes affectaient de professer pour les troupes des derniers Valois, composées en général des Suisses, qui restèrent fidèles jusqu'au bout.

Il ne me reste plus à parler que de quelques instruments tout à fait secondaires.

### LA CORNEMUSE

Plus que la flûte, et comme le chalumeau, dont elle n'est que le dérivé, la cornemuse est l'instrument des bergers ; le son en est désagréable et presque toujours faux ; le pays où on l'entend l'a fait seul accepter sans trop de peine : c'est, dit-on, de la couleur locale.

Les Romains connaissaient la cornemuse sous le nom de *tibiæ utriculariæ*; les Italiens modernes l'ont conservée : ils en abusent, et Paris en sait quelque chose depuis l'avalanche des petits mendiants qui sont venus d'au delà des Alpes.

En Écosse, la cornemuse est l'instrument national.

Elle existait partout au moyen âge, notamment au XIV$^e$ siècle; Boccace en parle comme d'un instrument de danse pendant la peste de Florence; elle a à peu près disparu en France, et il ne faut pas la regretter. Ce n'est pas un instrument. A l'état élémentaire, c'est une vessie, une poche en peau surmontée d'un tube court à six trous; au XVI$^e$ siècle, les flûtes adaptées sur le sac de peau reçurent des anches, et de cette modification naquit la piva ou cornemuse italienne. Elle se compose, après ses derniers perfectionnements, si les changements faits méritent ce nom, de : 1° un sac de peau; 2° un ou deux chalumeaux à anches avec trous et qui peuvent s'emboucher; ces deux chalumeaux sont généralement de grandeur inégale; quelquefois, au lieu de deux, il y en a trois; puis, à côté de ces chalumeaux, il y a 3° des bourdons qui sonnent toujours et font pédales à la quinte haute et basse, et à l'octave basse et supérieure.

Au moyen âge, en France, il y avait une corporation des cornemusiers, dont il reste encore quelques traces dans les départements de l'Ouest, où le goût de la cornemuse se maintient encore.

Ce ne fut guère qu'au siècle dernier que la cornemuse,

sous le nom de musette, mérita le nom d'instrument ; fabriquée par les luthiers les plus habiles, richement peinte, montée et décorée, elle ne fut cependant qu'une fantaisie musicale momentanée et ne put parvenir à se classer dans aucun orchestre. Si l'on désire un effet dit pastoral, on remplace la musette par le hautbois ou le cor anglais.

## LA GUITARE

La guitare, qui provient du psaltérion ou d'un instrument mauresque comme le luth, se distingue de ce dernier, son rival heureux, par le fond, qui est plat, et par son manche droit. Si le luth a eu une existence brillante, mais de courte durée, la guitare a vécu plus longtemps et dans un milieu plus modeste. Je n'ai pas besoin de décrire la guitare, que chacun connaît ; elle eut un succès très-grand au XVI$^e$ siècle, en Italie, en France et surtout en Espagne ; elle servait à la chanson galante. Tombée aujourd'hui chez nous dans l'oubli, touchant presque au ridicule, c'est en vain qu'on a essayé de lui redonner quelques forces ; je la crois destinée à disparaître. Mais, si l'on en juge par le nombre prodigieux de petites romances, charges, scènettes que l'on vend arrangées avec accompagnement de guitare, celle-ci se dédommage peut-être, dans mille cercles intimes et inconnus, des succès qui lui ont été refusés sur une scène plus grande.

## LES CLOCHES

Les cloches étaient adorées au moyen âge et jusqu'au XVIIIe siècle ; les églises, les hôtels de ville avaient souvent des carillons ; une ville se ruinait parfois pour en acquérir un plus complet que la ville sa voisine. Peu de morceaux pouvaient nettement s'exécuter sur les carillons, dont les notes, impossibles à étouffer, formaient les pédales les plus désagréables ; mais les masses ont toujours aimé ces pédales, même lorsque la justesse harmonique laisse à désirer.

Le branle en faux bourdon (dont j'ai parlé au chapitre : *des Danses sous les Valois*) est un exemple du goût des cloches, dont on imitait les sons quand on n'en avait pas sous la main. Le pont Neuf, dont Henri III avait posé, en 1578, la première pierre, reçut à son achèvement un carillon compliqué, placé sous la protection de la Samaritaine, et que nos pères ont encore vu, ne fonctionnant plus, il est vrai, au commencement de ce siècle.

A part ces carillons fixes, dont on a placé naguère une restauration dans la tour moderne élevée près Saint-Germain-l'Auxerrois, on possédait, au XVIe siècle, des carillons portatifs d'église ou de concert ; il y en avait de fort complets, et quelques-uns, en forme de grande roue ou d'étoile, se voient encore dans quelques vieilles églises.

Une grande roue à carillon figurait, nous l'avons

vu, dans l'Enfer du ballet du *Paradis*, représenté aux Tuileries par ordre de Catherine de Médicis.

Il est inutile de parler, je pense, des cliquettes de bois, claquebois ou harmonicas en bois primitifs, et du triangle avec cliquettes de métal, assemblage de tiges et de rondelles de métal sonore, qui n'était que la répétition du sistre antique.

Tels étaient les instruments usités à l'époque du *Ballet de la Reine*; Baltazarini ne les cite pas tous. Soit par son texte, soit par les dessins qui l'accompagnent, il n'est question que de :

La harpe, les trompettes, la flûte de Pan, les hautbois, les cornets et sacquebutes, les luths, flûtes, violons, clochettes et orgues. Il ajoute, il est vrai, « et autres. » Je pense que la série détaillée ci-dessus comprend à peu de choses près les indications nécessaires sur la composition d'un orchestre au XVI$^e$ siècle; la comparaison est aisée à faire avec la liste des instruments donnée par Monteverde en tête de son *Orphée*, et que j'ai transcrite au commencement de ce chapitre.

Certes, nous avons fait des progrès comme douceur de timbres, comme mécanisme d'exécution, mais, ainsi que je l'ai dit, les familles ont disparu de nos orchestres, sauf pour les instruments à cordes. C'était une grande faute; je dis c'était, car il s'opère heureusement depuis quelques années une réaction contre ce système de la prédominance des cordes dans notre musique; on revient peu à peu à la classification des instruments par famille; le hautbois, avec le cor anglais, le basson et le contre-basson; la clarinette avec ses variétés soprano, clarinette ténor et clarinette basse; le trombone avec le trombone ténor et le trombone basse, se trouvent posséder un clavier complet ou à peu près. D'autres instruments suivent timidement; les plus hardis dans cette transformation sont les cuivres dits de Sax, qui, chacun selon leur timbre, forment une série complète du grave à l'aigu; mais tous ces instruments nouveaux sont loin d'avoir encore conquis leur droit de cité dans l'orchestre; la routine jette les hauts cris à l'apparition de tout nouvel agent sonore.

L'habitude de placer la mélodie aux instruments à cordes et aigus, et le peu d'intelligence dont fait ordinairement preuve la masse du public quand il faut suivre cette mélodie prise par des instruments autres que les violons, s'opposeront longtemps encore à l'admission des familles d'instruments à vent, qui n'auraient de raison d'être qu'à la condition de sortir de leur rôle d'accompagnateurs. Quelles ressources cependant ne tirerait-on pas d'orchestres composés de familles complètes, de timbres différents, entendus soit mélangés, soit opposés, soit dialoguant entre eux! La musique a pour l'avenir des ressources incalculables.

La mélodie étant éternelle comme l'humanité, ne manquera jamais et sera toujours aussi brillante, quoique variable; les richesses harmoniques s'accroissent de jour en jour par les transformations successives de notre tonalité; et l'orchestration de son côté complétera ses timbres et apportera son puissant concours à l'effet général.

Je crois fermement qu'il viendra un temps où nos petits-fils entendront des œuvres qui seront pour eux, par rapport à celles de Beethoven et de Meyerbeer, ce que les œuvres de ces derniers nous semblent être par rapport à celles de Lully et de Rameau, et où l'Opéra représentera des drames lyriques qui seront au *Prophète* et à *Don Juan* ce que ceux-ci sont à *Castor et Pollux* ou à *Persée;* ce ne sera peut-être pas l'avis des derniers survivants de notre génération, mais l'art ne s'arrêtera pas pour cela.

# CHAPITRE VIII

### DÉTAILS DE MISE EN SCÈNE

Indications relatives aux divertissements à propos des dernières fêtes qui ont accompagné le *Ballet de la Reine*.

Bien que les dernières fêtes qui accompagnèrent le *Ballet de la Reine* n'aient que peu de rapport avec la musique, elles fournissent quelques renseignements curieux sur les carrousels avec décors et machines, sur ces défilés avec spectacle et instruments qui ont laissé dans notre théâtre tant de traces évidentes : c'est à ce point de vue que je leur consacre quelques lignes rapides. Puisque l'occasion s'en présente tout naturellement, et que les indications ci-dessous complètent l'ensemble des divertissements de cette époque, je pense qu'elles ne sembleront pas inutiles.

Les danseurs et les assistants, sortis du bal avec le jour, se rencontrèrent quelques heures plus tard autour de la lice qui avait été dressée dans le jardin du Louvre; il y avait au moins variété dans le plaisir : c'était manière de le faire supporter plus longtemps.

Le lundi 16 octobre, à huit heures du soir, L'Estoile dit qu'il y eut combat de quatorze Blancs et de quatorze Jaunes ; il n'ajoute aucun détail. Ces jeux ou combats de lice étaient de diverses espèces, les carrousels aussi ; et les observations qui s'y rapportent peuvent s'appliquer également aux fêtes du lendemain mardi 17 octobre. Voici la définition des divertissements offerts d'ordinaire à cette époque :

Les carrousels étaient des courses avec chariots, machines, récits et danses de chevaux.

Les courses se faisaient à la bague, sans chariot, ni récits, ni machines.

Les joutes étaient de deux espèces, sur eau et sur terre ; elles se faisaient avec des lances, soit en bateaux, soit avec une barrière séparant les combattants en travers ou en longueur.

Les mascarades avaient lieu en carnaval et se faisaient avec des masques.

Les tournois étaient des courses de chevaux où les cavaliers tournoyaient portant des cannes et des panaches au lieu de lances.

Les loteries étaient des présents ingénieusement préparés avec vers, devises, sentences.

Les ballets étaient des représentations harmoniques, cadencées, renfermant une action humaine.

Les feux d'artifice n'ont pas besoin d'explication.

Certains de ces mots indiquaient à cette époque des choses différentes de celles qu'ils signifiaient dans les siècles précédents ; les tournois notamment avaient tout à fait changé de caractère ; ils étaient devenus une sorte de promenade de parade, tandis que les joutes avaient en partie remplacé les anciens combats. Les feux d'artifice étaient une invention qui, bien entendu, ne remontait pas au moyen âge, mais ils étaient rapidement arrivés à un haut degré de brillant ; les loteries aussi étaient assez nouvelles, et avaient été apportées d'Espagne et d'Italie, comme je l'ai dit, sous le nom de zapates.

Une partie de ces plaisirs n'existe plus.

Les tournois, comme les intermèdes, ont disparu. Les joutes et les carrousels n'apparaissent que rarement : les premières dans nos fêtes publiques, les seconds dans quelques villes de garnison où la cavalerie cherche à distraire les habitants ennuyés. Les courses ont pris un grand développement, mais elles ont complétement modifié leur but et leur manière. Les mascarades, les loteries et les ballets sont en revanche aussi vivaces qu'à n'importe quelle époque.

Les couleurs dont se revêtaient les combattants ou les acteurs des lices, tournois et carrousels, étaient un souvenir à la fois de la mythologie, de l'antiquité romaine et de l'Orient.

Les poëtes attribuaient quatre couleurs aux chevaux du soleil; de là les quatre couleurs des cochers du cirque sous les empereurs : blanc, vert, rouge, bleu. Un attelage de ces couleurs variées, bien qu'imité de celui d'Apollon, aurait, je crois, peu de chance de réussir à présent.

Les Maures (Arabes ou Orientaux, car ce mot de Maures n'indiquait pas, il y a deux ou trois siècles, une nationalité bien précise) passent pour avoir inventé les tournois, les figures et arabesques des carrousels, et pour avoir fixé les couleurs et leur signification. Le noir exprimait la tristesse, le vert l'espérance, le blanc la sincérité, le rouge l'amour.

Les uniformes ou costumes portés dans les tournois cherchaient, en outre des couleurs, à exprimer quelque sentiment. Les Allemands mettaient sur leurs têtes des cimiers ayant forme de bêtes, les Français plaçaient sur leurs armes des blasons ou des devises. Dans la seconde moitié du XVIe siècle, la théorie des devises et des couleurs était assez avancée pour que le blason des couleurs ait été imprimé en 1569; chaque couleur y a sa signification précise, modifiée aisément par une devise; les mélanges de deux ou plusieurs couleurs ont aussi leur expression prévue. C'est une description trop longue, trop subtile surtout pour que je puisse lui donner place ici. Voici seulement, à l'aide de vers, des cartels, des envois du temps de Henri III, la signification de quelques costumes qui ont pu figurer à ces fêtes du mariage de Joyeuse :

Comme d'ordinaire on recevait le prix des mains d'une dame, la couleur choisie cachait toujours quelque intention galante. Le blanc, qui signifiait la foi, allait bien à cette époque religieuse. Dans un cartel fait par Ronsard pour Henri III, un jour qu'il s'était habillé de blanc pour entrer en lice, le poëte fait dire au roi proclamant sa couleur :

> Que l'incarnat, tant qu'il voudra, se vante;
> Le jaune aussi, qui l'amoureux contante,
> Et le verd gay, que Vénus aime tant;
> . . . . . . . . . . .

> Le ciel est blanc, la lune, et le flambeau
> Du grand soleil, pour être blanc, est beau;
> Pour estre blanche est belle la lumière;
> La couleur blanche est toujours la première.

Si l'on avait les dessins coloriés du *Ballet de la Reine*, nul doute qu'on n'y retrouvât toutes les nuances classiques indiquées par l'usage.

Une bizarrerie du temps attribuait la couleur jaune à l'amant satisfait; cette couleur, tout en signifiant encore à présent l'amour heureux, a toutefois fait un singulier chassé-croisé; lorsqu'il y a un mari, dans le blason de nos couleurs, ce n'est pas l'amant qu'on habille de jaune (1).

(1) Dans le *Discours de Jacophile*, faisant suite à l'*Ile des Hermaphrodites*, il y a un récit qui paraît faire allusion à ce tournoi des Jaunes et des Blancs... « Il arriva deux parties de cavaliers pour courre, de quatre à chaque partie. Les premiers étoient vestus de blanc, les caparassons blancs aussi, fors quelque broderie violette fort délicate, leurs lances belles et toutes couvertes de la dixième lettre de l'alphabet...; les autres qui venoient derrière avoient leurs habillements tannés, parsemés d'escarbots, leurs lances couvertes de la seizième lettre... » Chaque partie était suivie de pages portant bannières à la couleur de leurs maîtres. Les « tannés » ou Jaunes réclamaient, raconte le voyageur, contre les Blancs, qui avaient fait placer le poteau des bagues d'une façon désavantageuse pour eux, à cause du soleil; on faillit se battre pour tout de bon, et le tournoi manqua presque complétement.

Malgré le détail du poteau des bagues, mal placé à cause du soleil (ce qui indiquerait que la fête a lieu de jour, et non à huit heures du soir), je pense qu'il s'agit bien ici du combat des Blancs et des Jaunes fait pour le mariage du duc de Joyeuse; en tout cas, le satirique fait allusion à une fête semblable, et il y a là une singulière concordance comme couleurs de costumes. Même les lettres portées sur les lances coïncident, du moins pour un côté, avec celles que les combattants du 16 octobre devaient avoir en mains. La dixième lettre de l'alphabet que portait le parti des Blancs est le J, soit la devise de Joyeuse; la seizième lettre, portée par l'autre

Le mardi 17 octobre, il y eut combat à la pique, à l'estoc, à la lance, à pied et à cheval ; bien des détails, tels que ceux qui regardent les costumes, les couleurs, les dispositions des jeux, devaient être communs à cette journée et à celle de la veille. L'Estoile n'indique pas le lieu où se passèrent les exercices ; ce fut dans les Tuileries ; Sauval dit que de son temps on voyait, dans une partie des jardins de ce palais, quelques restes des pavillons en bois qui avaient été construits pour les fêtes du mariage du duc de Joyeuse ; le feu d'artifice du dernier jour les avait en partie consumés, mais les charpentes en étaient restées debout et subsistaient encore.

En même temps que les distractions belliqueuses de la pique et de la lance, il y eut, chaque jour de la dernière semaine, des concerts dont je n'ai pu retrouver la composition ; ce fut sans doute à l'une de ces séances que se passa le fait que j'ai rapporté : le musicien Claudin expérimentant sur les courtisans l'influence des modes qu'il mettait au bout les uns des autres : Les journées étaient bien remplies ; à peine les invités avaient-ils le temps de changer de toilette pour se rendre à de nouveaux plaisirs.

Les combats à la pique, à la lance, etc., se compli-

---

parti, ne répond malheureusement à aucun nom important autour du roi, du moins pour ce que je puis en savoir : la seizième lettre serait le P ; y a-t-il erreur dans le chiffre ? l'auteur compte-t-il le I et le J pour une seule lettre pour atteindre la seizième ! Ne faudrait-il pas plutôt lire la quinzième lettre, qui serait alors O ? Si cela était, les deux camps auraient eu pour chefs, d'un côté le duc de Joyeuse ou un de ses frères, de l'autre d'O ou l'un de ses amis ; chose possible : car à ce moment d'O n'avait peut-être pas encore quitté la cour pour se retirer en Normandie.

quaient souvent de mascarades; il y en eut une représentant l'Amour enchaîné méchamment, et délivré par les chevaliers du roi.

Ronsard en fit les vers, vers beaucoup trop nombreux, contenant, comme toujours, l'éloge du roi; je place ici seulement la fin du cartel mis dans la bouche d'un des chevaliers :

> Contre sa déïté géans nous bataillons ;
> Amour ne faut jamais, nous sommes qui faillons.
> C'est luy qui de grossiers nous a rendus honnestes,
> Qui, nous apprivoisant, nous sépara des bestes,
> Et de ses beaux desseins remplissant nos raisons,
> Nous apprist à bastir bourgades et maisons.
> . . . . . . . . . . . . . . .
> Couvert de vos faveurs, je viens icy, mes dames,
> Pour venger son injure, et l'oster hors d'esmoy ;
> Le devoir d'un sujet, c'est aider à son roy.

Le roi était ici du parti de Vénus et de l'Amour ; cette théorie, de faire de l'amour l'élément actif par excellence de la civilisation, était tout à fait dans le goût de ceux qui assistaient au récit de ces vers.

A la suite de cette mascarade, il y a dans Ronsard un cartel pour les Dioscures, pour les chevaliers de la Renommée, pour les chevaliers des Flammes; — rien n'indique que ces cortéges, combats ou mascarades aient été composés à l'occasion des fêtes du duc de Joyeuse, mais il y a dans l'un d'eux un passage qui peut se rapporter au combat à cheval en forme de ballet, et qui explique les manœuvres qui s'y faisaient. Ronsard ne manque pas de s'inspirer de l'antiquité et rappelle les combats autour du tombeau d'Achille; il décrit ensuite les évolutions des danseurs à cheval qui, comme ceux à pied, exécutaient des figures géométriques :

> . . . . . . . . . . . . .
> Croisez, entrelassez de droit et de biais,
> Tantost en forme ronde, et tantost en carrée :
> Ainsi qu'un labyrinth, dont la trace égarée
> Nous abuse les pas en ses divers chemins ;
> Ainsi qu'on voit voler par le travers des niies
> En diverses façons une troupe de grües.

Ce dernier mot n'avait aucunement le sens bête et blessant que lui donne notre temps voué à l'argot; on n'y voyait que l'esprit naturel et stratégique de ces oiseaux qui, mieux que des troupes exercées, exécutent les manœuvres les plus compliquées.

Dans ces jeux, les costumes étaient de couleurs variées; les chevaliers envoyant un cartel désignaient parfois à l'avance les nuances de leurs vêtements. Voici encore à ce sujet des vers de Ronsard adressés au nom de huit chevaliers allant délivrer l'Amour :

> L'un du haut ciel la riche couleur porte,
> Le bleu, qui est signe certain aux yeux
> Que son esprit est favory des cieux.
> L'un la couleur d'une colombe a prise,
> Pour témoigner qu'amour le favorise ;
> L'autre, accoutré d'un habillement blanc,
> Apparoist juste et magnanime et franc ;
> L'autre, qui prend la noire couverture,
> Se monstre ferme et constant de nature ;
> Le chevalier paré d'un habit verd
> Est d'espérance et d'amitié couvert ;
> L'autre, accoustré de couleur grise, monstre
> Qu'en bien aimant toute peine on rencontre ;
> Celuy qui a l'incarnat dessus soy
> Monstre du cœur la constance et la foy ;

> Et le dernier, qui l'habit jaune porte,
> D'un bon espoir son amour réconforte.

Ces vers doivent passer en revue la série des couleurs que l'on choisissait le plus habituellement comme ayant une signification précise.

On trouve aussi, dans Desportes, plusieurs poëmes de circonstance : cartels, mascarades, notamment pour les Faunes, sujet fréquemment employé et fort à la mode. Voici une pièce de vers tirée de la mascarade des Chevaliers fidèles, expressément indiquée comme ayant été faite aux noces du duc de Joyeuse ; ces Chevaliers fidèles devaient être ceux de l'Amour enchaîné, et il est à croire que le programme de la fête une fois donné, les poëtes s'ingéniaient chacun à composer sur ce canevas des pièces de vers qui semblent ainsi faire double emploi :

> O Foy. . . . . . . . . . .
> Ce sont neuf chevaliers dévots à ton service,
> Qu'un despit généreux de l'humaine malice
> D'un des coings de la terre a conduits en ces lieux.
> Amour est le sujet de leur juste querelle :
> Ils ne sçauroient souffrir que l'audace mortelle
> Le conduise en triomphe à la honte des dieux.
> Aide un si beau dessein, fortune leur prouësse
> Et délivre un grand Dieu, toy, plus grande déesse.

Dans toutes ces fêtes, les chevaliers, après avoir beaucoup invoqué la Foy, finissaient toujours par invoquer l'Amour, puis les regards des dames, qui leur distribuaient les prix des tournois :

> Sinon peu leur vaudra leur fidèle constance :
> Si vous n'en faites cas, la foy n'est que malheur.

La galanterie, la défense des dames, un peu dans le style recherché et affecté, était si bien de mise, qu'en 1588, à Ascoli, en Italie, on représenta, pour le carnaval, un carrousel dont les tenants étaient quatre cavaliers vêtus en amazones, soutenant dans leur cartel que les femmes étaient plus parfaites que les hommes.

Parfois dans ces carrousels, encore plus que dans les ballets, on voyait défiler des animaux précieux, tels que chameaux et éléphants; c'était un reste du moyen âge, où ces plaisirs étaient fort en vogue; on connaît assez l'histoire de Pépin le Bref qui, d'un coup d'épée, tranche la tête d'un taureau, et d'un coup de hache fait sauter la tête d'un lion, tout cela en un moment, avec ses armes ordinaires, dignes d'êtres comparées à la lame de Richard Cœur-de-Lion, qui coupait d'un coup des barres de fer, et fendait, du cimier aux cuissards, un chevalier ennemi bardé de cuir et de fer. Ce sont là des exploits dignes d'être comparés aux plus beaux de l'antiquité.

Les Valois avaient le goût des ménageries; on connaît aussi l'anecdote de cette dame de la cour de Charles IX jetant son mouchoir dans une fosse où étaient des lions, et envoyant son amant le ramasser. Un jour, à Amboise, il y eut un événement plus gai. Au milieu d'un concert dans l'appartement du roi, un sanglier, échappé de sa bauge et poursuivi par les gens de service, prit l'escalier des invités et se précipita, sans dire gare, au milieu des assistants et des musiciens; François Ier mit l'épée à la main et tua sur place le mal-appris qui se présentait ainsi sans avoir été prié.

Souvent on remplaçait les animaux rares par des machines bien organisées ; en 1561, le duc de Ferrare donna un carrousel ; le défilé se composait d'une reine arabe avec sa suite et une escorte de douze éléphants ; les douze éléphants, une fois arrivés au lieu où devait se faire le carrousel, s'ouvrirent tout d'un coup, laissant échapper de leurs flancs douze chevaliers à cheval qui dansèrent un ballet. Le mécanisme bien réussi frappait autant les esprits que le danger couru en affrontant les bêtes féroces ; mais on peut dire que, dans ces éléphants, les pauvres chevaliers ont dû faire preuve de patience, si ce n'est de courage, car ils devaient avoir terriblement chaud dans cette nouvelle édition du classique cheval de Troie, l'ancêtre et le roi de toutes les machines à surprise.

Il fallait que les bêtes, à leur tour, eussent fête comme leurs maîtres ; aussi y eut-il, dans la journée du jeudi 19 octobre, le ballet des chevaux. « C'étoit, dit L'Estoile, chevaux d'Espagne, coursiers et autres qui s'avançoient, se retournoient et contournoient au son et cadence des trompettes, hautbois et clairons, y ayant été dressés cinq ou six mois auparavant. » Ces exercices se faisaient tantôt aux sons des hautbois, qui, à cette époque, étaient des instruments belliqueux, tantôt aux sons des trompettes droites et à trous ; la même musique pouvait servir pour ces deux sortes d'instruments, rangés, les uns comme les autres, par familles.

L'origine de ces danses équestres remonte aux Turcs, chez lesquels le maniement du cheval était poussé fort loin. Peut-être le goût de ces ballets s'était-il introduit par suite des rapports de Venise avec l'Orient.

Sous François I<sup>er</sup>, on cite un cavalier turc, envoyé par le sultan, qui frappa d'étonnement toute la cour de France par l'habileté et la souplesse des manœuvres qu'il faisait accomplir à son cheval. Ce genre d'exercice, réfugié à présent dans les cirques et les hippodromes, fut longtemps très à la mode, et l'on cite comme extraordinaire un gentilhomme qui, sous Louis XIV, fit le tour de l'orangerie de Versailles, à cheval, sur le rebord de la balustrade qui l'entoure du côté du parterre. L'éducation du cheval et la hardiesse du cavalier en étaient arrivées à ce point.

Dans les ballets à cheval complets, il y avait quatre sortes d'airs différents appelés : le terre à terre, les courbettes, les caprioles, et le pas et le saut, correspondant à autant de sortes de manœuvres différentes. J'ai malheureusement des connaissances hippiques trop bornées pour pouvoir donner à ce sujet des détails suffisants. Quant aux dessins des figures, ils étaient des plus variés et n'avaient de limite que l'imagination des cavaliers et l'obéissance des chevaux. C'étaient toujours des figures géométriques droites ou courbes, comme pour les danseurs, et dans lesquelles les cavaliers s'arrêtaient quelques instants à certains endroits pour bien préciser ce qu'ils avaient voulu faire. Parfois on représentait quelques scènes militaires prêtant aux évolutions. Certaines figures apprises dans les grands manéges des écoles militaires et représentées dans les fêtes annuelles, ne sont que des traditions de ces manœuvres, anciennement pratiquées par tous les cavaliers qui tenaient à savoir leur art. Les chevaux dansaient au son des trompettes et du hautbois.

———

La fête fut définitivement close, le soir, par un feu d'artifice ; Sauval le place dans le jardin des Tuileries, puisqu'il dit que les bâtiments élevés pour les fêtes furent en partie brûlés par les feux qu'on tira ce soir-là. L'Estoile parle aussi du feu qui prit aux « décorations. » Il est donc difficile, mais non impossible d'admettre que le feu fut tiré, comme d'autres le disent, sur la berge de la Seine. En tous cas, les machines du ballet, les monstres du cardinal de Bourbon, les constructions faites pour le carrousel, tout cela s'en alla en fumée, comme l'argent qui y avait été engouffré. Peut-être était-ce avec intention, afin de donner encore à la fête une physionomie de prodigalité plus grande, et afin que machines, décors, bâtiments qui avaient servi à honorer de si puissants seigneurs ne dérogeassent jamais en allant distraire d'autres que ceux pour qui ils avaient été spécialement fabriqués, peints et élevés.

Le jour où les monstres du cardinal de Bourbon ne quittèrent pas la rive gauche, L'Estoile nous apprend qu'il y avait plus de cinquante mille curieux sur les berges de la Seine : combien y en eut-il pour assister à ce feu de joie ! Les vastes prairies qui entouraient alors Paris à l'ouest, les hauteurs de Chaillot à peine parsemées de quelques rares habitations, formaient d'excellentes positions pour jouir du coup d'œil; mais peut-être qu'alors le Parisien, sédentaire, trouvait la distance trop longue à parcourir, même pour aller voir un feu d'artifice.

## CHAPITRE IX.

EFFET PRODUIT PAR LA CIRCÉ

Les collaborateurs de Baltazarini.

Nous avons réservé, pour conclure les informations sur la *Circé*, quelques observations concernant Baltazarini et ses collaborateurs, et l'effet produit par le *Ballet de la Reine*.

Beaujoyeulx fut sans doute récompensé par la reine, mais on ne trouve nulle part l'indication de ce dont il a été gratifié. Il nomme bien ses collaborateurs dans sa préface : La Chesnaye, Beaulieu et J. Patin ; mais à côté de ces noms il devrait y en avoir d'autres. Ces collaborateurs ou rivaux furent Desportes, Baïf et Ronsard. Travaillèrent-ils en dehors de Baltazarini ou en commun? Suivirent-ils ses conseils ou se mirent-ils en opposition avec lui? L'aidèrent-ils enfin à embellir les fêtes? (On dit même que d'Aubigné aurait donné le sujet et aurait travaillé à la pièce.) Le roi récompensa chacun largement. Les vers, cartels, mascarades le flattèrent plus, il semble, que les comparaisons emphatiques de Beaujoyeulx. Ronsard et Baïf reçurent chacun deux mille écus ; quant à Desportes, dans les œuvres duquel je n'ai guère trouvé qu'une pièce s'appliquant réellement aux noces du duc de Joyeuse, il paraît avoir été gratifié en raison inverse du travail accompli : en 1582, le roi le nomma chanoine de Chartres, poste qu'il échangea pour un canonicat de la Sainte-Chapelle, afin de ne pas quitter Paris ; il eut plus tard encore l'abbaye de Bonport, près Rouen, avec un revenu de vingt mille livres.

Beaujoyeulx eut-il à ce sujet quelque motif de plainte, et par suite de la libéralité du roi aux poëtes, le public de cour prit-il l'habitude de considérer Baïf, Ronsard et Desportes comme les auteurs du *Ballet de la Reine?* Ce qui porterait à le croire, c'est une phrase aigre-douce de la préface du Ballet dans laquelle Baltazarini réclame sa part, en déclarant qu'il n'a jamais eu l'idée d'empiéter sur celle d'autrui, et en menaçant les contrefacteurs. Cette phrase a l'air plutôt de s'adresser au passé qu'au présent et semble une réclamation venue au bout d'une année environ (époque de l'impression du *Ballet de la Reine*), afin de reconquérir une réputation d'auteur que les contemporains lui refusaient peut-être et dont la postérité l'a complétement dépouillé en oubliant son nom et en ne se rappelant plus, à propos des fêtes du mois d'octobre 1581, que les noms de Baïf, Ronsard et Desportes.

Ni les uns ni les autres ne furent heureux dans leurs pronostics ; ils souhaitaient et promettaient bonheur, gloire, fortune au pays, au roi, aux reines, aux jeunes époux : les événements trompèrent singulièrement l'espoir de ces faiseurs de compliments.

La paix ne fut pas de longue durée ; la mort du duc d'Anjou, qui suivit de près son échec dans les Pays-Bas, réveilla la Ligue. Au milieu des intrigues de Henri de Navarre et des Guises, Henri III voit se lever contre lui tous les partis : huguenots, ligueurs, royalistes ; le 20 octobre 1587, le duc de Joyeuse est tué à Coutras (1) ; les barricades s'élèvent dans les rues de Paris, et le roi, montrant le poing à sa bonne ville, prend la route de l'exil, que d'autres ont suivie depuis lui. Les états généraux sont intraitables ; ils n'accordent au roi, qui les a réunis, ni concessions, ni finances. L'assassinat du duc de Guise empire la situation.

Catherine de Médicis meurt à Blois, blâmant les meurtres ordonnés, et elle prédit la ruine de son fils.

Paris se soulève ; la Ligue est sur le point de triom-

---

(1) Le duc de Joyeuse avait pris, en 1586, le commandement de l'armée qui opérait dans le Midi contre Henri de Navarre et les protestants. Il fut tué, le 20 octobre 1587, à la bataille de Coutras, mais ses obsèques n'eurent lieu que le 8 mars de l'année suivante. Son corps fut transporté à Paris et exposé dans l'église Saint-Jacques-du-Haut-Pas, au faubourg Saint-Jacques. Il fut l'un des derniers soutiens importants de Henri III. La description de ses funérailles existe à la Bibliothèque Impériale, dans une petite pièce, petit in-8°, une de ces publications de quelques feuilles qui se vendaient peut-être dans les rues. Le style en est ampoulé, et contient en l'honneur du défunt les comparaisons ordinaires avec Hector, Moïse et le dieu Mars (singulier assemblage) ; le duc de Joyeuse est appelé le Rempart du Peuple. Un cortège considérable de prêtres, de religieux suivait le corps ; l'effigie du mort, en cire, figurait sur le catafalque, couché sur un lit d'honneur, couronne en tête, chapeau ducal et ses autres insignes sous sa main. Après la cérémonie, le corps fut transporté dans l'église de l'abbaye de Montrésor.

pher. Mais, sous la menace de la domination étrangère, alliée de la Ligue, un singulier revirement s'opère dans les partis; Henri de Navarre vient offrir ses troupes à Henri III; les Suisses d'un autre côté prennent du service auprès de lui; une partie de la noblesse se rallie aux Valois; la cause royale obtient quelques succès dans des rencontres successives, et Henri III vient camper à Saint-Cloud. L'assaut de Paris est fixé au 2 août, quand le couteau de Jacques Clément, changeant les probabilités du lendemain, prépare les faits qui placeront la couronne sur la tête du roi de Navarre.

Qu'est-il donc resté des présages et des souhaits de Baltazarini et de ses collaborateurs?

La reine mère, comparée à Pallas, « adorée et révérée de son vivant comme la Junon de la cour, n'eut pas plutôt rendu l'âme qu'on n'en fit non plus de compte que d'une chèvre morte. » Elle mourut ruinée, devant de l'argent à ses valets, oubliée de tous; voilà pour le respect éternel qui lui était promis.

Une longue vie, de longues amours étaient promises aux deux époux de Joyeuse; l'un meurt quatre ans après; et sa veuve l'oublia si bien qu'elle se remaria en 1599 à François de Luxembourg, duc de Piney.

L'égalité des Valois à la divinité, leur puissance incontestée, respectée des voisins, le repos du pays, la splendeur et la richesse de tous, ne sont en réalité que la trahison dans tous les partis, la guerre au nord, au midi, au cœur de la France, l'égorgement des citoyens, les exactions, la misère et la banqueroute, de fait, si ce n'est de nom.

N'est-ce pas dans ce cas que la superstition serait de mise; et de pareilles choses ne devraient-elles pas dégoûter des flatteurs et faire adorer les censeurs même les plus vifs! Ne semble-t-il pas notamment que les derniers vers de la dédicace aient porté malheur à Henri III :

> Et verras de ta race
> Double postérité,
> Et sur les Français grâce,
> Paix et prospérité.

Quelle ironie des faits! Au lieu de cet avenir doux et prospère : pas d'enfants, guerre civile et désastre, mort violente et rapide. Telle fut la réalité; des esprits perspicaces auraient pu prédire une partie de ces faits avec plus d'assurance encore que Baltazarini n'en mettait à affirmer ses flatteries.

La splendeur du *Ballet de la Reine* et des fêtes qui l'accompagnèrent fit le plus mauvais effet au milieu d'un pays ruiné, délabré de toute part; peut-être même que cette suite de divertissements, ces dépenses excessives, portèrent certainement aux Valois un coup dont l'effet désastreux se fit sentir réellement plus tard, au moment décisif où les partis, alliés contre la couronne, mirent en œuvre tout ce qui avait trait au mécontentement et aux désordres publics. S'il est vrai qu'en histoire les petites causes produisent souvent de grands effets (ce dont je doute, pour ma part), le *Ballet de la Reine* peut être regardé comme ayant porté le coup de grâce à l'autorité de Henri III.

Celui-ci comprit, au reste, la faute qu'il avait faite en gaspillant ainsi des sommes considérables dans de puériles exhibitions. Lorsqu'en novembre 1581 on célébra le mariage du comte du Bouchage avec la sœur du duc de La Valette, et lorsque, le 13 février 1582, le frère aîné de d'Épernon épousa mademoiselle du Bouchage, les noces se firent à la cour, mais sans bruit, sans éclat, sans dépense, et cela par ordre du roi. Le mauvais effet du ballet s'était répandu à l'étranger; en janvier 1582, les ambassadeurs suisses, venus pour réclamer les sommes qui leur étaient dues, avaient paru fort étonnés de ne rien recevoir, et n'avaient pas caché leur mécontentement de ce que le roi ne les payait pas, pensant qu'il devait avoir ses coffres pleins d'or, car, sans cela, sûrement il n'eût pas fait pareille dépense pour le mariage de son favori. Leur raisonnement émanait d'un esprit droit, mais le bon sens ne guidait pas toujours les Valois dans leurs dépenses; la dette que venaient réclamer les Suisses était cependant sacrée; Henri III leur devait huit cent mille livres pour services rendus; et ils en avaient refusé le triple du roi d'Espagne pour agir contre la France.

Mais l'examen du ballet au point de vue de la politique intérieure et extérieure sort des limites de ce volume. Je termine par quelques mots sur le côté artistique de ces divertissements; l'art va toujours son chemin, marchant d'une vie libre et indépendante, et se soucie peu des troubles au milieu desquels il se développe.

L'effet dramatique et musical du *Ballet de la Reine* fut très-grand; les seigneurs émerveillés en remportèrent chez eux le souvenir, et longtemps cette soirée leur apparut comme un rêve plaisant et luxueux. L'influence de cette représention se manifesta non-seulement en France, mais à l'étranger, dans l'imitation que l'on en fit. La France prit un moment, par cette seule représentation dramatique, la direction du mouvement théâtral et musical dont jusqu'alors l'Italie semblait avoir eu le monopole. Pourtant elle ne sut pas conserver cette prééminence artistique sans interruption, elle la recouvra tout à fait au siècle suivant.

Je ne citerai que deux faits prouvant combien la *Circé* de Baltazarini eut de retentissement.

En 1627, à la cour du duc de Savoie, plus de quarante ans après, on représenta Circé chassée de ses États. Circé, à la suite d'un récit italien, dansait un ballet avec ses nymphes en s'aidant de leurs baguettes; l'intrigue consistait en un chevalier prisonnier et une intervention allégorique et supérieure pour le délivrer. Il y avait des rochers mobiles parcourant la salle et laissant échapper chiens, chats, tigres, lions, cerfs, loups, formes sous lesquelles étaient prisonniers les chevaliers enchantés par Circé ; les cris de ces animaux se mêlaient à la musique, comme dans l'œuvre de Beaujoyeulx. Une nuée descendait du plafond, à l'abri de laquelle les bêtes reprenaient forme humaine ; à la fin, on dansait un grand ballet. La galanterie ne triomphait plus d'une façon aussi brusque qu'à la cour de Henri III ; il y avait moins de place accordée aux « trémoussements » des danseuses, et la cour de Savoie n'avait pas les escadrons féminins qui formaient le corps de ballet de la cour des Valois ; mais l'influence de la *Circé* de 1581 est visible : on en prit les ballets, les animaux, les machines ; qui sait si la musique ne fut pas aussi mise à contribution ?

Les fêtes qui avaient accompagné *Circé* furent aussi imitées.

En 1585, à Nice, on se servit de l'idée nouvelle qu'avait eue le cardinal de Bourbon en faisant fabriquer ses bateaux à machines qui réussirent si mal. Lors de la réception de la princesse Catherine d'Autriche, qu'allait épouser Charles-Emmanuel de Savoie, autour de la galère qui portait la fiancée on avait placé douze petites galères avec chacune vingt-quatre gentilshommes habillés de satin blanc ; derrière flottaient trois monstres marins. Le premier avait cent soixante pieds de long ; ses écailles étaient d'argent émaillé, il portait sur le dos un écueil de coraux ; ses yeux étaient faits de miroirs, et de grandes ailes, battant à l'air, cachaient les rameurs placés dans ses flancs. Le monstre salua en tirant de son corps un cou long de vingt pieds. Assises sur l'écueil placé sur son dos, étaient des nymphes vêtues d'or et représentant la Foi, la Persévérance, la Libéralité et la Concorde ; l'Honneur, avec des brides d'or, semblait diriger le monstre.

Le deuxième monstre était conduit par Neptune, à demi-vêtu, monté sur des rochers et des animaux marins. Neptune salua de son trident, pendant que le monstre ouvrait et refermait sa bouche.

Le troisième monstre avait sur son dos trois sirènes, dont les queues relevées supportaient la déesse Thétis, vêtue de brocard d'or semé de perles ; une nymphe conduisait le monstre, et Thétis offrit à la princesse Catherine une coquille de nacre pleine de perles et de pierreries.

Ces détails sont curieux à comparer avec ceux des fêtes de Henri III; on y sent soit le souvenir inconscient de ces fêtes, soit une imitation voulue; en même temps, on s'aperçoit que, tout en conservant encore les machines, les ballets et les cadeaux, l'élément féminin ne tient plus dans ces fêtes une place aussi considérable ; l'art tend à prendre le premier rang.

En France, le grand mérite du *Ballet de la Reine* fut d'avoir rendu plus régulier, moins décousu, l'ordre des idées qui présidaient d'ordinaire à ces sortes de représentations théâtrales; on tint à ce qu'une action réunît entre eux les différents membres d'un ballet, à ce que les divertissements ne se succédassent pas au hasard. C'était l'opéra français, dégagé de l'influence étrangère, qui venait de naître ; il conservait encore une physionomie antique, classique, beaucoup trop accusée; mais c'était naturel à cette époque, et ce défaut est une preuve de plus de cette origine française, comme certains bouquets accusent nettement le crû et la récolte de certains vins. Cette indépendance, qui se manifesta dans l'esprit français, cet affranchissement du théâtre musical, présentent ce phénomène singulier, quoique assez fréquent, d'être l'œuvre d'un étranger, d'un Italien, et d'avoir été amenés sous le règne d'une reine italienne de cœur et d'habitudes ; le pays envahi imposait ses goûts et ses idées à ceux qui prétendaient lui imposer les leurs.

Les artistes français tiennent dans le *Ballet de la*

*Reine* les principaux rôles ; ce ne sont pas des Italiens qui chantent les rôles de Mercure, de Glauque ni de Jupiter ; les Italiens sont peut-être à l'orchestre, mais ils ne sont pas sur la scène ; c'était beaucoup, car les chapelles italiennes étaient réputées sans pareilles ; et, de même que nous l'avons vu, le voyons et le verrons sans doute longtemps par l'effet de la routine, on pensait alors que, pour savoir chanter, un artiste devait avoir un nom en *o*, en *i* ou en *a*, et venir de l'autre côté des Alpes, ou, du moins, avoir l'air d'en venir. Dans le ballet de *Circé*, cette manie n'existe pas ; ce sont MM. de Beaulieu, Savornin, qui remplissent les principaux rôles ; et même aussi la plupart des exécutants devaient être français, car on voit que cinquante ans plus tard, sous Louis XIII, il n'est plus question que de violons français chez le roi ; or, la tradition étant partout puissante, il y a grande chance pour que déjà sous Henri III une partie des violons du roi fussent des nationaux, car sans cela les Italiens eussent encore été en nombre au siècle suivant.

L'idée d'avoir jeté au milieu d'une action des intermèdes musicaux, renoués adroitement au sujet, si l'on veut, mais s'y rapportant imparfaitement, serait aussi née en France avec ce ballet ; car Shakespeare, qui se servit si puissamment de ces intermèdes dans ses œuvres, n'a guère commencé à écrire que vers 1589 ; Beaujoyeulx aurait donc le mérite de la trouvaille. Je sais qu'on fait souvent plus de cas de la forme que du fond, et qu'une idée médiocrement mise en œuvre a peu de chance d'être remarquée ; mais l'inventeur a toujours plus de mérite qu'un metteur en œuvre, quel qu'il soit, et Beaujoyeulx, malgré son peu d'habileté de développement et de transition, ne doit pas perdre le bénéfice de sa création.

L'orchestration n'est malheureusement pas indiquée; quant à l'harmonie, à l'allure dramatique de la musique, on doit remarquer que le *Ballet de la Reine* a été composé avant que Monteverde ait donné son *Orphée*, joué à Mantoue en 1608. C'est donc près de trente ans avant cet *Orphée*, qui passe pour le premier opéra, que Beaulieu, auteur de la musique de *Circé*, écrivit sa partition, dans laquelle on trouve déjà quelques formes nouvelles comme poétique musicale, et des tendances harmoniques qui seraient curieuses à comparer avec celles de Monteverde. Le style n'est plus seulement le style religieux, bien que l'harmonie liturgique y soit encore dominante; il y a, nous l'avons dit, un souffle dramatique sensible comme rhythme, sujets mélodiques et coupe de morceaux.

On a rattaché souvent le *Ballet de la Reine* au genre de l'opéra comique; mais il ne suffit pas qu'il y ait du dialogue mêlé à la musique pour constituer un opéra comique. A ce compte, le *Freyschütz* serait un opéra comique, et non un opéra; il en serait de même de *Don Juan*, — et mille productions médiocres, avec récitatifs, seraient des opéras, tandis qu'elles ne constituent même pas des opéras comiques; la tendance du sujet, la coupe générale décident seules de la classification; chaque genre est distinct par son essence, autant et plus peut-être que par sa forme. Au fond il n'y a guère là qu'une querelle de mots. Si l'on veut cependant, on peut dire que le *Ballet de la Reine* est le premier opéra comique; car on ne peut compter pour tel le *Jeu de Robin et de Marion*, joué à la cour du duc d'Anjou, à Naples, avec la musique d'Adam de la Hale et dont j'ai parlé plus haut. Au reste, il est toujours malaisé de bien distinguer si une œuvre a été la première de son espèce; rien n'est entièrement nouveau, et tout a toujours des racines dans le passé; les types se forment lentement, par accessions successives, originaux pour l'avenir, composés parfois d'éléments hétérogènes si l'on regarde dans le passé. Le trait caractéristique, c'est qu'une main vienne réunir, à un moment donné, en un faisceau plus serré les efforts accomplis par les temps écoulés, et y mettre son empreinte personnelle C'est là ce que me paraît avoir fait Beaujoyeulx; je n'attache donc aucune importance à la distinction qu'on peut faire, quant au genre; je regarde et je vois, dans le *Ballet de la Reine*, le premier essai franchement fait de l'alliance de la poésie, du ballet, des décors, des machines et de la musique, choses qui, à elles cinq, constituent notre opéra moderne, genre tout aussi français que l'opéra comique, mais dans lequel la poésie, la musique, les ballets, les décors et les machines doivent chercher, pour bien mériter par leur réunion le nom d'opéra, à produire leur maximum d'efforts.

*Circé* est en germe un opéra complet.

La disposition de la scène est imparfaite : la salle et le théâtre ne sont pas séparés; mais cette disposition était encore conservée que, déjà depuis longtemps, on jouait de grandes comédies et de grands opéras; les marquis du règne de Louis XIV restaient assis sur les planches, et, comme souvenir de cette habitude de mêler les acteurs et le public et de confondre le lieu conventionnel avec la salle de spectacle, n'a-t-on pas vu, il n'y a qu'un petit nombre d'années, au théâtre de Franconi, l'action militaire commencée sur la scène se continuer dans le cirque? comme, dans le *Ballet de la Reine*, les cortéges et les troupes entraient dans la salle par deux portes latérales près des avant-scènes. Cette disposition prêtait peu à l'illusion, mais elle n'avait rien de choquant, pas plus pour les gens raisonnables, qui acceptaient une habitude prise, que pour les enfants spectateurs, dont l'imagination, plus facile à contenter, se satisfaisait d'une disposition primitive. Les assistants du *Ballet de la Reine* devaient d'autant moins être choqués de leur mélange avec les acteurs qu'ils étaient à chaque moment noués à l'action soit par des compliments, soit par la nécessité des dénouements amenés d'une façon extra-dramatique.

La pièce peut être coupée comme un opéra en trois actes. Il y a une sorte de prologue qui établit l'action; — vient ensuite le premier intermède, avec cortége, chant, et une entrée de ballet avec danses, chœurs, déclamation et tableau final ressemblant à une apothéose. Le deuxième intermède se compose de chant, de déclamation; il a aussi un défilé, celui des dryades, mais il n'a pas d'entrée de ballet. Le troisième intermède, formé des mêmes éléments, est terminé par le grand ballet de la soirée. Si l'on change le mot intermède et si on le remplace par le mot « acte, » plus dans nos habitudes, on a un prologue, un premier acte avec ballet, un deuxième acte sans ballet, un troisième acte avec ballet. Le deuxième acte est plus court, plus resserré en tout; les personnages du premier acte n'y figurent pas, et il semble que l'on ait laissé à dessein le temps, pendant ce deuxième acte, aux danseuses du premier ballet, de changer de costumes et même de chemises, si elles avaient aussi chaud que Henri III et Marie de Clèves, en dansant la volte. Quant au troisième acte, depuis le commencement jusqu'à la fin, c'est un *crescendo* fort bien calculé comme mise en scène et sonorité musicale.

L'analogie de ce ballet avec nos opéras existe encore dans la disposition du décor, qui irait fort bien même à présent sur les théâtres habitués à une riche mise en scène. L'indication du décor n'est pas faite à la moderne, de plus la disposition du paysage est trop régulière; les plans des décors sont trop parallèles au spectateur; les décors sont tous supposés vus de face; tout est trop droit, trop perpendiculaire pour nos yeux habitués à des effets pittoresques de perspective oblique; mais, malgré ce défaut, le palais de Circé peut constituer une décoration brillante; on peut s'en convaincre en tirant une ligne oblique dans la salle, afin de briser la perspective, présenter le palais d'une façon moins enfantine, et laisser en dehors la voûte dorée où est renfermé l'orchestre; si l'on décrit le décor ainsi modifié, l'on pourra mettre, en supposant la rampe sur la ligne tirée en travers :

« Le théâtre représente un paysage antique ou enchanté; au fond, vers la gauche, les jardins de Circé, avec son palais; ce dernier a des défenses complètes; il est pavoisé, et la porte, dorée, s'ouvre sous une voûte en forme de conque brillante; derrière le palais, on aperçoit en perspective une ville et la campagne. Les jardins sont formés par des arbres merveilleux aux fruits d'or et d'argent, et sont soutenus par de riches terrasses. A droite, aux premiers plans, est un bocage de chênes vigoureux au travers desquels on aperçoit une grotte rustique, brillante et émaillée au dedans. Un espace vide sépare le bocage des jardins de Circé. Au lever du rideau, cette dernière est assise sur le devant de son palais, entourée de ses nymphes ; sur le bord du bois de chênes, Pan est assis, tenant des pipeaux. Au milieu du théâtre, en l'air, est une nuée brillante, parsemée d'étoiles, disposée de manière à pouvoir descendre sur la scène.

« L'orchestre est caché par une voûte azurée, bouillonnée de nuages, percée d'ouvertures lumineuses pour laisser échapper les sons. »

Cette indication scénique ne serait pas, ce me semble, impraticable, et l'on pourrait tirer bon parti d'un pareil décor, où l'imagination aurait sa liberté ; l'orchestre ainsi caché serait peut-être une idée heureuse ; on s'est plaint si fréquemment de l'effet désagréable et gênant qu'il produit !

Un travail analogue pourrait être fait pour les personnages et pour l'indication des acteurs ; en divisant ensuite les actes par scènes successives, on aurait un livret d'opéra rédigé sur le modèle de tous les livrets ordinaires et qui, ne conservant plus les allures bizarres et originales de l'époque où il a été écrit, aurait autant de cance de réussir que bien d'autres, dès qu'il ne dérangerait plus le public de ses habitudes, auxquelles il est comme rivé.

18.

Je ne veux pas dire cependant que le *Ballet de la Reine* soit un opéra exempt de défaut. Il a d'abord contre lui le sujet antique, qui est, à mon sens, un vice rédhibitoire. *Alceste* avec Glück, *la Vestale* avec Spontini, n'attireront jamais la foule ; il en sera de même toujours, je le crains, chez nous, quand les costumes antiques apparaîtront sur la scène lyrique, s'ils ne sont soutenus par l'esprit moqueur de quelques auteurs dramatiques à la mode : on peut le déplorer, mais c'est un fait. Il y a de plus, dans *Circé,* une redondance mythologique insipide, un pédantisme classique, des redites perpétuelles, point d'action pour ainsi dire, et une suite d'entrées et de divertissements qui occupent plus les yeux et les oreilles que l'intelligence. Mais on y trouve un commencement de goût dans la poésie ; il y a quelques beaux vers ; la coupe des scènes est assez heureuse, la monotonie une fois admise, et la gradation des effets est bien ménagée ; en somme, je le répète, je crois qu'avec quelques remaniements ce serait très-jouable ; les défauts qu'on peut reprocher à ce ballet existent d'ailleurs dans bien des opéras modernes, et sont en quelque sorte inhérents au genre, aussi n'ai-je pas besoin d'en citer des exemples, le lecteur, selon ses goûts et ses antipathies, y pourvoira aisément.

Qu'on ne juge pas qu'en parlant ainsi j'exagère l'influence de Baltazarini ; à la fois auteur et impresario, sa part a été grande dans l'organisation du *Ballet de la Reine ;* il eut de son temps, une réputation énorme dont nous ne nous doutons plus, pas plus que nous ne nous doutons des succès de certains compositeurs en dehors de quelques noms choisis comme au hasard ; oublieux d'une partie des faits, nous n'apercevons que quelques points éloignés d'une histoire dont tout le reste demeure dans l'ombre. Que devint Baltazarini après la mort de Henri III? Disparut-il avec la dynastie? Bien des années se passèrent ; Lully vint, vécut, mourut, et quelques années après, on se souvenait cependant encore de Baltazarini et de ses œuvres. On le regardait comme un organisateur musical excellent, si ce n'est comme un grand compositeur ; à ce point qu'en 1688, dans la lettre que Sénécé écrivit, soi-disant des Enfers, à Clément Marot pour lui raconter ce qui s'était passé chez Pluton lorsque Lully y était descendu, l'auteur ne trouva personne de plus digne pour recevoir Lully aux Enfers que Baltazarini Beaujoyeulx. Cette lettre curieuse, moitié pamphlet, moitié panégyrique, où Lully est décrié comme homme privé, mais exalté comme artiste, suppose Lully reçu aux Enfers par tous les musiciens fameux dont l'histoire a conservé les noms. En tête de tous, marche Baltazarini. Ce dernier doit sans doute un peu cette place honorifique à son origine italienne vis-à-vis d'un compatriote ; puis, il y avait bien aussi un peu d'intention satirique ; Lully, plaisant et, disait-on, plat valet devant les grands, était accueilli bien à propos par Beaujoyeulx, valet et complaisant de cour. — Cependant Sénécé n'attaque pas le caractère de ce dernier, et le choix qu'il fait de Baltazarini pour diriger le cortége prouve qu'à la fin du XVIIe siècle et au commencement du XVIIIe, il était encore considéré comme un organisateur habile et un musicien distingué par les amateurs de fêtes et d'opéras.

Ceci m'excusera d'avoir peut-être attaché tant d'importance au *Ballet de la Reine*, et aussi d'avoir considéré l'Italien Baltazarini comme l'auteur, sous l'influence de l'esprit français, du premier opéra, ou du moins du premier essai à peu près complet d'opéra, qui ait été fait dans notre pays.

Pour savoir ensuite si l'opéra français, ainsi inauguré, se développa régulièrement, il ne s'agit que de voir par quelles péripéties successives il passa avant de recevoir, de Quinaut et Lully, une forme pour nous à peu près définitive.

# CHAPITRE X

## PROGRÈS DE L'OPÉRA (1585-1662)

Avortement de l'influence du *Ballet de la Reine* par suite des troubles religieux et civils. — Retour aux abus des mascarades et des entrées avec cortéges. — Opéras-ballets sous Henri III, Louis XIII et la minorité de Louis XIV. — Progrès de l'opéra en Italie ; importance du mouvement musical et dramatique. — Influence italienne en France par les soins de Mazarin et par les œuvres de Monteverde et de Cavalli. — Avénement de Lully.

Après l'effet produit par le *Ballet de la Reine*, après ce modèle de beaucoup supérieur aux œuvres qui l'avaient précédé, on eût pu croire que l'opéra était fondé et allait se développer sans hésitation. Il n'en fut rien : on revint aux ballets proprement dits, aux vieilles fêtes à entrées et à cortége ; l'art émigra en Italie, s'y développa, et nous revint heureusement cinquante ans plus tard avec des types plus parfaits. Le *Ballet de la Reine*, malgré son importance considérable, et à cause même de cette importance, dut être regardé comme un phénomène, comme une débauche de luxe et d'imagination. Les malheurs politiques, la misère qui en fut la conséquence, firent de l'opéra un déclassé dans le monde de l'art ;

venir trop tôt, venir trop tard, représenter des idées trop vieilles, représenter des idées trop nouvelles, sont choses également mauvaises. Les mascarades recommencèrent donc quelques années après; il y eut des progrès accomplis, mais, pour les rendre sensibles, il fallut encore la présence d'un Italien, et ce fut Mazarin qui entreprit d'implanter en France l'opéra italien devenu presque parfait.

Pendant que l'Italie progressait, comme je le dirai ci-après, il y eut à la cour de France une série non interrompue de fêtes parfois insignifiantes, et sur lesquelles je vais jeter un coup d'œil rapide, en ne citant que les plus importantes.

Le règne de Henri IV, qui se ressentit longtemps des troubles et des guerres religieuses, n'était pas une époque très-propice aux divertissements; cependant on représenta plus de quatre-vingts ballets depuis 1592 jusqu'à 1610. Ils affectaient souvent de porter des noms plaisants ou vulgaires. En 1597, on représenta le ballet des *Grimaceurs*, celui des *Barbiers*, où douze masques firent danser les plus jolies femmes de la cour. Là, plus de drame, peu de musique, pas de décors, l'opéra est disparu! Faut-il parler des ballets des *Princes du Sérail*, des *Amoureux*, des *Nymphes*, des *Coqs*, de celui des *Bouteilles* en 1604, de ceux des *Borgnes*, de l'*Inconstance?* C'était là des mascarades et rien de plus; les déguisements qui avaient le plus de succès étaient ceux qui s'éloignaient le plus de la forme humaine : les gentilshommes de la cour se costumaient en pots de fleurs, en hiboux, en femmes géantes, en tambours, en moulins à vent, en basses de violes ; la musique, comme pauvreté d'idées, était digne du sujet représenté.

En 1607, on dansa le ballet des *Tire-Laine*, celui des *Trois Ages*, celui des *Bacchantes*. Vers cette époque, cependant, il y eut les *Ballets de la Reine* ; ils furent au nombre de trois. Les deux derniers servirent les amours de Henri IV.

Le *Ballet de la Reine*, de 1607, vit commencer les relations du roi avec mademoiselle de Montmorency ; la grâce de cette dernière le frappa vivement un jour qu'il assistait aux répétitions du ballet, où les danseuses, costumées en nymphes, étudiaient un pas avec des javelots. « Mademoiselle de Montmorency se trouva vis-à-vis du roi quand elle leva son dard, et il sembloit qu'elle l'en vouloit percer. Le roi a dit depuis qu'elle fit cette action de si bonne grâce qu'effectivement il en fut blessé au cœur et pensa s'évanouir. » Le roi devint si amoureux que, pour plaire à sa maîtresse, il courait la bague à cinquante-trois ans, vêtu de satin d'Espagne comme un jeune homme, afin d'avoir le plaisir de parader devant elle.

En 1609, le troisième *Ballet de la Reine* fit que Henri IV s'amouracha de la jolie mademoiselle Paulet, qui chantait une entrée, montée sur un dauphin ; la chronique du temps la représentait comme destinée à devenir la maîtresse du dauphin Louis ; on fit des vers qui jouaient sur le mot *dauphin* et sur la position de mademoiselle Paulet dans la scène du ballet. Mais le père prit la place destinée à son fils, et Tallemant des Réaux dit que c'était chez elle que Henri IV se rendait en carrosse quand il fut assassiné.

Sous le règne de Louis XIII, on représenta encore des ballets dans le genre de ceux que je viens d'indiquer; cependant il y eut tendance à revenir aux grandes fêtes musicales avec cortéges, machines et carrousels. Le drame était généralement absent de ces fêtes; le théâtre français, qui commençait à se former, vivait d'une existence séparée; il grandissait à part et attendait un moment opportun pour rehausser par ses inventions l'éclat de la musique.

Voici, par ordre chronologique, les principaux divertissements qui peuvent relier les derniers ballets du règne de Henri IV aux représentations plus artistiques du temps de Louis XIV.

Je ne fais que citer les ballets de *Robinette*, des *Usuriers et des Matrones*, celui des *Singes*; — le ballet de la *Sérénade*, en 1613, dansé dans la salle du Louvre; — puis tant d'autres, où les imaginations les plus singulières se donnaient carrière; — en 1614, les *Argonautes*; — en 1615, une suite de scènes dont les personnages représentant certains métiers ont des noms que nos aïeux acceptaient, mais que les convenances ne supportent plus que dans les vieilles comédies. En 1620, on joua les *Chercheurs de midi à quatorze heures;* en 1623, les *Bacchanales;* en 1627, le ballet des *Quolibets*, et en 1628, celui des *Andouilles*. Il est inutile de donner des détails sur ces œuvres, qui se ressemblaient sous beaucoup de rapports, mais je dois parler de quelques autres divertissements plus importants.

En 1612, les 5, 6 et 7 avril, pour la proclamation du double mariage du roi avec l'infante d'Espagne et de Madame avec le prince d'Espagne, eut lieu la grande fête dite le *Camp de la place Royale*. Bien que ce fût une sorte de carrousel, où les entrées, les joutes, rappelaient les anciennes fêtes royales et où les vieux usages reparaissaient, on put y voir en même temps une sorte de grande représentation dramatique, accompagnée de musique, quelque chose comme un opéra en plein air. La Collection Philidor a conservé une suite des morceaux qui furent exécutés par les grands hautbois du roi: ces morceaux étaient extraits des ballets dansés, joués et chantés à la cour depuis environ un demi-siècle. Les fêtes durèrent trois jours; la noblesse de la cour y parut, portant les grands noms de la chevalerie et de l'antiquité; il y eut des quadrilles pour la prise et la défense du palais de la Félicité, dressé au milieu de la place; à côté, dominait le Parnasse, couronné par la déesse de l'Harmonie, femme colossale, faite d'instruments de musique, luths, guitares et violes amoncelés.

Parmi les fêtes données dans l'intérieur du palais, il y en eut plusieurs assez importantes. Le 19 mars 1615, la grande salle du Palais-Bourbon, la même où avait été représenté le *Ballet de la Reine*, vit jouer le *Triomphe de Minerve*, avec des entrées de feux follets, récits et morceaux de musique. Ce ballet avait été joué avant le départ de Madame pour l'Espagne.

Vint l'année suivante, après le mariage du roi, le ballet de la *Délivrance de Renaud*. Ce ballet était dans le genre de la *Circé* de Beaujoyeulx. Plusieurs musiciens, plusieurs gentilshommes avaient réuni leurs efforts pour donner plus d'éclat à cette fête : c'étaient Guédron, Boisset et Bataille pour la musique, Durand, Bordier et l'académicien de Porchères pour les paroles. Les préparatifs du ballet occupèrent les derniers mois de l'année 1616 ; il fut représenté le 29 janvier 1617 au Louvre. Le roi Louis XIII jouait le Démon du Feu ; le duc de Luynes représentait Renaud. Depuis la *Circé* de Henri III on n'avait rien vu à la cour de si luxueux ; il y avait soixante-quatre voix soutenues par vingt-huit violons et quatorze luths. Le sujet d'Armide, cette Circé du moyen âge, est un sujet éternel prêtant à la passion comme à la mise en scène ; les décors étaient beaux et nombreux ; on remarqua surtout l'Enfer avec ses démons, auxquels Armide confiait le soin de son empire, — les Jardins de l'enchanteresse, — le Triomphe de Renaud, sans doute une sorte d'apothéose lumineuse.

En 1619, le 12 février, on représenta les *Aventures de Tancrède dans la forêt enchantée*; mais le souvenir de Renaud fit du tort à cette nouvelle œuvre ; d'ailleurs le caractère de Louis XIII s'assombrissait, tandis qu'en 1616 et 1617, dans la première année de son mariage, les fêtes avaient été mieux vues à la cour. Toutefois, il y eut encore plusieurs représentations musicales et dansantes ; Tancrède et Renaud avaient reporté les esprits vers un ordre de compositions plus parfaites que les ballets ordinaires ; il y avait tendance à se séparer des niaiseries formant les entrées habituelles. Les fêtes s'efforcèrent de devenir pompeuses ; le grand règne arrivait, et l'un des derniers ballets (1635) fut celui de la *Marine*, où le roi et la reine, assis sur un trône élevé, se voyaient adorés par toutes les divinités aquatiques que l'antiquité avaient imaginées.

Après la mort de Louis XIII, les fêtes de la cour se trouvèrent entraînées par deux courants d'idées différents : les uns poussaient à l'imitation italienne, d'autres conservaient le goût des anciens ballets. J'examinerai séparément, ci-après, les œuvres qui, obéissant à l'influence de Mazarin, cherchèrent dans l'imitation des maîtres italiens un renouvellement des formes usées ; je n'ai plus que quelques mots à dire auparavant sur les premiers ballets de la minorité de Louis XIV, encore ne parlerai-je pas de la quantité extraordinaire des ballets dirigés contre la personne de Mazarin et contre sa famille ; quelques-uns, d'ailleurs, par la bizarrerie excessive de leurs sujets, par la trivialité et la grossièreté des allusions, n'ont jamais dû être joués et n'ont existé que comme pamphlets ; c'était avec ces armes musicales et plus ou moins spirituelles que le peuple français se vengeait du mot dédaigneux que Mazarin avait prononcé sur son compte.

Un des premiers ballets importants dansés à la cour fut celui de *Cassandre*, dont Benserade avait fait les paroles et dans lequel, le 26 février 1651, le roi âgé de treize ans, fit ses débuts comme danseur.

Vinrent ensuite :

Le *Ballet des Arts*, dans lequel Junon, sortant d'une mine d'or, personnifiait l'orfèvrerie ; le tableau de la Chirurgie montrait Esculape guérissant, au milieu des instruments salutaires, mais d'aspect terrible, les difformités qui venaient implorer son secours.

En 1653, le *Ballet de la Nuit*, dont la longueur était excessive. La coupe en était singulière : la première partie peignait la campagne et la ville de six à neuf heures; — la seconde partie était un bal donné chez Roger et Bradamante, et auquel assistait Plaute : c'était là ce qu'un siècle plus tard on chantait sous le nom d'amphigouri; — la troisième partie, qui commençait à minuit et semblait s'étendre jusqu'à trois heures du matin, évoquait, au milieu des songes et des sorciers, les amours de Diane et d'Endymion; — la quatrième et dernière partie était consacrée à l'Aurore.

En 1654, les *Noces de Thétis et de Pélée*, dont les machines sont restées célèbres. Pélée traversait la scène en l'air, sur un char traîné par des dragons; le théâtre était divisé parfois en deux parties superposées : tantôt c'était en bas la grotte de Chiron, et au-dessus la campagne verdoyante; tantôt c'étaient, ajoutées l'une à l'autre, deux perspectives éblouissantes, montant du sol jusqu'au ciel, surchargées de nymphes, encombrées de machines. Le roi y dansa six personnages différents : Apollon, une Furie, une Dryade, un Académiste, un Courtisan, la Guerre. Ce fut une des plus brillantes représentations de la minorité de Louis XIV. Les *Noces de Thétis* sont un opéra véritable, dans lequel les machines et la danse tiennent encore plus de place que la musique.

La même année, Mazarin, tout en s'occupant de l'opéra faisait jouer un ballet italien assez curieux qui venait d'être représenté à Turin. C'était *la Verità Ramenga*, d'un inconnu appelé Fr. Sbarra.

Le Temps ouvrait le ballet en distribuant au public les « envois, » soit le programme de cette époque. La première entrée offrait un apothicaire et un médecin se réjouissant du mal qui envahissait le monde; la Vérité, poursuivie et conspuée par les avocats et les plaideurs, vient près d'eux chercher du secours; mais son aspect met chacun en fuite. Un cavalier lui promet protection et l'abandonne; elle chasse un soldat qui n'est qu'un fanfaron. Aussi malheureuse dans la deuxième entrée, la Vérité se voit chassée par un marchand et par un banqueroutier: les dames à leur tour s'acharnent contre elle; la Muse du théâtre, seule, l'accueille, à la condition qu'elle se déguisera et se fera voir le moins possible. Après la première entrée, il y avait un ballet de villageois armés de courges sèches, et un ballet de bouffons terminait la pièce. Ce sujet philosophique de la Vérité détestée de tous était peu dramatique, mais il vaut la peine d'être cité comme signe du goût de cette époque.

En 1657, on représenta *l'Amour malade*, dont le succès fut aussi éclatant que celui des *Noces de Thétis*; ce ballet eut un tel retentissement que longtemps, par une confusion de nom, on crut qu'il s'agissait de *l'Amour médecin* avec des divertissements, et on l'attribua à Molière. L'intrigue en était cependant fort simple, et ce n'était qu'une longue suite d'entrées mises à la suite les unes des autres. Deux grands médecins, le Temps et le Dépit, ordonnent, pour guérir l'Amour, un ballet facétieux à dix entrées : 1° les Suivants des médecins; 2° les

Astrologues; 3° les Chercheurs de trésors; 4° les Galants; 5° onze Docteurs; 6° huit Chasseurs; 7° les Alchimistes; 8° six Indiens et six Indiennes; 9° les Bohémiennes; 10° la Noce de village. On voit ici apparaître le modèle sur lequel fut copié un grand nombre des intermèdes intercalés plus tard dans les comédies de Molière. Les Bohémiennes de la neuvième entrée paraissaient alors pour la première fois, je crois, et Dieu sait l'abus qui en fut fait dans la suite! Lully avait composé la musique de presque tous les ballets de cette époque, mais au moment même où il écrivait le ballet de l'*Impatience* et celui de la *Raillerie*, en 1659, il se trouvait sous une influence musicale qui imprima bientôt une direction nouvelle à son génie, et fit de lui le créateur de l'opéra français, tel que nous le comprenons.

Pour expliquer ce qui arriva, il est nécessaire de retourner en arrière et d'examiner ce qui se passait en Italie de 1580 à 1590, quelles œuvres se préparèrent alors, et quelle fut leur influence sur l'art musical.

Vers 1580, il existait à Florence, dans ce pays où les sentiments artistiques avaient été si fort développés par l'influence des Médicis, une société de gentilshommes, de savants, de poëtes et de musiciens qui, fatigués de la monotonie des vieilles formes musicales et dramatiques, avaient cherché à faire renaître l'antique déclamation de la tragédie grecque; heureusement pour nous, leurs essais aboutirent non à une restauration archéologique pure, qui n'eût eu pour un moment que l'attrait de la curiosité, mais à la découverte du récitatif, de l'air et de l'accompagnement harmonique; les madrigaux disparurent peu à peu, et les morceaux lyriques prirent une ampleur qui jusqu'alors leur était inconnue ; mais le travail se fit lentement et par essais successifs.

Cette société artistique florentine était composée du comte Jean de Bardi de Vernio, Jacques Corsi, Pierre Strozzi, Vincent Galilée, Rinuccini le poëte, Mei ; à eux se joignirent successivement, attirés par leurs théâtres, les musiciens Peri, Caccini, Emilio del Cavaliere ; plus tard leur influence servit à diriger les travaux de Monteverde et de Cavalli.

Sauf Cavalli, qui n'apparut que beaucoup plus tard, ces compositeurs vécurent à peu près dans le même temps, et ce fut de 1590 à 1610 que parurent leurs œuvres ; et, encore, les premières œuvres exécutées ne paraissent pas avoir, vers 1590, une importance égale à celle du *Ballet de la Reine*. Ce ne fut que vers 1600 que le mouvement en avant s'accomplit et produisit alors les modèles sur lesquels se construisirent les premiers opéras français du XVIIe siècle. Je suivrai pour les indications ci-dessous l'ordre chronologique, en considérant la date de la première composition importante de chacun des auteurs, sans attacher d'importance à l'année de leur naissance, la manifestation de leur vie intellectuelle étant ce qui importe le plus.

Giulio Caccini, né vers 1550, mort avant 1600, résida longtemps à la cour du grand duc de Toscane ; il chanta souvent dans les fêtes, notamment en 1579, aux noces du duc François avec Bianca Capella, il joua le rôle de la Nuit dans le divertissement offert aux mariés. Il comprit rapidement les ressources nouvelles qu'offraient les théories du comte de Vernio et de ses amis, et, en 1590, à Florence, à l'occasion du mariage de Ferdinand de Médicis, duc de Toscane, avec madame Chrétienne de Lorraine, il écrivit la musique d'une scène : *le Combat d'Apollon contre le Serpent*, dont le comte de Vernio avait fait les paroles. C'était un essai de restauration archéologique des jeux pythiens, intéressante à examiner pour l'histoire de l'opéra, et curieuse en ce que, probablment, elle avait été faite sous l'influence du succès de la *Circé* de Baltazarini. L'intermède, qui prouvé la persistance de la passion pour l'antique, était divisé en quatre parties se rapportant au combat du serpent.

Première partie. — La scène représentait une épaisse forêt; au milieu était le nid du serpent; l'herbe foulée indiquait la place qu'avait occupée le monstre; les habitants s'avançaient en tremblant; le serpent sortait d'une caverne; tous tombaient à genoux, implorant Apollon qui apparaissait. Tableau final.

Deuxième partie. — Le dieu défiait le monstre; sans doute ce défi était fait dans les règles, et représentait toutes les formalités des tournois du temps.

Troisième partie. — Combat; au fur et à mesure que les flèches du dieu transperçaient le serpent, celui-ci, qui était une machine fort bien organisée, arrachait les traits et les brisait avec colère. C'était le triomphe de la machinerie théâtrale, et si Weber eût eu un pareil serpent à sa disposition pour *Euryanthe*, nul doute que le combat avec le monstre envoyé par Églantine n'eût eu lieu devant le public.

Quatrième partie. — Les habitants entonnaient un

hymne en l'honneur d'Apollon, puis venaient sans doute un triomphe et un cortége.

Les situations étaient simples, comme l'on voit, dramatiques cependant, mais complétement dénuées de l'intérêt amoureux que nous exigeons dans nos opéras ; à part cela, le sujet n'était pas plus mauvais que tant d'autres qui ont le tort d'avoir cinq actes au lieu de quatre.

Dès la même époque, Caccini composait aussi beaucoup de chansons avec accompagnement du grand luth (théorbe) que Bardella venait d'inventer. En 1594, il écrivit, avec Peri, la musique de *la Dafne*, dont Rinuccini avait fait les paroles ; cette œuvre était de beaucoup plus importante que la première : l'intelligence de l'expression, quelques mélodies originales et le récitatif juste et assez développé, telles sont les qualités principales que l'on remarque dans cette *Dafne*, due à la collaboration des deux amis ; le succès de cette tentative fut assez grand pour qu'en 1600, lors du mariage du roi Henri IV avec Marie de Médicis, Caccini et Peri composassent une tragédie en musique, paroles de Rinuccini, intitulée *Eurydice*, qui fut jouée à Florence, au palais Pitti, comme, au reste, *la Dafne* l'avait été, par une réunion d'artistes et d'amateurs. Ce fut de cette représentation que les gentilshommes qui avaient accompagné le roi de France remportèrent l'idée de la supériorité incontestable de l'opéra italien sur le ballet français ; la *Circé* de 1581 était déjà oubliée.

Le compositeur Péri, né après 1550, mort vers 1610, commença à écrire vers 1590 ; mais la réputation de Caccini, son collaborateur, éclipsa sa réputation et fit presque disparaître son nom des œuvres auxquelles il avait travaillé; *Dafne*, *Eurydice*, passèrent pour être l'œuvre de Caccini seul, et le public du temps ne vit plus que ce dernier dans les opéras publiés qui indiquaient cependant les noms des deux amis; il est donc malaisé de bien définir auquel des deux revenait le plus d'honneur dans les innovations introduites. Chaque acte d'*Eurydice* était terminé par un chœur; il y avait des stances chantées sur l'amour, le dialogue était débité avec des tenues de basse et les principaux morceaux étaient précédés de ritournelles. Voici, au reste, d'après la traduction qu'en donne M. Fétis, ce qu'écrivait à Caccini, en 1609, l'abbé Grillo, ami du Tasse; Peri peut prendre une part de ces compliments : « Vous êtes le père d'un nouveau genre de musique, ou plutôt d'un chant qui n'est point un chant, d'un chant récitatif, noble et au-dessus des chants populaires, qui n'altère pas les paroles, ne leur ôte point la vie et le sentiment, et les leur augmente, au contraire, en y ajoutant plus d'âme et de force... » La condamnation de la musique madrigalesque et la glorification de la musique d'expression sont complètes et bien raisonnées dans ces quelques lignes, qui prouvent que les auteurs raisonnaient les progrès accomplis et que le public les appréciait.

Emilio del Cavaliere, né vers 1550, ne commença que tardivement à écrire, vers 1588; né à Rome, il fut appelé à Florence par Ferdinand de Médicis, et ce fut là qu'il rencontra le comte de Vernio et son cercle artistique. Il mourut jeune, avant 1600, car les œuvres publiées après sa mort portent cette date. Ce fut lui qui développa le premier l'accompagnement de l'orchestre, lui donna un rôle différent de la simple doublure du chant, marqua quelques lignes de basse chiffrée, et inventa des ornements tels que le trille et le grupetto. Le premier essai important d'opéra qu'il fit représenter est *le Satyre*, scène exécutée en 1590 devant le grand-duc et la cour; vint ensuite le *Désespoir de Filène*; mais son œuvre principale fût la *Reppresentazione di Anima e di Corpo*, exécutée en 1600, sujet singulier tenant de l'opéra et du mystère. Ce fut dans l'église de la Navicella que l'on installa la mise en scène et qu'eurent lieu les danses; un prologue chanté par deux jeunes gens ouvrait le spectacle; puis apparaissaient successivement le Temps, le Plaisir avec ses compagnons, le Corps, le Monde, la Vie humaine; c'était comme un résumé philosophique et musical des idées et des passions de l'homme; la partition indique le ballet comme seulement facultatif, mais sur la ritournelle des principaux morceaux, les danseurs faisaient le « saut en cabriole » et dansaient la « gaillarde, » vieille danse lombarde dérivée sans doute de l'antique pyrrhique. Emilio del Cavaliere n'existait plus quand fut représentée cette œuvre qui contient des chœurs remarquables pour l'époque; cependant, par suite de ses premières études musicales, faites sous la direction des chapelains romains, on sent que cette musique est encore trop sous l'influence liturgique et ne s'avance que timidement vers la tonalité dramatique.

Il allait en être tout autrement avec Monteverde.

Monteverde, dont le nom, devenu synonyme de musique moderne, rappelle immédiatement l'accord de septième de la dominante, et les luttes artistiques qui furent la suite de la mise en pratique de cet accord, est né à Crémone en 1568 ; en 1613 il était maître de chapelle à Saint-Marc de Venise. Il semble que pendant longues années il réfléchit avant de composer, car ce ne fut qu'en 1607 qu'il fit représenter à la cour du duc de Mantoue un opéra intitulé *Ariane*. La musique religieuse avait d'abord empêché ses idées de se développer dans le sens du drame, et ce ne fut que lorsque les travaux de Caccini, Peri et Cavaliere furent connus qu'il se lança en avant. On dit que, déjà en 1600, il avait composé son ouvrage le plus remarquable, son *Orphée*; mais cet *Orphée* ne fut représenté pour la première fois qu'en 1608, la même année que son ballet célèbre *Delle Ingrate*. Bien qu'on ait peut-être exagéré l'importance de l'*Orphée* de Monteverde, comme il arrive toujours lorsqu'on choisit dans l'histoire de l'art un point spécial où l'on rattache tous les phénomènes d'une époque, on doit reconnaître que son influence fut très-considérable ; l'*Orphée* devint le point de départ du drame lyrique, de l'orchestration moderne ; il résumait les travaux des Caccini, Peri et Cavaliere. Aux récitatifs, à l'accompagnement séparé, à la basse chiffrée élémentaire, à certains ornements, à la passion encore peu développée, Monteverde ajoutait une harmonie hardie, une meilleure coupe de morceaux, des rhythmes variés, une expression plus libre, une orchestration plus riche ; il se servit le premier de la sourdine et du trémolo ; peut-être la « roulade » prit-elle naissance dans ses œuvres ; mais si cela était, il ne faudrait que médiocrement l'en louer. Ses inventions harmoniques, très-remarquables pour son temps, resteront en somme son plus beau titre de gloire, car avec elles il créa l'*accent* des cadences et des résolutions qui, combiné avec le rhythme, est un des plus puissants moyens d'expression de l'opéra moderne.

Une chose singulière de son *Orphée* (dont nous avons plus haut détaillé l'orchestre) est la persistance d'un même genre d'instruments pour accompagner le rôle d'un personnage. Ainsi Orphée est toujours accompagné par deux violes de grand modèle à treize cordes, Eurydice par dix dessus de violes, l'Espérance par deux violons français, Caron par deux guitares, Proserpine par trois basses de viole, Pluton par quatre trombones, Apollon par un jeu de régale. Si le rôle de Caron était maigrement soutenu avec deux guitares, il faut reconnaître qu'en plaçant sous les chants d'Orphée et d'Eurydice une masse relativement considérable d'instruments à cordes, Monteverde avait pressenti l'effet nerveux que produisent sur les auditeurs les instruments à cordes jouant à l'unisson.

Monteverde mourut en 1643; il composa jusqu'à sa mort; mais son *Orphée* est le seul point de son œuvre qu'il était utile pour ce livre d'examiner en passant; je dois cependant citer la *Cantate de Clorinde*, exécutée en 1624 chez le doge Moncenigo, à Venise, car c'est dans cette circonstance que pour la première fois il employa la sourdine et le trémolo, pour accentuer la situation lors de la mort de Clorinde.

Cavalli venait au monde quand Monteverde composait son *Orphée;* né en 1600, près de Venise, Cavalli fut chanteur à Saint-Marc, dans cette chapelle célèbre dont la maîtrise avait élevé tant de compositeurs hors ligne ; Monteverde dirigea ses études ; il resta à Saint-Marc, d'abord comme maître organiste, en 1640, puis comme chef organiste, en 1665 jusqu'en 1668, époque où il accepta la position de maître de chapelle auprès du grand-duc de Toscane ; il mourut occupant cette place, en 1676. Ce fut seulement en 1637 qu'il commença à écrire pour le théâtre, et avec une telle fécondité que pendant quelques années, à chacun des cinq théâtres que Venise possédait alors, il fit représenter deux, trois et quatre opéras chaque année. Son succès fut si éclatant que Mazarin l'appela en France lors du mariage du roi Louis XIV, et fit représenter son *Xercès* à la cour ; je donne à ce sujet quelques détails dans les dernières pages de ce livre, en expliquant quelle fut l'influence de ce *Xercès* sur Lully. Cavalli eut pour principal mérite d'avoir perfectionné le récitatif et posé une forme typique pour ce que nous appelons air, aria ; il ferma le cycle des compositeurs italiens dont les œuvres servirent de modèle au drame lyrique français. Peri, Caccini, del Cavaliere, Monteverde et Cavalli écrivirent des œuvres qui rayonnèrent longtemps en Europe et dont l'éclat fit injustement oublier d'autres œuvres qui les avaient précédés.

Le mouvement musical ne fit que grandir après eux ; le XVIIe siècle vit éclore en Italie une véritable fureur de théâtre et de musique ; à Venise seule, dans ce XVIIe siècle, on représenta six cent cinquante-huit opéras nouveaux. Le mot « opéra » s'imposa partout, même au dehors ; il fixa l'incertitude et donna un nom certain à une production certaine de l'esprit humain; on ne se servit plus des mots ballet, drame ou comédie musicale. Cependant le titre « tragédie en musique » subsista encore longtemps; *Atys*, par exemple (1676), est encore intitulé tragédie en musique. On eût dit que la France, en subissant l'influence de l'Italie, cherchait à protester contre cette influence en rejetant un mot étranger comme si une étiquette française eût à elle seule suffi pour faire de l'opéra une invention purement nationale.

Je n'ai pas à faire ici l'histoire de l'établissement de l'opéra français, trop souvent racontée d'ailleurs; je n'ai à parler que de quelques œuvres importantes qui s'étaient produites; il est évident que si l'opéra reçut un privilége vers 1670, c'est qu'il existait de fait auparavant, et si on reconnut son établissement nécessaire, c'est que ce genre de spectacle avait assez de succès pour promettre à ses fondateurs un public rémunérateur. C'est de 1645 à 1660 que le mouvement s'accomplit par les œuvres de Strozzi, de Monteverde, de l'abbé de Mailly, de Cambert et de Cavalli, protégés en France par les soins de Mazarin, d'Anne d'Autriche, du cardinal Bichi, de l'abbé Perrin et de Louis XIV.

Après la mort de Baïf, en 1589, et jusqu'au ministère Mazarin, l'opéra parut avoir renoncé à se produire en France. En 1645, Mazarin, pour plaire à la reine Anne d'Autriche, fit venir de Parme le machiniste Torelli, avec tout son matériel; il appela à Paris une troupe de chanteurs italiens, et fit représenter, au mois de décembre, dans la salle du Petit-Bourbon, la *Festa Teatrale* ou la *Finta Pazza*, de Strozzi. C'était l'histoire d'Achille à Sciros. C'était une comédie lyrique avec airs, duos, chœurs, dans laquelle les artistes chantaient, déclamaient et dansaient; les décors et les changements étaient nombreux, et comme le goût des déguisements était encore très-vif, on y ajouta un ballet avec des singes, des ours, des autruches et des perroquets.

L'année suivante, au mois de février, il y eut en France un essai de décentralisation artistique; la ville de Carpentras, dont le nom servait de but, comme celui de Brives-la-Gaillarde, à une foule de plaisanteries, vit représenter dans son palais épiscopal le premier opéra français du XVIIe siècle, et un opéra avec récits chantés. Le cardinal Bichi, Italien, qui occupait le trône épiscopal à Carpentras, avait cherché à établir autour de lui une de ces petites cours artistiques et brillantes comme il en existait souvent dans sa patrie autour des hauts dignitaires ecclésiastiques; il encourageait l'élégance et l'art. Son secrétaire, l'abbé de Mailly, avait composé une tragédie d'*Akébar*, roi de Mongolie, et ce fut à cette tragédie d'*Akébar*, avec chœurs, récits et symphonies, que le cardinal donna sa protection; il ne nous en reste rien, et il est difficile d'apprécier sur le récit seul des contemporains l'importance de cet essai provincial.

En 1647, Mazarin, satisfait de la *Finta Pazza*, donna au Palais-Cardinal une grande représentation de l'*Orphée* italien (*Orphée et Eurydice*). Cet *Orphée*, exécuté par des artistes italiens, devait être celui de Monteverde; mais une chose assez singulière, c'est qu'il n'y a aucune certitude à cet égard; on a cru aussi que c'était l'*Orphée* de Zarlino, dont la réputation avait été grande en Italie ; mais Zarlino était mort depuis trop longtemps, et, d'ailleurs, son style trop antique avait dû s'effacer devant les formes plus nouvelles de Monteverde et de ses contemporains. Une analyse de la pièce fera comprendre quel progrès s'était accompli dans la mise en scène en même temps que dans la musique.

Un prologue avait été ajouté à l'œuvre, prologue qui inaugurait l'usage persistant et abusif qu'on fit de ce moyen de flatterie sous le règne du grand roi, et prologue, comme tous ses semblables, parfaitement étranger à l'action. Le décor représentait une ville assiégée ; les murs s'effondraient, l'armée française entrait en scène, et la Victoire, descendant du ciel, venait couronner le roi. Ensuite commençait le drame.

*Premier acte.* — Décor : bocage superbe avec un temple. Un augure, assis sur son siège, est consulté par Endymion, père d'Eurydice, sur le mariage de sa fille avec Orphée ; deux tourterelles, que l'on voit saisies par deux vautours, lui prouvent que ce projet doit être abandonné ; mais la nourrice de sa fille, dont les poulets ont offert aux Augures de meilleurs présages, le fait hésiter. Le chœur des Augures chante les malheurs à venir des deux amants. Aristée, fils de Bacchus, vient réclamer Eurydice ; un Satyre dansant cherche à le distraire, mais Aristée appelle à son aide Vénus, qui descend du ciel avec les Amours. Il la supplie de lui rendre Eurydice favorable ; le Satyre la supplie de lui enlever sa propre femme (contre-partie qui prouve que, de même qu'à la comédie, l'esprit français s'est égayé il y a longtemps, en musique, sur le rôle des maris). Vénus reproche à Aristée de négliger les soins de sa personne ; elle appelle ses Nymphes qui le coiffent et l'habillent galamment, tout en le ridiculisant et en lui arrachant les cheveux.

Un changement à vue se fait pour le festin des noces d'Eurydice. Momus chante et il y a un ballet de Nymphes et de Bergères ; tout à coup les torches s'éteignent, et les Bergers entonnent un chœur de prières pour invoquer la protection de Jupiter.

*Deuxième acte.* — Décor : Temple de Protée, magnifique palais. Vénus, déguisée en vieille femme, cherche à gagner Eurydice qui se rend dans le temple; mais elle échoue. Le Satyre, qui rentre avec Aristée, propose à ce dernier de l'enlever dans le jardin du Soleil, afin d'assister à la fête qu'Apollon offre à Jupiter.

Premier changement à vue : le Jardin du Soleil.

Jupiter et Apollon protègent Orphée contre Vénus. — Ils président à une grande fête.

Deuxième changement à vue : le Temple de Vénus.

Endymion et l'Augure sacrifient à Vénus pour s'efforcer de la rendre favorable à Eurydice.

Troisième changement à vue : le Temple de l'Amour.

Danses des Dryades avec castagnettes; le Satyre veut enlever Eurydice avec l'aide d'Aristée; elle fuit : un serpent la mord au talon; elle meurt en appelant Orphée et en invoquant Apollon.

Quatrième changement à vue : le Palais du Soleil.

Chœurs de désespoir; invocation d'Orphée et des Nymphes.

*Troisième acte.* — Décor : un désert affreux, avec

cavernes sombres dans lesquelles la lumière se fait peu à peu.

Orphée vient consulter les Parques, qui lui conseillent d'aller trouver Pluton ; Endymion pleure sa fille. L'ombre d'Eurydice apparaît et, poursuivant Aristée avec un serpent, elle le fait devenir fou ; Junon descend du ciel et engage, malgré Vénus, Orphée à descendre aux Enfers.

Premier changement : les Enfers.

Tout y est immobile ; Pluton s'irrite, mais Caron s'excuse sur la lyre d'Orphée qu'on entend ; Pluton, lui-même s'avoue vaincu. Grand ballet des Monstres. Caron ramène Eurydice ; mais Orphée la regarde, et les Champs-Élysées saisissent de nouveau leur proie.

Deuxième changement : une forêt.

Désespoir d'Orphée ; il attendrit Bacchus et ses Bacchantes ; mais Vénus accourt ; elle apprend à Bacchus la mort de son fils Aristée ; les Bacchantes entrent en fureur et déchirent Orphée.

Le tableau final représentait l'Olympe ; Jupiter accordait l'immortalité à Orphée, et plaçait sa lyre au rang des constellations. Un grand chœur terminait la soirée.

*Orphée et Eurydice* fut joué de nouveau lors des noces de Louis XIV, en 1660, après la représentation d'*Ercole Amante*.

L'analyse ci-dessus, très-brève, et à laquelle on peut reprocher de ressembler à une affiche de spectacle, suffit pour faire voir que le développement du sujet prêtait extraordinairement à la mise en scène et aux situations musicales ; tel qu'il est là, cet *Orphée* devait être, toute question de valeur musicale mise à part, de beaucoup plus attachant à voir que l'*Orphée* de Glück, œuvre fort belle, mais d'une tristesse et d'une monotonie excessives.

Jusqu'ici, tous les succès ont été pour l'opéra italien; mais, en 1659, un compositeur français vit accourir la foule aux représentations de son œuvre, jouée dans la maison de campagne d'un simple gentilhomme, M. de la Haye, propriétaire du château d'Issy. L'abbé Perrin, introducteur des ambassadeurs près de Gaston, duc d'Orléans, imagina, en assistant aux représentations d'*Orphée*, de fonder en France un genre de spectacle analogue; il écrivit *la Pastorale en musique*, dont Cambert, élève de Chambonnières, et alors âgé d'environ trente-deux ans, composa la musique. L'intrigue était simple; une symphonie était entendue après et avant chaque acte; on n'y déclamait pas; tout était chanté en *français;* la décoration était un simple cabinet de verdure. L'effet de cette représentation fut très-grand; il fallut la répéter huit ou dix fois, et la mode fut alors, dans les grands seigneurs, de courir en foule à Issy assister à la *Pastorale;* les carrosses étaient à la file sur la route. Louis XIV voulut aussi voir le nouvel opéra, mais le roi ne pouvant, ou ne daignant se rendre chez M. de la Haye, la *Pastorale* se transporta (décors, musiciens et acteurs) au château de Vincennes, où le roi assista au spectacle. Ce fut sans doute là que, devant l'emploi exclusif de moyens français, Louis XIV conçut la première idée de la fondation régulière de ce qu'on appela l'Académie royale de musique, et ce fut peu après que Cambert, l'abbé

Perrin et le marquis de Sourdéac s'associèrent pour arriver à créer cet établissement.

Un dernier mot encore sur la *Pastorale*. Les personnages étaient un Satyre, trois Bergers, trois Bergères; elle avait cinq actes courts, remplis par quatorze morceaux bien liés ensemble; les voix étaient réparties comme suit : trois dessus, une basse, un bas-dessus, une taille, une taille basse; les violons formaient l'orchestre, avec violes et basses de violes; quelques rares instruments à vent, flûtes et hautbois, variaient les timbres.

Peut-être aussi, en assistant à cette représentation, le roi Louis XIV regretta-t-il les machines, car, cette même année, Amandini et Vigarani, architectes et machinistes à Modène, furent appelés à Paris; ils commencèrent, par ordre du roi, aux Tuileries, une salle de spectacle qui dut être munie de tous les perfectionnements mécaniques en usage en Italie. Cette salle, qui devait être terminée pour le mariage de Louis XIV, en 1660, ne le fut qu'en 1662, et ce fut un Italien, Cavalli, qui eut l'honneur de l'inaugurer avec son *Ercole Amante*, représentée à propos de la paix des Pyrénées.

Cavalli, dont j'ai parlé dans le chapitre précédent, était considéré comme la gloire de sa patrie. Ce fut le 7 février 1662 que fut représenté son *Ercole Amante*. Le roi dansait dans le ballet, — mais les décors firent tort à la musique. On n'était préoccupé que des machines, dont le goût était tel alors qu'il fallut que Corneille lui-même fît des pièces à machines. Deux choses furent très-remarquées dans cette représentation : le rideau se repliait rapidement et un « truc » nouveau soulevait, sur la scène, cent personnes d'un seul coup! Auprès de pareils exploits, qui charmaient les yeux, les oreilles avaient-elles le loisir d'écouter?

Cavalli n'avait malheureusement pas été dédommagé par avance du peu d'attention qu'on apportait à son œuvre. On était en 1662; deux années auparavant, en 1660, le 22 novembre, un succès douteux avait accueilli son *Xercès*, représenté lors du mariage du roi. J'ai gardé *Xercès* pour en parler en dernier lieu, parce que, malgré la tiédeur du public, l'importance musicale de cet opéra eut sur Lully l'influence la plus sensible. Le *Xercès* dura huit heures. Comme il fallait toujours des ballets et des divertissements et que Cavalli n'en n'avait pas écrit, Lully fut chargé de les composer. Il plaça, après le premier acte, une entrée de paysans; après le deuxième acte, une scène pour Scaramouche et Polichinelle; après le troisième acte, une entrée de singes, de matelots et de matassins. Pour terminer la pièce et célébrer le mariage de Xercès, il y avait un grand ballet avec Bacchus, les Bacchantes et toute la troupe des Bois et des Vendanges. Ce qu'il y avait d'extraordinaire dans ces divertissements, c'est que les personnages de l'opéra circulaient au travers avec leurs costumes antiques, ce qui devait singulièrement choquer le sentiment de la couleur locale.

Lully, en composant ces intermèdes, dut étudier la partition de Cavalli. Il fut, dit-on, frappé des qualités rhythmiques que contenait cette musique et qui avaient fait en grande partie la gloire de Cavalli. Lully comprit toutes les ressources que pouvait fournir le rhythme, partie si importante de l'art musical, et que semblaient avoir ignorée ses prédécesseurs. Il reconnut l'importance du récitatif, que l'opéra français n'avait fait qu'ébaucher et qui, en Italie, avait progressé singulièrement depuis la fin du XVIe siècle. L'étude de l'œuvre de Cavalli influa sur ses travaux. L'art ne sort pas du néant, de lui-même, à une époque donnée, et Lully (pour cela il n'est pas moins grand) devint le continuateur de la bonne musique italienne. Il garda toutefois sa personnalité et suivit, depuis cette époque, une ligne ferme et réfléchie qui, des divertissements écrits pour Molière, le conduisit à *Alceste*.

Il est intéressant de suivre, dans les premières œuvres de Lully, dans ses ballets, le travail lent et persistant qui s'accomplit en lui. Peu à peu, on voit le cadre général tendre à se former, l'idée se développer, comme si l'auteur voyait déjà, écrites et représentées, les partitions qui devaient faire sa gloire. Cependant Lully souleva des oppositions passionnées; il semble que, comme tant d'autres compositeurs, il ait été mal apprécié d'une partie de ses contemporains. — Il ne faut pas s'en étonner; à cette époque, il se reproduisit, en sens inverse, un phénomène analogue à celui qui s'était produit de 1590 à 1600. La musique se développa en France et devint stationnaire en Italie, ou plutôt elle se modifia encore une fois dans ce dernier pays, se dirigeant presque uniquement vers la mélodie, tandis que la musique française portait tous ses soins à l'expression et à l'harmonie. Les partisans de la musique italienne, prenant le nom pour la chose, le mot pour le fait, crièrent haro sur Lully, décrièrent la musique française, et ne s'aperçurent pas que c'était l'école italienne nouvelle qui changeait de système, et qu'au contraire Lully n'était que le continuateur ingénieux de l'ancienne et classique école italienne du commencement du XVIIe siècle.

A partir de Lully, la route fut toute tracée à la musique moderne. Par ses efforts, combinés avec ceux de Quinaut, il créa un type opéra que les générations suivantes acceptèrent sans contrôle; ce type devint même une sorte de formule qui, pendant longtemps, étreignit l'art et l'empêcha de se développer à loisir; mais, malgré de grandes faiblesses, il serait injuste de ne pas tenir compte à Lully des progrès accomplis par son influence. Il fut un véritable chef d'école; il en eut la puissance, les défauts, la violence et l'emportement; avec lui, le style dramatique était fondé irrévocablement; l'école de l'expression était établie et devait grandir en France. Le récitatif, dont le *Ballet de la Reine* manquait tout à fait et qui, depuis, était demeuré chez nous à l'état d'ébauche, avait rencontré la main vigoureuse qui devait développer ses ressources. Lully résumait les travaux lentement accomplis en France et en Italie pendant plusieurs siècles, et en même temps il ouvrait cette glorieuse série qui, se continuant par Rameau et Glück, aboutit de nos jours à Meyerbeer.

# APPENDICE

(Note A.)

*Fiançailles du duc de Joyeuse et de Marguerite de Lorraine dans la chambre de la reine de France.* — Le Cabinet des Estampes possède une gravure ainsi désignée; les costumes sont bien ceux du temps, et le roi Henri III est à gauche, portant le cordon du Saint-Esprit. La date de cette planche est postérieure à celle du mariage du duc de Joyeuse; mais il faut supposer que le succès de cette feuille, faite pour les circonstances de 1581 ou à propos de ces circonstances, fut si grand qu'on en fit des tirages successifs, et qu'elle devint le bulletin généralement donné aux époux lors de chaque union, de même que l'Église donne encore des estampes lors des premières communions. Cette feuille du mariage du duc de Joyeuse est curieuse par les détails qu'elle donne sur la législation matrimoniale, et prouve que si la morale était peu pratiquée dans une partie de la population, en revanche elle était régulièrement enseignée par l'Église. — La planche dont je parle se compose d'un petit cadre placé au milieu, dans la partie supérieure; c'est là que sont les personnages, les mariés, leurs augustes parrains et le prêtre; tout autour le texte est réparti, et comme équilibré dans une série de compartiments de grandeur irrégulière, ce qui fait ressembler le dessin à la face d'un de ces cabinets incrustés et aux tiroirs nombreux que l'on fabriquait au temps de la Renaissance. C'est un mélange de préceptes moraux, d'articles de religion, de vie pratique, entrecoupés un peu au hasard par des lambeaux tirés de la Bible, du Nouveau Testament et des Pères de l'Église. Il y a certes une opposition latente, dans tous les paragraphes, à la vie civile, qui ne s'était pas encore développée; puis des souvenirs de législation déjà disparus et conservés pour la forme : par exemple, les menaces de mort aux adultères, l'extermination des enfants adultérins. — Si ces menaces eussent été mises à exécution, on eût eu terriblement à faire sous les Valois. — Tous ces textes, serrés et empilés, contiennent en somme, à la fois, l'approbation et la désapprobation du mariage; ils prêchent la virginité, le célibat; mais quand ce papier, témoignage de la célébration du mariage, était remis aux époux, il était, ce me semble, trop tard pour les détourner de la vie à deux. Cette note serait beaucoup trop longue, si je transcrivais ici tout le texte dont je parle; il y a d'ailleurs plus des trois quarts qui ne sont que des préceptes de simple morale courante; j'en extrais seulement les points qui me semblent curieux, notamment tout ce qui regarde les nullités de mariage. « ..... Le mariage a été institué de Dieu pour avoir lignée et la bien instruire, pour vivre ensemble amiablement, indissolublement et sans séparation... Que les femmes anciennes soient d'une contenance convenable à sainteté, non médisantes, non subjectes à beaucoup de vices, enseignantes ce qui est bon à faire; qu'elles instruisent les jeunes femmes à estre modestes, à aymer leurs marys, à estre prudentes, chastes, sobres, gardant la maison, bonnes subjectes à leurs marys, afin que la parole de Dieu ne soit blasmée... Ceux qui se maryent et chassent Dieu hors d'eux-mêmes et de leur pensée, et s'addonnent à leur concupiscence desréglée, comme le cheval et le mulet, èsquels il n'y a point d'entendement, sur tels le diable a puissance... Quiconque répudiera sa femme et se mariera à une autre, il commet adultère... Le mariage est de Dieu, le divorce est du diable...

Si un homme a commis adultère avec la femme d'un autre, l'homme et la femme adultère mourront... Les fils des adultères seront consommez... et n'auray aucunement pitié de ces enfants... Celui qui marie sa vierge fait bien, mais celui qui ne la marie point faict mieux... — Les empêchements du mariage. — Les empêchements du mariage peuvent être reportés ou au consentement requis entre ceux qui contractent mariage, ou aux personnes ou à la fin du mariage. Au *consentement* : la crainte de quelque grand mal, comme quand quelqu'un est contraint d'épouser une femme, craignant de perdre sa vie, ses enfants, s'il en a, ses moyens et autres choses semblables, — et l'erreur, comme si un homme épousait Jeanne au lieu de Marie qu'on lui a promise ; si elle étoit serve, estimant qu'elle fût libre : en quels cas, le mariage est nul ; que si elle étoit pauvre ou laide, pensant qu'elle fût riche ou belle, le mariage tient. — A la fin du mariage, on rapporte : 1° l'impuissance perpétuelle de procréer des enfants, soit naturelle ou faible, soit par art magique ; 2° l'adultère, comme si un marié s'était accordé avec une femme mariée de tuer son mari pour l'espouser, ou commet adultère avec elle avec promesse de l'épouser après la mort de son mary. — *Aux personnes* se rapporte le vœu solennel, parce que celui qui a promis de se donner à Dieu, et qui a effectué sa promesse, n'a plus puissance de transférer son corps à un autre ; 3° l'ordre... ; 4° le parentage, qui comprend la consanguinité de laquelle ensuit que le mariage... dedans le quatrième degré est nul, à quoi se rapporte aussi l'affinité spirituelle qui se contracte par la réception des sacrements de baptême et de confirmation... L'honnêteté publique qui provient des fiançailles valides ou promesse de contracter mariage, de sorte que si celle qui a promis mariage manque de tenir sa promesse, tous ceux qui sont parents du fiancé ne la puissent épouser, ni elle épouser les parents de son fiancé jusqu'au premier degré de consanguinité. Le dernier empeschement est la diversité de religion, qui est entre celui qui est baptisé et celui qui ne l'est pas. Le mariage fait entre un chrétien et une païenne est nul... entre un catholique et une hérétique schismatique ou excommuniée, bien que ce soit un grand péché, il tient néanmoins... et le mariage soit fait en la présence du curé ou un prêtre ayant licence de lui, avec deux ou trois témoins, autrement il sera appelé clandestin et de nulle valeur. Comme aussi qui ravit une fille, il ne peut la prendre en mariage tandis qu'elle sera en la puissance du ravisseur qui demeurera excommunié, perpétuellement infâme et incapable de toutes sortes de dignités. » — Suit, comme dérivatif au goût du mariage l'éloge de la virginité. « La virginité est la sœur des anges, la victoire de la concupiscence, la reine des vertus, la possession de tous biens... Le mariage est chose humaine, la virginité est chose angélique ; le mariage est selon la nature, la virginité est par-dessus la nature. Saint-Cyprien, *De habitu virginum*, dit que le trentième fruit est du mariage, le soixantième de la viduité et le centième de la virginité. »

Ces feuilles de mariage devaient être répandues par milliers, tout comme les petits livres des bons préceptes matrimoniaux que, dans l'*École des Femmes*, Arnolphe fait lire à Agnès; la comparaison du texte des « Devoirs de la femme mariée, avec son exercice journalier, » avec certaines parties de l'imprimé du mariage de Joyeuse, est intéressante à faire. — L'édition de cette table, intitulée : *Sacrement de Mariage*, est de 1615. Il faut donc supposer un grand succès à ce dessin fait en 1581, et plusieurs éditions successives tirées avec la même planche, toujours, bien entendu, en supposant exacte l'attribution inscrite en tête de la planche du cabinet des Estampes.

(Note B.)

Qu'était-ce que « *Moutier* ou Moustier, ou Le Moustier ? » Le roi conduisit « les mariés *au moutier*. » Est-ce un nom générique, signifiant simplement habitation, château, hôtel, ou est-ce l'indication d'un lieu près Paris? Est-ce un monastère? Il y a peut-être cent Moutier ou Moustier en France (le plus connu est Moustier-Saint-Pierre, dans les Hautes-Alpes, célèbre par la chaîne de fer qui relie deux rochers placés au-dessus de la ville, et qui s'appela, en 93, Brutus le Magnanime). Près Paris, j'ai cependant trouvé trois Moustiers, entre autres, qui pourraient à la rigueur convenir aux noces du duc de Joyeuse : ils sont situés, l'un près d'Athys-Mons, l'autre près de Chartres, dans l'Eure-et-Loir; le troisième entre Mantes et Poissy. Ce dernier Moustier eût, mieux que tout autre, convenu au cortége du roi; on pouvait y aller à cheval, mais c'est déjà bien loin; puis, les mignons étaient tous près du roi. D'Épernon avait un hôtel rue Plâtrière ; les autres hôtels ne devaient pas être loin ; d'ailleurs L'Estoile parle bien d'un cortége, mais il ne dit pas que ce cortége fût à cheval. Tout fait donc penser que ce Moustier était, non un château, mais la désignation de l'hôtel des mariés, où on les conduisit en pompe, et L'Estoile écrit Moustier par un petit *m* — (Beaujoyeulx l'écrit par un grand *m*) — le Père Ménétrier, à son tour, dit : au château du Moutier. En m'en tenant à l'orthographe de L'Estoile, resterait à savoir où était à Paris l'hôtel de Joyeuse. J'avais d'abord pensé que cet hôtel était près de l'église Saint-Jacques-du-Haut-Pas. Ce fut dans cette église que fut rapporté et déposé, en chapelle ardente, le corps du duc après la bataille de Coutras; il y avait là, auprès de cette église, des terrains provenant d'anciens biens de la famille de Bourbon, dont partie avait pu passer aux mains des mignons du roi, à la suite de la confiscation prononcée contre le connétable de Bourbon sous François Ier. — J'ai pensé ensuite au quartier Notre-Dame-des-Champs où le cardinal de Joyeuse posséda plus tard d'immenses propriétés, provenant de la succession du duc de Joyeuse (Guillaume), le chef de la famille. J'ai cherché sur de vieilles cartes et de vieux plans originaux ou restitués : je n'ai rien trouvé pour me guider. Je crois plus probable que les époux se rendirent au Moustier, au monastère du cardinal de Bourbon, oncle de la mariée, soit à Saint-

Germain-des-Prés. Il y avait là, dans l'enceinte du cloître, des logis princiers, et la distance, si l'on suppose le passage par les ponts de la Cité, était suffisante pour le développement du cortége, sans, pour cela, atteindre de trop grandes proportions. Si ce n'est pas à Saint-Germain-des-Prés que se rendit le cortége royal, je ne vois plus à décider qu'entre le Louvre, l'hôtel du Bouchage et le faubourg Saint-Honoré. — Le Louvre : les mots de L'Estoile s'opposent à admettre la demeure de Joyeuse au Louvre. — L'hôtel du Bouchage était situé rue du Coq et rue de Grenelle; il fut construit sur l'hôtel Montpensier par François de Joyeuse, deuxième frère, qui fut cardinal. Il fut habité ensuite par le troisième frère, Henri de Joyeuse du Bouchage, qui lui donna son nom; ce fut lui qui fut maréchal de France et capucin. Mais l'hôtel Montpensier était-il déjà transformé en hôtel du Bouchage à cette époque du mariage? — Quant au faubourg Saint-Honoré, ce fut là que le même Henri de Joyeuse avait acheté des terrains et construit un superbe logis qu'il légua en mourant aux Minimes.

(NOTE C.)

Les fêtes du mariage du duc de Joyeuse, qui suivirent ou précédèrent le *Ballet de la Reine*, eurent lieu au Louvre la plupart du temps; au Petit Bourbon pour le *Ballet*; aux Tuileries pour les lices et les joutes des derniers jours; à Saint-Germain-des-Prés pour les fêtes du cardinal de Bourbon; sur les berges et les eaux de la Seine pour les feux d'artifice et les intermèdes. Tous ces lieux et édifices forment une sorte de cadre dont la topographie réclame quelques détails.

*La topographie générale* est fort bien expliquée au moyen de l'étude de trois plans intéressants que je décris sommairement :

1° Plan de la ville de Paris sous Charles IX, dit Plan de

Tapisserie, parce qu'il a été fait d'après une antique tapisserie conservée à l'Hôtel-de-Ville. — Le Louvre est encore là, avec son donjon central et ses tours rondes (il occupe le carré sud-ouest du Louvre actuel, là où des fouilles récentes en ont fait retrouver les fondations) ; une terrasse longe la rivière jusqu'à ce qui sera plus tard les Tuileries. A l'angle sud-est, une aile va rejoindre le bord de l'eau, où se trouve une grosse tour, reste de l'enceinte de Philippe-Auguste. Entre le Louvre et Saint-Germain-l'Auxerrois se trouvent d'abord une place, qui fut plus tard englobée dans la colonnade, puis un pâté de maisons formé par l'hôtel d'Alençon en arrière et l'hôtel de Bourbon en avant, près la berge de la rivière. Le plan est fait en forme de vue cavalière, et, par suite, les dimensions de l'hôtel du Petit-Bourbon sont difficiles à déterminer. Au centre des constructions est un toit perpendiculaire au spectateur et parallèle à la Seine, dont le bâtiment semble vaste ; le pignon est percé de fenêtres pouvant éclairer deux étages ou une vaste salle haute comme deux étages. Sur la gauche est une chapelle. Si le plan est bien du règne de Charles IX, il y avait alors séparation complète entre le Louvre et le Petit-Bourbon.

2° Plan archéologique, restauré, de Lenoir et Berty. — Ce plan indique le Louvre ayant encore son donjon central, et avec ailes ouest et sud, depuis l'escalier de Henri II jusqu'à la moitié de l'aile actuelle méridionale. Un mur existe, indiqué à peu près où se trouve l'axe du pont des Arts, perpendiculairement à la rivière, et le long de ce mur, en remontant vers le nord, on trouve successivement : le Jeu de Paume, la Cour des Marbres, une porte, un deuxième jeu de paume, des maisons particulières, une rue, celle de l'Autruche ou Hoste riche ; puis, sur la droite, l'enclos du Petit-Bourbon. Soit que cette restauration s'applique à une époque postérieure, soit oubli volontaire des détails, elle n'indique pas les divisions dans l'enceinte du Petit-Bourbon ;

3° Le plan de Gomboust, offert au roi en 1647 et terminé en 1652, — bien que se reportant à plus d'un demi-siècle plus tard, — donne des renseignements vrais au moment où il a été gravé, comme à l'époque de Henri III. Le Louvre a continué; l'aile nord-ouest a été bâtie, ainsi que le rez-de-chaussée au-dessous de la galerie d'Apollon. A l'est du Louvre est une rue qui semble fermée au sud, près la rivière, par un mur, un pont ou une porte; vient ensuite le Petit-Bourbon, présentant toujours son carré de constructions, avec sa longue salle au milieu. La moitié des Tuileries est bâtie sous le nom de Logis de Mademoiselle. Le panorama placé au haut du plan indique la série des édifices depuis le pavillon de Flore; puis vient la galerie d'Apollon, le Louvre, jusqu'à l'axe du pont des Arts, un pâté de maisons (l'hôtel de la maréchale d'Ancre), une rue large ou place, l'hôtel du Petit-Bourbon; puis, sur la droite, le clos de Saint-Germain-l'Auxerrois, et une rue entre lui et le Petit-Bourbon.

On a peine à se figurer le nombre de logis, places, rues, qui tenaient dans cet espace où l'on a complété le Louvre et bâti la colonnade, et dans lequel il nous semble que rien autre chose n'a pu tenir que le Carrousel et le Louvre. Les quais n'existaient pas du temps de Henri III, et le pittoresque y gagnait singulièrement.

Le Louvre. — D'abord simple pavillon de chasse, il servit ensuite à recevoir les souverains étrangers. Charles-Quint y logea en 1549; plus tard seulement les rois de France y demeurèrent; Charles IX et Henri III y vinrent les premiers. En 1527, la grosse tour fut abattue, et la reconstruction du Louvre commença en 1541 par l'aile sud-ouest; en 1547, à la mort de François I$^{er}$, il était peu avancé. Henri II acheva cette aile sud-ouest et l'aile sud, jusqu'à l'axe du pont des Arts; le pavillon d'angle, dit du Roi, où est la salle des Sept-Cheminées, fut aussi terminé. Peu de changements eurent lieu sous François II, Charles IX et Henri III. Le plus grand soin avait été donné à la salle des Cariatides ou de Henri II; elle avait été terminée en 1548, et avec elle l'escalier de Henri

Pierre Lescot avait été l'architecte et Jean Goujon le sculpteur. La salle des Cariatides, appelée, outre son nom de salle de Henri II, salle des Gardes, salle des Suisses, a 140 pieds de long sur 41 de large; le gros mur de l'ouest, du côté des Tuileries, est un reste de la façade du château de Philippe-Auguste. Jean Goujon, qui reçut pour les quatre figures de la tribune 737 livres, modela les bronzes des portes sur un tombeau italien de la Renaissance, et plaça au-dessus de la tribune un moulage en bronze de la Nymphe de Fontainebleau, moulée par Benvenuto Cellini. Au-dessus était l'appartement de Henri II et son salon; ce dernier était où se trouve à présent la salle des terres cuites de la collection Campana, au haut de l'escalier Henri II, et la chambre à coucher était à la suite, entre cette salle et celle des Sept-Cheminées; le plafond, à poutrelles saillantes, est encore du temps. Rien de plus convenable que la salle des Cariatides pour donner des fêtes, avec sa grande tribune pour les musiciens, si c'était un bal, et avec ses marches surélevées à l'autre bout pour les têtes couronnées. Plusieurs fois, sous les derniers Valois, on y construisit un théâtre et l'on y donna des représentations.

Les Tuileries furent commencées en 1564 par Catherine de Médicis; elles étaient évidemment bien différentes de ce qu'elles furent un siècle plus tard; les travaux ne furent que lentement poussés; Catherine y donna cependant de grandes fêtes dès le règne de Charles IX, notamment le Ballet des Cartes et le Ballet du Paradis, avant la Saint-Barthélemy. Elle se dégoûta de ce séjour, un astrologue lui ayant prédit qu'elle mourrait près de Saint-Germain. Elle s'enfuit donc loin de Saint-Germain-l'Auxerrois, de Saint-Germain-des-Prés, situé en face, ne voulut guère aller à Saint-Germain-en-Laye, et alla mourir cependant à Blois, où elle fut assistée à ses derniers moments par l'évêque de Nazareth, Laurent de Saint-Germain. (Cette histoire m'a tout l'air d'avoir été disposée après coup.)

Saint-Germain-des-Prés. — Le monastère de Saint-Germain-des-Prés était une des merveilles ecclésiastiques de ce temps-là ; il remontait aux premiers siècles de la monarchie. Son nom lui venait des immenses prairies qui l'entouraient encore vers l'ouest du temps de Henri III ; il comprenait à cette époque, en bâtiments, églises, palais, cloîtres, jardins, tout l'espace compris entre les rues de l'Échaudé, Sainte-Marguerite, Jacob (ou du Colombier) et Saint-Benoît. Il en reste encore quelques traces sur ces rues.

L'abbaye a été démolie, ainsi qu'une tourelle sur la rue Jacob, qui avait donné à cette rue son vieux nom de rue du Colombier ; mais, sur la rue de l'Abbaye, derrière Saint-Germain-des-Prés, sont encore des bâtiments qui servaient à loger les dignitaires, et de l'autre côté de la rue existent aussi de vastes constructions, utilisées à présent par des industries privées. Il y avait quatre portes aux quatre points cardinaux. Les jardins, les potagers étaient renommés. Le cardinal de Bourbon avait encore embelli sa demeure, l'avait fait enclore de murs neufs et décorer de peintures. Du haut de la vieille tour de l'église, Henri IV, la veille de la capitulation de Paris, examina longtemps la position de ses ennemis.

Le Petit-Bourbon. — Certains points existants peuvent servir à fixer la position du palais du Petit-Bourbon ; il était placé entre le Louvre et la colonnade actuelle ; ensuite venait le cloître Saint-Germain, entre la colonnade et Saint-Germain-l'Auxerrois. Le Louvre était petit, et l'espace était vaste entre lui et le Petit-Bourbon. La série était ainsi distribuée : le Louvre, occupant un quart du Louvre actuel, au sud-ouest ; des terrains et des hôtels ; le Petit-Bourbon ; le cloître Saint-Germain, que l'on traversait à toute heure, et où Coligny reçut, la veille de la Saint-Barthélemy, un coup de pistolet ; puis, Saint-Germain-l'Auxerrois, dont l'enclos, non public, s'étendait jusqu'à la place de l'École, au bas du Pont-Neuf, place qui reçut son nom d'une école publique qu'avaient établie, au coin de leur propriété, les religieux de Saint-Germain ; sous toutes les rues actuelles, sous le sol des places, on retrouverait encore des restes des fondations de ces divers édifices. C'est le vaste espace dont je viens de détailler les constructions, que le plan de Gomboust, quoique d'un siècle postérieur, détaille parfaitement.

Le grand corps de logis du Petit-Bourbon était au centre, et contenait la grande salle du Petit-Bourbon ; un pont, ce me semble, devait faire communiquer l'enceinte du Louvre avec celle du Petit-Bourbon, sans qu'il fût besoin aux aristocratiques visiteurs de traverser la rue de l'Hoste Riche ; c'est dans cette salle du Petit-Bourbon que Molière commença ses représentations, et ce fut aussi là que fut jouée l'*Andromède* de Corneille. Ce palais avait été confisqué en 1527, après la condamnation du connétable de Bourbon. Sauval raconte que de son temps, un siècle après, on voyait encore les traces de la couleur jaune que le bourreau avait étendue sur les armoiries brisées. La grande salle avait dix-huit pas communs de large sur trente-cinq toises de long ; sa couverture paraissait aussi haute que celle de Saint-Germain-l'Auxerrois, et elle avait été primitivement dorée ; c'est dans le Petit-Bourbon que Louis XIII fit les fêtes de son mariage et que Louis XIV assista aux premiers ballets de son règne. Ce serait d'une fenêtre du Petit-Bourbon que Charles IX aurait tiré sur les huguenots lors de la Saint-Barthélemy. Si ce fait est vrai, il faudrait en conclure que Charles IX, qui habitait le Louvre, n'était pas resté chez lui cette nuit-là. D'autre part, une tradition indique, comme étant la fenêtre d'où le roi a tiré, la grande baie située au rez-de-chaussée de la galerie d'Apollon. Mais d'après les plans cités plus haut, cette fenêtre ne devait pas être construite à l'époque de Charles IX.

(Note D.)

En outre des planches de musique imprimées en caractères mobiles, le *Ballet de la Reine* contient *un certain nombre de gravures sur bois*, les unes grandes, les autres petites. Une des plus charmantes est la marque d'Adrian Le Roy, éditeur, qui représente le *Parnasse*, avec un petit Pégase ailé prêt à s'envoler. Les petites gravures sont au nombre de dix-huit; elles représentent les plaques d'or gravé et repoussé qui furent offertes aux principaux assistants par les danseuses et actrices qui avaient joué dans le *Ballet*. Les animaux représentés sont généralement esquissés au trait, et ne péchent pas par un excès d'exactitude dans la physionomie que l'artiste leur a donnée. Les grandes gravures sont au nombre de huit. Elles représentent : 1° *la Salle de fête*, avec son plafond ouvragé, ses galeries étroites sur deux rangs, modèle primitif de nos loges et balcons; les costumes sont curieux; le fond de la salle est occupé par le décor, assez mal indiqué; le roi tourne le dos et se trouve tout près du spectateur; 2° *les Sirènes voguant sur les flots*; 3° *la Fontaine de Glauque*; machine surchargée de personnages, figurants, chanteurs et instrumentistes; une mer factice, avec tritons et chevaux marins, entoure le bas de la fontaine, et cache les ressorts et les engins nécessaires pour faire avancer cette masse roulante. En avant, au-dessus des flots, se tiennent Glauque et Thétis; au-dessus d'eux, dans le balcon, formé comme qui dirait sur la première vasque, on distingue la reine et les demoiselles d'honneur qui l'accompagnaient; 4° *les Tritons*; 5° *les Satyres*, portant des instruments de musique; 6° *le Bosquet mobile des Dryades*; 7° *les Vertus*, figurines vêtues de la façon la plus disgracieuse; 8° *le Char de Minerve*, machine encore plus brillante, sinon mieux imaginée, que la fontaine; tout en haut se tient Pallas, dans son costume décrit par l'analyse du *Ballet*; en bas, en avant, est un griffon de haute taille, d'une figure tout à fait fantastique. Les flancs de l'échafaudage sont dorés et relevés par de grandes panoplies, faites de basses de violes, harpes, flûtes droites, trompettes et cromornes. — Dans l'exemplaire du *Ballet de la Reine* que j'ai eu entre les mains, les gravures sont fort effacées; et à certains endroits, la reliure en a fait rogner les bords; ce défaut vient peut-être de loin, car les vieux relieurs avaient parfois l'habitude de rogner de très-près les feuillets des livres. Je ne sais si les planches du *Ballet de la Reine* sont toujours aussi pâles, mais ce volume, subissant la hausse générale qui a fait des vieux livres des trésors inaccessibles à qui ne peut jeter à présent l'argent par les fenêtres, se vend parfois jusqu'à 250 francs, quand la reliure est en bon état et ancienne. L'œuvre de Baltazarini a été éditée chez Adrian Le Roy; en voici le titre exact :

<blockquote style="text-align:center">

BALET COMYQUE<br>
DE LA ROYNE, FAICT<br>
AUX NOPCES DE MON-<br>
SIEUR LE DUC DE JOYEUSE ET<br>
MADAMOYSELLE DE VAU-<br>
DEMONT, SA SŒUR,<br>
PAR<br>
BALTASAR DE BEAUJOYEULX,<br>
VALET DE CHAMBRE DU<br>
ROY ET DE LA ROYNE, SA MÈRE,<br>
A PARIS,<br>
PAR ADRIEN LE ROY BALLARD ET MAMERT<br>
PATTISSON, IMPRIMEURS DU ROY.<br>
M. D. LXXXII.

</blockquote>

Le privilége pour le *Ballet de la Reine* était du 13 février 1582; il avait été accordé à J. Patin, peintre ordinaire du roi et de la reine, son épouse. Ce dernier titre lui avait été donné sans doute après le *Ballet*. J. Patin agissait là pour son compte, et pour celui de Beaulieu et de Baltazarini. La durée du privilége était de neuf ans, et tout contrefacteur pouvait être puni (outre les frais et châtiments) d'une amende arbitraire.

J. Patin serait donc l'auteur des dessins qui sont contenus dans le *Ballet de la Reine*. Un dernier mot sur eux. Tous les personnages qui y figurent portent en main des instruments ou des accessoires, parfois les deux. Les instruments sont le plus souvent des instruments légendaires. Ainsi les tritons portent, en plus de leurs tridents, des lyres et des flûtes droites d'une énorme longueur, sans trous; Pan souffle dans une flûte à Pan sans aucun perfectionnement. A côté de ces instruments fabuleux, il y en a qui étaient usuels à cette époque; par exemple, un des tritons porte une basse de viole (*viola di spala*) dont il joue en marchant; les satyres portent de petits cromornes.

Les sirènes ont en main des miroirs; leurs queues sont relevées sous un de leurs bras; c'était peut-être l'usage, mais c'était peu gracieux. Les petits dessins des cadeaux ont aussi parfois des accessoires. Ainsi *l'Arion* porte la lyre antique, *Neptune* une couronne à pointes aiguës, et *Apollon* a, outre sa lyre, une auréole faite des rayons du soleil.

# TABLE

—

                                                                                Pages

AVERTISSEMENT . . . . . . . . . . . . . . . . . . . . . . .   I

## CHAPITRE PREMIER

NOTIONS PRÉLIMINAIRES. — Des divertissements avec danse et musique. — Les ballets. — Les ménestrels. — Les musiciens. — Faveur dont jouit la musique auprès des grands. . . . . .   1

## CHAPITRE II

SOURCES ITALIENNES ET FRANÇAISES (1264-1575). — Les origines de l'opéra, cherchées dans les représentations dramatiques avec musique, antérieurement à la Renaissance et à la réforme de Palestrina en Italie. — Influence italienne. — Rôle particulier de la France. . . . . . . . . . . . . . . .  17

## CHAPITRE III

LES DANSES SOUS LES VALOIS. — Les danseurs et les assistants. — Variétés des danses. — Leur intervention dans les représentations théâtrales. . . . . . . . . . . . . . . . .  43

## CHAPITRE IV

LA COUR DE HENRI III. — Circonstances particulières où fut représentée la *Circé* ou *Ballet de la Reine*. . . . . . . . . . .  89

## CHAPITRE V

BALTAZARINI. — Préface de la *Circé*. — Baltazarini, son auteur. — Goût pour les sujets antiques. . . . . . . . . . . .  131

## CHAPITRE VI

Représentation de Circé. — Scènes, décors, machines, danses, acteurs et chanteurs. . . . . . . . . . . . . . .   147

## CHAPITRE VII

Musique de Circé. — Étude sur les orchestres, l'harmonie et les instruments en usage à la fin du XVI° siècle. . . . .   221

## CHAPITRE VIII

Détails de mise en scène. — Indications relatives aux divertissements et à la mise en scène à propos des dernières fêtes qui ont accompagné le *Ballet de la Reine*.. . . . . . . .   289

## CHAPITRE IX

Effet produit par la Circé. — Les collaborateurs de Baltazarini. . . . . . . . . . . . . . . . . . . . . . . . . .   303

## CHAPITRE X

Progrès de l'opéra (1585-1663). — Avortement de l'influence du *Ballet de la Reine*, par suite des troubles religieux et civils. — Retour aux mascarades et entrées avec cortéges. — Opéras-ballets sous Henri IV, Louis XIII et la minorité de Louis XIV. — Progrès de l'opéra en Italie; importance du mouvement musical et dramatique. — Influence italienne en France par les soins de Mazarin, et par les œuvres de Monteverde et de Cavalli. — Avénement de Lully. . . . . . .   321

Notes. . . . . . . . . . . . . . . . . . . . . . . . . . .   349

FIN DE LA TABLE.

2201. — *Paris. Imprimerie L. Poupart-Davyl, 30, rue du Bac.*

www.ingramcontent.com/pod-product-compliance
Lightning Source LLC
Chambersburg PA
CBHW070447170426
43201CB00010B/1239